Logic and Natural Language

洪峥怡 黄华新 —— 著

逻辑与自然语言

中国出版集团 东方出版中心

图书在版编目(CIP)数据

逻辑与自然语言 / 洪峥怡, 黄华新著. -- 上海：
东方出版中心, 2024. 11. -- ISBN 978-7-5473-2595-7

Ⅰ. H0

中国国家版本馆 CIP 数据核字第 20245HT049 号

逻辑与自然语言

著　　者　洪峥怡　黄华新
策划编辑　潘灵剑
责任编辑　沈旖婷
助理编辑　陆　珺
装帧设计　钟　颖

出 版 人　陈义望
出版发行　东方出版中心
地　　址　上海市仙霞路 345 号
邮政编码　200336
电　　话　021-62417400
印 刷 者　上海盛通时代印刷有限公司

开　　本　710mm×1000mm　1/16
印　　张　13.5
字　　数　200 千字
版　　次　2024 年 12 月第 1 版
印　　次　2024 年 12 月第 1 次印刷
定　　价　78.00 元

前　　言

自然语言是人类交流的基本工具,它不仅仅是信息传递的媒介,更是思维表达和社会互动的核心。然而,自然语言的复杂性和多样性,使得我们在研究和理解它时面临诸多挑战。语法规则、语义层次、语用背景,以及语言的生成和理解,都是语言学和计算机科学领域长期关注的课题。

在过去的几十年中,逻辑学的发展为自然语言的研究提供了强有力的工具和方法。基于逻辑的形式语义学不仅帮助我们明确和表达语言中的隐含规则,还能有效地处理语言中的模糊性和歧义性。随着人工智能和自然语言处理(Natural Language Processing,NLP)技术的进步,逻辑在计算语言学中的应用也变得更加广泛和深入。

在这一背景下,《逻辑与自然语言》一书旨在运用多种逻辑手段,以新的视角审视自然语言的理解,探索自然语言的深层奥秘。从语法、语义到语用,从真值条件语义观到信息传递语义观,本书力图通过多学科的视角,为读者提供一个全面的、连贯的理论图景,解决真实的语言理解问题,兼顾自然语言处理中的逻辑应用。全书分为五个部分:

第一部分总览自然语言与逻辑的关系及其双向互动的研究历程,并重点关注自然语言的语法部分,探讨自然语言的基本结构,包括句法规则和结构分析,介绍形式语法和句法树等工具,用于模拟自然语言的生成规则。

第二部分关注自然语言的语义,深入分析自然语言中的意义表达,利用逻辑工具讨论语词的内涵语义与指称、语义歧义等经典问题,同时对非字面义的语义理解作出了一些新的思考。

第三部分和第四部分关注自然语言使用中语用因素的影响,研究语言在实际交流中的使用尤其是其中涉及的含义推理,第三部分在静态视角下讨论言外之意的推理,包括言语行为理论、隐含意义和会话含义等内容;第四部分则转向动态视角,讨论语境以及对语境的逻辑刻画,最后针对语境对非字面义理解的影响进行了分析。

第五部分从"语言的主要功能信息传递"这一基本立场出发,介绍了信息流理论及其在语言研究中的价值,以信息流逻辑切入自然语言的探究,将有机地关联动态认知逻辑、社会网络逻辑和动态语义学等研究。

书末"结语"中,简要介绍了自然语言处理以及逻辑在自然语言处理中的具体应用的最新进展,以期逻辑技术能更好地服务于一些复杂的自然语言处理。

在编写过程中,我们力求语言简明扼要,内容深入浅出,希望为对自然语言和逻辑感兴趣的读者提供有益的参考。我们相信,通过本书的介绍,读者不仅能够掌握自然语言的基本理论和技术,还能培养出运用逻辑手段解决实际语言问题的能力,从而在自然语言理解和处理的道路上迈出坚实的一步。

本书在编写过程中,参考了大量国内外学者的研究成果,在此诚挚地向各位研究者表达敬意与感谢。其中部分内容是对近二十年以来研究的承续、梳理和修正更新,也有部分内容是在与其他学者合作成果基础上进行修改完善形成的,包括:黄华新、周祥《隐喻表达的语境依存性探究》[《山西大学学报(哲学社会科学版)》2024 年第 2 期],黄华新、胡霞《认知语境的建构性探讨》(《现代外语》2004 年第 3 期),黄华新、徐以中《预设的动态性和动态预设观》[《浙江大学学报(人文社会科学版)》2007 年第 5 期]等。浙江大学徐慈华老师的研究为本书提供了重要帮助,在此一并致谢。

书中仍有不少缺点和错误,敬请读者朋友批评指正。

作　者

2024 年 7 月 10 日

目　　录

前言 ·· （ 1 ）

1　绪论 ··· （ 1 ）

　1.1　语言与逻辑 ··· （ 1 ）

　1.2　语言逻辑的发展 ··· （ 7 ）

　1.3　本书的定位 ··· （ 12 ）

2　逻辑与语义表征 ·· （ 17 ）

　2.1　语义生成的原则 ··· （ 17 ）

　　2.1.1　范畴语法 ··· （ 17 ）

　　2.1.2　类型论语义学 ··· （ 20 ）

　　2.1.3　语法和语义的组合性原则 ··· （ 22 ）

　2.2　意义与指称 ··· （ 25 ）

　　2.2.1　意义理论概览 ··· （ 25 ）

　　2.2.2　意义和指称 ··· （ 30 ）

　　2.2.3　内涵语义和内涵逻辑 ··· （ 33 ）

　2.3　歧义与消歧 ··· （ 35 ）

　　2.3.1　歧义存在的普遍性 ··· （ 35 ）

　　2.3.2　辖域歧义 ··· （ 36 ）

　　2.3.3　基于 CCG 的量词辖域歧义刻画 ····································· （ 43 ）

3　逻辑与语用推理 ……………………………………………（50）

  3.1　语义预设与语用预设 …………………………………（51）

    3.1.1　预设的内涵 ……………………………………（51）

    3.1.2　预设的特征 ……………………………………（54）

    3.1.3　预设投射问题 …………………………………（65）

    3.1.4　预设与动态性 …………………………………（67）

    3.1.5　预设的形式刻画 ………………………………（76）

  3.2　会话含义与言语行为 …………………………………（81）

    3.2.1　会话含义 ………………………………………（81）

    3.2.2　言语行为理论 …………………………………（92）

  3.3　类比与隐喻推理 ………………………………………（97）

    3.3.1　类比的语用推理 ………………………………（97）

    3.3.2　隐喻的语用推理 ………………………………（101）

4　逻辑与动态语境 ……………………………………………（109）

  4.1　语境 ……………………………………………………（110）

    4.1.1　语境的概念 ……………………………………（110）

    4.1.2　语境的认知构建 ………………………………（114）

    4.1.3　语境的逻辑结构 ………………………………（124）

  4.2　动态语义学 ……………………………………………（130）

    4.2.1　静态语义的组合困境 …………………………（130）

    4.2.2　话语表征理论 …………………………………（132）

    4.2.3　动态谓词逻辑 …………………………………（142）

  4.3　隐喻语义的动态理解 …………………………………（144）

    4.3.1　隐喻使用的语境影响因素 ……………………（144）

    4.3.2　语境启动与隐喻交际 …………………………（149）

    4.3.3　语境驱动的隐喻创新 …………………………（151）

5 逻辑与信息传递 ·· (155)

　　5.1 信息与信息流 ·· (155)

　　　　5.1.1 信息流理论 ·· (156)

　　　　5.1.2 限度信息与关联信息 ································ (157)

　　5.2 情境中的信息 ·· (159)

　　　　5.2.1 情境语义学 ·· (159)

　　　　5.2.2 在自然语言理解中的应用 ························ (163)

　　5.3 非字面义的信息传递 ·· (167)

　　　　5.3.1 信息通道理论 ······································ (167)

　　　　5.3.2 在自然语言理解中的应用 ························ (170)

结语 ··· (184)

参考文献 ··· (190)

附录 1 探索语言逻辑与信息处理结合的新路径
　　　——《自然语言信息处理的逻辑语义学研究》评介 ·········· (195)

附录 2 面向信息处理的自然语言逻辑研究
　　　——《逻辑、语言和信息》评介 ····························· (201)

1 绪 论

1.1 语言与逻辑

关于"逻辑学"的定义，一直存在较多的争议，有的学者倾向于从狭义的角度定义逻辑学，认为逻辑学是研究有效推理，即从真前提必然地得出真结论的一类推理的理论。有的学者则从广义上理解逻辑学，认为它研究的是正确的思维方式，是关于思想、论点和推理过程的学问。而无论是必然推出还是或然推出，也无论是推理、论证还是反驳，语言都是表达此类思想和论点的主要工具。一个清晰、简单的语言表达通常能更好地传达逻辑，而复杂、模糊的语言可能会掩盖或混淆逻辑关系。

可见，自然语言和逻辑有着天然的渊源关系：一方面，逻辑学的研究对象是人类的思维规律以及推理的有效性，而抽象思维首先也主要是通过自然语言表述出来的；另一方面，人可以习得语言，并深入探究语句的形式和意义，证明自然语言不是任意的符号组合，而必须有逻辑作为内在理据与框架。

具体而言，从内容上看，在生成和理解语言的过程中，我们需要逻辑来帮助我们理解词句的含义，建立句子成分之间的关系，以及进行推理。在日常生活中，我们可能并没有意识到那些有意义的句子表达的组织规则，但可以熟练地进行运用。例如："如果雨停了，我们就出去玩。"我们对这样的句子进行逻辑分析，就能理解：雨停是出去玩的先决条件。

从结构上看，日常使用的自然语言虽然灵活多变，但其背后也离不开一些逻辑结构的支撑。语言的生成基本符合组合性和递归性。组合性原则强调的是语言单位(如词或短语)的组合方式。言语单位的组合不是随机的,而是遵循特定的规则。例如,我们可以说"我吃饭",但不能说"我饭吃",在组合性原则的使用中,这些规则能够被反映出来。而递归性原则强调的是语言单位可以被无限递归地生成。我们可以通过反复嵌套子句来构造更复杂的句子,例如:"你知道他说他昨天看到的那本书是关于什么的吗?"在这个句子中,"他昨天看到的那本书是关于什么的"已经是一个完整的句子,"他说他昨天看到的那本书是关于什么的"调用了这句话,之后又被更复杂的句子所调用。通过一定的语法规则(如主谓一致,动宾关系等)将词与词组织在一起,自然语言才能够使用有限的词汇产生无穷的语句。而基于一定的语义规则,人们才能理解这种无穷的语句,这些规则便是逻辑的体现。

20 世纪 50 年代,美国语言学家诺姆·乔姆斯基(N. Chomsky)提出转换—生成语法(Transformational-Generative Grammar),[①]强调语言的转化和生成。这一理论认为,人类在头脑里天生具有语言习得的能力,他们先天就被赋予一种特有的被称为"语言获得装置"(LAD)的语言官能以及一套得到符合语法规范的句子的生成规则和转换规则,被称为"普遍语法"。这一迥异于结构主义语言学的底层观点,为语言学界带来了一场哥白尼式的革命。而其运用形式语言的研究方法,有利于更清楚地解释句子的深层结构,也推动了逻辑学、形式语言学和计算机科学的发展。

乔姆斯基提出,语言理论试图解释说话人在有限的语言经验的基础上生成和理解新句子并拒绝其他不合语法的新序列的能力,是对合法的句子集合与所观察的句子集合之间的关系的阐述。由此,他给出了语言描写的三个模型。[②]

(1) 基于马尔科夫过程的有限状态语法模型

乔姆斯基从香农(C. E. Shannon)把离散马尔科夫过程的概率模型应用于描述语言的自动机那里获得灵感,从"有限状态马科夫过程"(the finite state Markov process)出发,进行假设与演绎,定义了有限状态语言(finite state language)。

---

① CHOMSKY N. Syntactic Structures[M]. Berlin: Mouton de Gruyter, 1957/2002.

② CHOMSKY N. Three Models for the Description of Language[J]. IRE Transactions on Information Thecry, 1956, 2(3): 113 - 124.

我们可以把句子的生成看成一台机器,它从初始状态开始,在每个状态过渡时都产生一个词,构成一个词序列,在终止状态输出的词序列就是一个"句子",而这个机器就是"有限状态语法"(finite state grammar)。用状态图来表示这个过程,图中的各个节点是不同状态,顺着箭头符号从起始点到终结点之间的路径构造句子。除此之外,可以为每次状态之间的过渡指派一个概率,计算每个状态之间关联的不确定性。比如图1-1中,通过这个语法输出的句子,会从左到右,依次从初始状态、途经不同的中间状态,再到达最后的状态,然后生成 The man comes 或者 The men come。

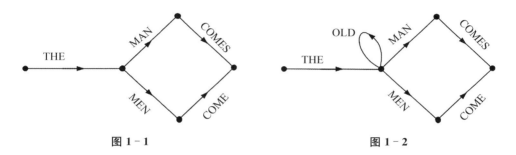

图 1-1　　　　　　　　　　　　　图 1-2

我们还可以通过对现有语法的扩充,得到无穷的句子,比如图1-2中给这部语法增加封闭环(closed loop),就可以增加可重复出现的 old,得到 The old man comes. The old men come 或者 The old old man comes 等语句。

(2)基于直接成分分析法的短语结构模型

有限状态语法注重线性的句法关系,即"按照线性模式从左到右逐一选择的方法来处理句子之间的关系",[①]而"短语结构语法"探究的是句子成分之间的非线性关系。

在抽象的句法成分层面,自上而下地演绎句子的生成过程,我们可以看到,句子是由短语组成的,这些短语又能被分成更小的成分短语,直至达到最后的成分(一般来说就是语素)。

语法定义为一个有序对[Σ,F],其中 Σ 指代句子,用 F 指代一系列形如"X→Y"的改写规则,表示"将 X 改写为 Y",该语法就是一个简单的自上而下生成句

① 　陈友良.乔姆斯基形式句法推导过程的变迁[J]. 外语教学,2006(2): 44-47.

子的操作程序。

那么我们可以把这部语法呈现为一部含有内部有限状态的机器,包括起始状态和终极状态。在起始状态,该语法只能产生 Sentence 这个成分,由此移入一个新的状态。然后该语法可以产生任何语符串 Y_i,那么 Sentence→Y_i就是图 1-3 里 F 的规则之一,由此又移入一个新状态。假定 Y_i 是语符串"…X_j…",那么这台机器就可以通过"应用"规则 X_j→Y_j 生成语符串"…Y_j…"。这台机器就是这样从一个状态通向另一个状态,一直到最后它产生终极语符串,这就到了终极状态。

Σ:
Sentence
F:X_1 → Y_1
　　X_2 → Y_2
　　…
　　X_n → Y_n

(i) Sentence → NP+VP
(ii) NP → T+N
(iii) VP → Verb+NP
(iv) T → the
(v) N → man, ball, …
(vi) Verb → hit, took, …

图 1-3　　　　　　　　　　　　　图 1-4

将短语类型代入该语法模式,就能生成具体的推导规则。用 NP 代表名词短语,VP 代表动词短语,N 代表名词,T 代表冠词,Verb 代表动词,语句"The man hit the ball"使用的推导规则如图 1-4 所示。

运用这些规则,从完整语句 Sentence 开始不断地将可替换成分进行替换,我们就得到了这句话的推导过程。如图 1-5 所示。

(1) Sentence
(2) NP+VP　　　　　　　　　　使用规则(i)
(3) T+N+VP　　　　　　　　　　使用规则(ii)
(4) T+N+Verb+NP　　　　　　　使用规则(iii)
(5) the+N+Verb+NP　　　　　　使用规则(iv)
(6) the+man+Verb+NP　　　　　使用规则(v)
(7) the+man+hit+NP　　　　　　使用规则(vi)
(8) the+man+hit+T+N　　　　　使用规则(ii)
(9) the+man+hit+the+N　　　　使用规则(iv)
(10) the+man+hit+the+ball　　使用规则(v)

图 1-5

(3) 转换模型

在此基础上,乔姆斯基提出了重要的"转换语法"概念,认为句子形式的变化取决于转换,句子是由"深层结构"通过一系列"转换"生成的"表层结构"。深层结构是句子语义基础的抽象表达,它揭示了句子的基本结构和含义,通常是符合一般语法规则的结构,经过转换规则的操作,得到我们实际听到或看到的语言表达,也就是表层结构。

转换模型给出了一些强制或非强制的转换式,对应用该转换式的字符串进行结构分析,并描写该转换式给字符串带来的结构变化。比如,被动式的转换结构是这样的:

结构分析:NP-Aux-V-NP

结构变化:$X_1 - X_2 - X_3 - X_4 \rightarrow X_4 - X_2 + be + en - X_3 - + by + X_1$

这条规则中,$X_1 - X_2 - X_3 - X_4$ 分别代表结构分析中四个要素的位置,被动语态的结构变化要求左边的结构变为右边的。其中 Aux 表示助动词,be 表示相应形式的助动词,en 表示被动语态。假设语句为 The man(NP) drinks(X_3) the wine(X_4)(括号中标出的是语句结构,X_2 为空),在变成被动语态时,处于宾语位置的 wine(X_4)提前到句首,加 be 动词和 en+drinks(X_3),即动词的过去分词 drunk,最后 The man(NP),得到被动句 The wine is drunk by the man。

与之类似,现代逻辑自身被称为一种人工语言,也有它的语法。以命题逻辑为例,它的字母表包括:

常元 a,b,c…;

变元 x,y,z…;

逻辑联结词:¬,∧,∨,→,↔。

这些符号也只有按照一定的次序排列,才能合法地构成公式,规定这一次序的规则称为语法,通常以递归的方式给出:

命题常元和变元是公式;

如果 φ 是公式,则 ¬φ 是公式;

如果 φ 和 ψ 是公式,则 φ∧ψ,φ∨ψ,φ→ψ,φ↔ψ 是公式;

只有通过以上方式构成的才是公式。

由于句法天然是抽象的结构,因此自然语言中的语法研究大量使用逻辑作为基本工具。包括对时、体、态的研究,[①]对事件和焦点的表征,[②]对动补式、连动式

---

① 龚千炎.汉语的时相　时制　时态[M].北京.商务印书馆,1995.
② 袁毓林.汉语句子的焦点结构和语义解释[M].北京.商务印书馆,2012.

等各种结构特殊性的描述,①等等,进而关注这些语法现象之间的关联。②

而无论是在自然语言还是人工语言中,可以认为符号本身都没有任何意义,只有被赋予含义的符号才能够被使用,这时候语言就转化为信息。自然语言的语词、语句能够表达相应的意义,这是日常交际的基础,逻辑语言在抽象层面上同样被赋予了特定的意义。经典逻辑的语义主要指语句的真值条件,即对它在怎样的条件下为真做出的规定。在解释命题逻辑的语义时,常项的语义就是它对应的对象,关联词则被解释为函数,我们用真值表的形式给出了它的赋值。谓词逻辑的语义则在给定的具体模型中讨论。

早期的逻辑学研究仍然以使用自然语言为主,到了近代,自然语言和人工语言间密切的关联让研究者看到了以逻辑研究自然语言的可能性。自然语言逻辑研究最直接的意义就在于对语词以及句子结构的分析。比如从一阶逻辑到广义量词理论对量词的特别关注,以及范畴类型语法在组合规则上的约定本质上反映的是语句的句法成分分析。而其更显著的优势体现在表达的明确性上。逻辑表达式的语法和语义是严格定义的,其解读方式是唯一确定的,能够无歧义地表达句子的深层语义,因此,在语义歧义、指称等自然语言现象的分析上有着大量的应用。此外,逻辑语言在对语言和语言哲学的反思中具有特殊的意义,能够帮助人们从一个新的视角探究语言的本质。比如,语法和语义的递归定义更清晰地呈现了自然语言的组合性,也容易识别出一些不满足组合性原则的特殊情况;语言哲学中一直备受关注的内涵和外延问题,在语言逻辑学家这里也有了新的解答;在逻辑系统的层面,它能通过严格的证明为自然语言中的推理提供元层面的结论。

进入信息与智能时代,逻辑语言也是计算机语言的理论基础。逻辑语言和计算机语言一样是人工语言,在最基本的结构上也具有一致性,逻辑语言使用符号和规则来确保其表义的准确性和一致性的做法同样用于计算机语言。作为逻辑学基本方法的形式化手段,是自然语言处理理论基础和实现过程的一部分,也成了自然语言到计算机语言之间的桥梁,对于帮助机器理解和处理人类语言有重要的意义。一方面,逻辑语言的使用和语言逻辑的研究深化了对自然语言的

① 刘丹青.汉语动补式和连动式的库藏裂变[J]. 语言教学与研究,2017(2): 1-16.
② 李可胜,满海霞.VP 的有界性与连动式的事件结构[J]. 现代外语,2013(2): 127-134.

认识；另一方面，计算机只能处理有限符号集上的有限长符号序列的形式变换，逻辑语言对自然语言的形式化则给出了这种符号序列。现有的一些自然语言理解的计算机分析程序就是建立在 PTQ、DRT、GPSG 等逻辑语言研究的基础之上的。随着人工智能的发展，尤其是新一代人工智能的瓶颈问题给逻辑学的发展带来了新的挑战和机遇，要求基于逻辑的系统必须能够处理来自开放、动态、真实环境中的不完备不确定和不一致的信息，同时在可计算性、动态性和可解释性方面具有良好性能。① 同时，人们对机器的语言理解能力也提出了更高的要求，自然语言处理在人机交互中的重要意义也愈发凸显。可以想见，逻辑语言在刻画自然语言的修辞、语用等方面的探索，也将对自然语言处理在推理水平、情感处理等领域的突破有重要意义。

总的来说，逻辑给予了语言，尤其是语言的深层结构更为清晰、准确的呈现方式，而语言为逻辑提供了丰富、生动的表现形式。逻辑和语言之间的互动关系对于提升我们的思维深度，理解世界有着重要的意义。在自然语言处理快速发展的今天，逻辑在理解句子结构、确定上下文关系、消除歧义等方面都有着独特的作用，人们对于两者关系的认识也越来越深刻。

1.2　语言逻辑的发展

语言与逻辑不可分割。逻辑是一门从论辩中发展起来的科学，必然以语言为素材。亚里士多德（Aristotle）作为逻辑学的创始人，其研究已经进行了逻辑与语言的结合，在其逻辑著作中，也有对语言的专门论述。可以说，从一开始语言学与哲学、逻辑学等就是混杂在一起的。

在逻辑学的创始人亚里士多德那里，逻辑研究是与会话、演讲、论辩等日常语言的表达和理解联系在一起的，他的《修辞学》研究的就是说服的方式和在一定场合运用适当的说服方法的能力；在随后的研究中，学者们也或多或少地继承了这一传统，逻辑紧密联系会话、论辩等语言交流的实际，并与当时的语法学、修辞学密切结合，成为东西方逻辑发展的一条重要的历史线索。探讨表达和理解

---

① 廖备水.论新一代人工智能与逻辑学的交叉研究[J].中国社会科学，2022(3)：37-54.

的一般原则,建构自然语言交流的逻辑理论,试图更好地发挥逻辑为日常思维和表达理解服务的工具作用,也是"大逻辑"思想的一种表现。

从语法和语义视角看,随着数理逻辑的兴起,逻辑学的关注对象开始转向数学领域,同时,不再主要依赖自然语言,而是大量使用形式语言进行研究,使得对自然语言的逻辑研究中,对象语言和元语言在一定程度上得以分离;而现代语言学的发展中,建立了相当成熟的系统的语法结构理论。结构主义的理论语言学主要关注作为完整的符号系统的语言,描写语言结构的各个层次,分析各种对立成分,为现代逻辑学与现代语言学两门学科的交融创造了必要条件。[①] 到了 20世纪 70 年代,哲学、逻辑学和语言学的发展轨道上再次产生了交汇,哲学的语言学转向使得语言成为哲学研究的中心对象,哲学家们开始通过分析语言的结构和使用,来揭示语言中的语义和认知规则,从而获得对世界的深入理解。在这一领域的研究中,逻辑学中的形式语言、模型论语义学、推理系统提供了理论工具;在框架层面,逻辑学将语义学作为对于形式和意义之间关系的系统解释的处理方式提供了一种基本架构;在理念层面,语言生成和使用的抽象规则有着普遍的适用性,能够给予不同语句相对统一的解释。学科间的理念与方法的碰撞产生了新的跨学科领域,形式语义学应运而生,并发展成为一门富有生命力的独立学科。其中,莱考夫(G. Lakoff)等人从语言学角度探讨了自然语言语法结构与其逻辑结构的对应关系;蒙太格(R. Montague)提出"普遍语法"思想,认为自然语言和形式语言在本质上并无差别,两者都遵循同样的法则,可以在"普遍语法"的模式下作精确的数学描述,由此创立了著名的蒙太格语法。此后,这一思路的继承者又提出了广义量词理论、话语表征理论、情境语义学和类型—逻辑语法等一系列理论,构成了内涵丰富的逻辑语义学。使用逻辑方法进行语言学研究的意义在于,作为一种解释的方式,它对自然语言从语词到语句再到句群的各种问题进行更精细的刻画和更深入的分析,以尽可能准确地把握自然语言所表达的意义。此外,形式化也是推理者或解释者的明确承诺的体现,这些承诺为评估给定文本提供了规范性依据。[②] 这些理论尝试一方面为解释语言学问题提供了新思

---

① 夏国军.语言逻辑与形式化[J].南开学报,2004(3): 63–72.

② SAGI G. Logic in Natural Language: Commitments and Constraints[J]. Disputatio. 2020,12(58): 277–308.

路,另一方面大大推动了当今逻辑学的发展,进而引起了自然语言信息处理领域的高度重视。在我国,这同样是语言逻辑研究的一个重要方向,学者们对上述理论已经做了较为充分的介绍,同时开始尝试解决汉语句法和语义中的一些特殊现象,对汉语信息处理中的疑难问题进行理论探索。[①]

在自然语言逻辑的研究中,最基本的原则是组合性原则。自然语言能够通过有限的词汇产生无穷的语句,人们要能理解这无穷的语句,必然要求有限的语义解释规则对从词义到句意的过程作出规定。德国哲学家、逻辑学家弗雷格(G. Frege)首先引入函项这一数学概念,提出"句子的意义是组成部分的意义以及组合方式的函项"的组合性原则。进一步,蒙太格对组合性原则中意义与句法相似的生成结构给出了更严格的限制,他指出,句法和语义是同构的,句法结构和语义表达的生成一一对应。在这些原则下诞生的蒙太格语法开创了自然语言逻辑的研究范式,他用句法范畴和语义类型之间的同态关系来描述这种一致性,自然语言的表达式在句法方面能够采用直观的句法规则生成语句,而后借助范畴和类型同态,将语句的生成过程翻译成高阶内涵逻辑的表达式,对高阶内涵逻辑式的语义解释间接地成了自然语言的语义解释。之后各流派几乎都继承了这一思想,大都认同语法和语义的生成是组合性的,在多数语句中句法和语义的同步生成是可能的。这种句法—语义匹配方法对于计算机生成和理解自然语言十分有益。

这一路径的自然语言逻辑研究,正如莫特盖特(M. Moortgat)曾提出的著名口号"认知=计算;语法=逻辑;解析=演绎",[②]其核心思想就是将句子的语义视为其各部分语义的运算结果,从而研究语句意义生成的具体规则,完成对意义的推理。当然,自然语言的丰富性和复杂性使它很难完全符合某一原则,句法、语义、语用等多重机制往往交互作用,也存在很多句法生成和语义组合难以实现完美地对应的情况。也正因为如此,基于组合性原则的自然语言模型论语义学更显示出自己的独特的存在价值,它针对不能简单对应的情况进行深入的探索和方法的更新,主要给出了相应的解决方案。

从语用的视角看,逻辑作为思维和交流的工具在社会生活中的作用日益凸

---

① 刘丹青.语言学前沿与汉语研究[M].上海:上海教育出版社,2005.
② MOORTGAT M. Categorical Grammar: Lecture 1[Z]. URL, 2005. http://www.let.uu.nl.

显,语言交流的逻辑或者说语用逻辑研究逐渐成为现代人们关注的热点问题之一。熊明辉将语用逻辑的研究概括为两大进路:[①]一是趋语用化进路,也称为"艾杜尔凯维奇进路"或者"逻辑学进路",它源自英文术语"pragmatic logic",关注的焦点是从(形式)逻辑学视角出发,同时观照到推理和论证的语用维度,其目标是面向日常生活论证构建一种充分关涉论证语用维度的实践逻辑。二是去语用化进路,也称为"塞尔—范德维肯进路"或者"语言学进路",源自英文的"illocutionary logic",它关注的焦点是,从语言学视角出发,同时观照到语用行为的规范性维度,目标是在充分考虑言语行为的语用要素基础上,针对语用行为构建相应的形式逻辑系统。

西方学者的研究中,通常会在"非形式逻辑"(informal logic)"自然逻辑"或"语用逻辑"的主题之下讨论自然语言交流的逻辑问题,主要对自然语言表达和理解问题进行逻辑分析,或者对"相关生活"的日常论证进行逻辑思考。方盖林(R. J. Fogelin)所著《理解论证:非形式逻辑导论》一书的序言中明确把论证当作语言的特殊使用,强调论证是一种语言的行为,提出"非形式逻辑"研究的是"在语言所作为一个整体的论证的地位是什么?""在给定的语言中论证的特征是什么语词或短语?"这样一类问题。[②]诺尔特(J. E. Nolt)的《非形式逻辑:可能世界与想象》则以逻辑上的"可能性世界"为关键词来分析、评估论证的结构和有效性,并对论证中谬误的辨析提供了若干原则。[③]

在分析日常生活中实际的语言使用时,学者们意识到数理逻辑存在着种种局限。比如斯特劳森(P. F. Strawson)一方面承认数理逻辑在精确性和系统性方面有明显的长处,但另一方面又认为对生动的日常语言的处理,数理逻辑是过于简单化了,尤其是忽视了语词或语句的意义和语言环境的联系。他提出要研究日常语言的逻辑,认为要了解语言的逻辑功能并非只是一种简单的演绎关系,还必须考虑除蕴含与矛盾之外的更多的方面,必须使用除形式逻辑之外的更多的分析工具。言语行为论的代表人物塞尔(J. R. Searle)也不同意仅就语句的形

①　熊明辉.语用逻辑的研究路径及其发展方向[J].中国社会科学,2020(8):24-46.

②　FOGELIN R J. Understanding Arguments: An Introduction to Informal Logic (2nd Edition)[M]. New York: Harcourt Brace Jovanovich, 1982.

③　NOLT J E. Informal Logic: Possible Worlds and Imagination[M]. New York: McGraw-Hill Book Company, 1984.

式来研究语义问题,而是倡导结合言者的意图和语言的环境来研究语句的意义。所有这些都与逻辑要和"生活相关"的呼声相一致的,日常语言总是丰富多彩而且不断发展的,因此无须也不可能用人工语言代替日常语言。

纵观自然语言逻辑的发展历史,有学者指出,自然语言逻辑的研究至少呈现以下几种趋势:形式化的趋势、重视语用的趋势、贴近人们对自然语言的实际理解过程的趋势和多学科相互促进、相互渗透的趋势。[①] 我们认为,自然语言逻辑研究的核心是要解决语言的表达和理解问题。具体地说,它至少涉及形式和描述两个研究层面。

第一,运用现代逻辑工具对自然语言作符号化、理想化的技术处理,以期为人际交流或人机对话提供理解上的必要条件,我们把它称之为形式层面的研究。该研究层面的重点是基于对自然语言理解基础之上的自然语句的形式化。其主要内容大体上可分为如下几个方面:1. 各种存在量限式、总括量限式和相对量限式的形式化研究。2. 各种基本单句和复杂单句的形式化研究。3. 单层复句、多重复句和句群以及语句的推演等方面的形式化研究。4. 真值模态语句、规范模态语句、时态语句、认知模态语句的形式化研究。5. 非陈述句,包括疑问句、祈使句、感叹句的形式化研究。这些研究关注的重点在于对自然语言中特殊现象的语义澄清,以及自然语言和形式语言的对应性。从蒙太格语法开始,结合英语的自然语句进行逻辑分析已取得了一些成果。但是运用逻辑工具分析汉语自然语句还处于起步阶段。邹崇理、蔡曙山等学者在使用逻辑工具深化汉语的自然语言理解方面取得了一些研究成果,但该方向还有很大的研究空间。

第二,透过丰富多样的语言交际现象,从逻辑上概括、提炼出人们理想表达和正确理解的总体原则、普遍规范和一般方法,我们把它称之为描述层面的研究。这里讲的"总体原则""普遍规范"和"一般方法"虽然不是严格的形式规则,但它们对人们的表达和理解来说,是一种带有启发性、导向性的重要准则。该研究层面的主要内容大体上可分为如下几个方面:1. 自然语言交流过程中的语境因素的研究。交流总是在一定的语境中进行的,语境主要指语言交流赖以存在

---

① 夏年喜.自然语言逻辑研究的现状与趋势[J]. 哲学动态,2004(6):31-34.

的时间、场合和特定的社会文化背景等，也包括表达和理解的前言后语（或上下文）。语境制约着交流过程，为了实现成功的交流，传受双方必须充分利用语境因素。语境分析是语言交流逻辑的核心问题之一。2. 作为语言交流过程基本环节的表达和理解的研究。传者把自己的意思组织成话语而发送出去，这是表达；受者从这些话语中明白了对方的意思，这是理解。表达和理解既有不同的特点和类型，也有各自的具体要求和制约。3. 言语行为的研究。英国著名语言哲学家奥斯汀(J. L. Austin)把言语看作一种行为，并且划分为语谓行为(locutionary act)、语旨行为(illocutionary act)和语效行为(per-locutionary act)，也就是说，在语言交流中，人们说话除了"说什么"，还有说话的意图和言后的效果。① 成功的交际既讲动机又讲效果；既讲手段又讲目的。语言交流的逻辑要求人们在表达过程中善于把语谓行为、语旨行为和语效行为一致起来。4. 蕴含、预设、断言和会话含义的研究。在语言交流中，恰当地表达一个句子不容易，准确地理解一个句子更困难，这是由于通常"话中有话，言外有意"。预设理论说的是"话中有话"，会话含义讨论的是"言外有意"。预设、蕴含和断言都是一些关于语句的推理，有些是语义推理，更多的是语用推理。甚至预设本身就是断言的语境。蕴含、预设、断言三者颇为近似但又有重要区别。这些概念都是语言交流逻辑分析的"关键词"。此外，论证和谬误的理论研究也是语言逻辑涉及的两个重要范畴。

1.3　本书的定位

自然状态下的思维与语言是不可分割的，所以，逻辑分析从纯理论的层次向应用层次的过渡，首先就会遇到自然语言的复杂性这一个因素。从应用的角度来说，对思维形式作逻辑分析时，不能不考虑到语言现象的特点。逻辑形式的特点是准确性、单义性、确定性和完整性，而日常使用的自然语言则带有模糊性、多义性、灵活性和简略性的特点。考虑到这些因素，在具体的逻辑分析时，必须正确处理好逻辑形式的准确性和自然语言的模糊性的关系；逻辑形式的单义性和自然语言的多义性的关系；逻辑形式的确定性和语言表达的灵活性的关系；逻辑

---

① 　BLACK M. Philosophy in America[M]. Ithaca：Cornell University Press，1965：221－239.

形式的完整性和语言表达的简略性的关系。其次,逻辑分析从纯理论的层次向应用层次的过渡,还会遇到各种背景知识。因为自然状态下的思维总是处于特定的具体环境之中的。因此,从应用的角度来说,对思维形式作逻辑分析时,不能不考虑到各种背景知识。再次,逻辑分析从纯理论的层次向应用层次的过渡,还会涉及思维内容的具体性。因为自然状态下的思维其内容与形式是相互联系、密不可分的。因此从应用的角度来说,对思维形式作逻辑分析时,有时我们也不能不考虑到具体的思维内容。

美国哲学家查尔斯·威廉·莫里斯(C. W. Morris)在 1938 年提出符号研究三分法模型,区分了语形学(syntactics)、语义学(semantics)和语用学(pragmatics),其中句法学研究符号组成完整句子的规则,语义学研究符号与其在物质世界中的所指之间的关系,而语用学则研究符号与其使用者和理解者之间的关系。本书也将以这一划分为线索,分别介绍逻辑尤其是现代数理逻辑在自然语言这三个层面的思考和运用,涉及语法和语义的表征、动态语境和语用推理、语言作为信息传递、自然语言处理等主题,探讨包括歧义、量化、指称、预设、言语行为等经典问题在内的自然语言句法和语义的生成机制。

在对这些语言现象的研究中,自然语言逻辑发展出蒙太格语法,以及其后继者提出的广义量词理论、话语表征理论、情境语义学、动态谓词逻辑等多样的理论体系,它们共同关心的主题是如何使用不会引起歧义的形式化语言,根据可靠的句法构造,将自然语言中一些复杂含混的语义、语用现象刻画出来,从而揭示自然语言的句法生成和语义组合规律。自然语言逻辑的研究为更好地理解、使用自然语言,更好地实现人机交互做出了重要贡献。当然,也面临着许多挑战。首先,自然语言的复杂性和模糊性使得创建一个可靠的逻辑表示变得非常困难。就算是同一种语言,不同地区和文化背景下,同样的词句可能具有不同的含义。其次,逻辑推理往往需要大量的计算资源,尤其是在处理大型数据库或复杂问题时。最后,逻辑可能并不能完全捕捉到自然语言的全部含义。因为语言不只是逻辑,还包含了情感、语境、隐含的假设等诸多因素。而在人工智能领域,自然语言处理一直被视为一项重要而艰巨的挑战。随着大语言模型技术的不断成熟和大规模使用,机器的语言理解能力有了惊人的提升,也给了人机界面的自然语言逻辑以全新的课题。语言理解中的知识的不完备性、不确定性和不一致性对经典逻辑提出了挑战,其普遍适用性、可计算性、动态性和易解释性,又对传统非单调逻辑提出了挑战。① 本书在写作中希望从更综合的视野来看逻辑与语言研究的图景,突出语言导向、信息导向和逻辑导向,以期对当前语言学与逻辑学的交叉互动有新的认识。

（1）语言导向

正因为逻辑与自然语言有着直接而紧密的联系,所以以语言学的视角看逻辑和以逻辑的视角看语言都是自然的想法。在自然语言和逻辑之间的交叉点上,多数语言逻辑著作选择了前者,本书希望尝试以后者为基本理念。我们将关注重心放在自然语言,尤其是语言使用中的具体问题上,特别强调逻辑工具在自然语言处理和理解中的实用性。因此,这本书尝试在经典例子和实际语料之间寻求深度与广度的平衡。在建立全面的理论架构的同时,也精选了一系列现实案例进行深入探讨,使读者既可以获得宽泛的知识,也可以对特定问题有深入理解。此外,相比专注于某一具体的逻辑理论或自然语言现象,这本书更希望以宏观的视角,介绍和讨论自然语言的多个方面（包括句法学、语义学、语用学）,以展现逻辑工具的广泛应用。

而在这些语言研究的主题中,我们会更侧重于语义—语用的界面研究,更多地考虑语言作为认知和交际工具的效用。

（2）信息导向

信息产生于不确定性。信息流理论的创始人香农认为,信息流（信息增益）是不确定性的减少（熵减）,新信息导致概率分布的变化,降低了不确定性。自然语言一个重要的功能就是传递关于外部世界信息,通过语言交际减少不确定性,在交际主体之间达成确定的共识。

从信息流的角度看,语言在信息的产生、传播和接收过程中扮演着至关重要的角色。在信息的产生过程中,想法,知识和情绪是信息的来源,而语言作为一种符号系统,使我们能够把这些抽象的概念转化为可以理解和交流的形式,即通过将思想和情感编码成信息,使得信息得以产生。

当信息被创建出来后,需要通过某种方式进行传播,语言就是最主要的传播

① 廖备水.论新一代人工智能与逻辑学的交叉研究[J].中国社会科学,2022(3)：37-54.

方式之一。无论是口头或书面,语言都可以将信息从一个地方、一个人传递到另一个地方、另一个人。语言也让信息的远距离传输和历史沉淀成为可能。当我们接收到通过语言传递的信息时,需要解码这些语言,将它们重新转化为我们可以理解的想法和情感。这一过程中,语言使得信息的接收者能够理解信息的原始含义。进一步,信息的接收者可以通过相同的语言系统反馈信息,以达成交流和对话。这种互动性使得信息流动更加丰富和多元,也使得我们有机会根据接收到的反馈来调整我们的信息输出。

总的来说,从信息流视角看,语言的意义在于它是信息产生、传播、接收和反馈的媒介。语言赋予了了我们思维的表达,知识的传播,人际交往的可能,在信息流动的全过程中发挥着至关重要的作用。

本书中,我们把认知活动及其外化的语言表达视为一种信息活动,主要讨论目标语义是如何被表达的,不同语句语义内容上的关联,以及所处语境与话语信息的关系。比如,情境语义学认为信息是一种关联导致信息流动的是情境和情境之间的制约关系,一个信号的发出,实际上是为了传达与之有关的另一个信息。通过在状态空间中限制一些情境序列的可能情况,使得情境之间产生某种关联,实现信息的传递。如山上有烟作为信号,传递山上有火的信息;X 线片传递病人骨头的信息,等等,因此,语句的外延意义不是真值而是句子所描述的情境。而动态认知逻辑认为信息是一种限制,导致信息流动的是认知的状态空间的改变。当信息增加时,认知状态空间逐渐收缩,原本认知范围内的可能世界可能被排除,一些可能世界间的不可辨别随之不再存在。认知限度内的可能世界越少,则信息越充分。

(3)逻辑导向

作为一门工具学科,逻辑学在很多学科的研究中具有独特的价值。它关注抽象的结构,可以从纷繁复杂的语言现象中抽离出来,去给出更准确的刻画,讨论更一般的规律,尤其是现代逻辑的形式化方法,为许多领域的研究提供了新的范式。"形式化"这一术语的含义,在现代逻辑或鲍亨斯基(J. M. Bochenski)的《当代思维方法》中都是很确定的。它是指把某一理论用人工语言符号进行陈述,从而把理论转换为纯粹符号系统研究的方法。把一理论形式化,也就是把理论中的概念转换为人工语言的符号,命题转换为符号公式,定理的推演转换为公式的变形,并把一个证明变成符号公式的有穷序列。[①] 把一个理论形式化以后,可以暂时撇开理论中的概念、命题的内容及意义,把理论变成对符号、公式空间结构的研究。真正的形式化方法是近代随着数学的发展而形成的,现代逻辑的发展也将形式化的方法应用于其他学科的研究中,对现代语言学、数学、计算机科学的发展起着重要的作用。在语言研究领域,除了针对特定语言结构进行的分析,学者们还尝试通过偏好逻辑、描述逻辑等工具在宏观层面对语境以及语境影响下的语义理解进行刻画,[②]不但解释了一些语义甚至语用问题,也构造了新的逻辑来拓展逻辑的版图。本书中,我们将更多地讨论逻辑工具如谓词逻辑,模态逻辑,动态认知逻辑等在自然语言描述和理解中的应用。

---

① 参见鲍亨斯基.当代思维方法[M].童世骏,等译,上海:上海人民出版社,1987。

② 参见刘奋荣.关于语境的一个逻辑模型[J].逻辑学研究,2012(4):16 - 26;KLARMAN S, Gutiérrez-Basulto, V. A Context Description Logic[C]//European Workshop on Logics in Artificial Intelligence 2010. Berlin, Heidelberg:Springer Berlin Heidelberg,2010:208 - 220。

2 逻辑与语义表征

自然语言在人们的长期使用中不断演变，在信息充分性和表达经济性之间不断博弈，呈现出相当的丰富性。不同语言的语法和语义上都各具特点，但根据乔姆斯基的观点，从最基本的角度看，语言都拥有两套结构，表层结构和深层结构。句子的表层结构是交际中人们实际听到的句子形式，深层结构则是说话者试图表达的句子的意思。深层结构是由有限的基本范畴组成的，通过对句子的层级化分解，能够最终还原到这些基本的句法范畴。表层结构和深层结构之间并没有严格的意义对应关系，有的句子表层结构不同，深层结构是一致的，比如主动语态和被动语态，或者不同语言对同一含义的表达；也有的句子表层结构相同，深层结构却不同，就会出现歧义的情况。

自然语言逻辑的研究集中于对深层结构的描写和进一步的分析，在这一章中，我们将从逻辑对语义生成的表征、对内涵语义的表征和对歧义句的表征三个方面，来看逻辑在语言分析中的独特作用，并体会语言表达的微妙性。

2.1 语义生成的原则

2.1.1 范畴语法

19 世纪，德国哲学家洪堡（W. von Humboldt）指出，语言具有递归的演绎特征，通过对有限规则的任意次使用，可以由有限数量的词汇得到任意数量、任意长度的句子。这样,就可以将语句的形成转化为一种"数学运算"。受到这一思想的启发,乔姆斯基提出了著名的转换生成语法。

1929 年,波兰逻辑学家列斯尼耶夫斯基(S. Lesniewski)提出语义范畴论,此后,经过爱裘凯维茨(Ajduciewicz)和希勒尔(Bar-Hiller)的发展,1953 年,在《句法描写的准算术记法》一文中,希勒尔用数学中演算的方法对句法类型进行了措写,形成了早期版本的范畴语法。1958 年,数学家兰贝克(J. Lambek)引入语法演算,形式化了函数类型构造函数以及函数组合的各种规则,提出了句法类型演算的理论。1960 年,希勒尔等在《论范畴语法和短语结构语法》中,把这种理论命名为范畴语法(categorial grammar)。

范畴语法由两部分组成:一是词典(lexicon),它为每个基本符号指派一个类型集(也称为范畴);二是类型推断规则(type inference rules),用于确定一个符号串的类型如何由其组成部分的类型推导出来。通过为每个词规定对应的范畴,再由范畴的组合生成语句,就能实现对整个句法结构的"演算"或"推演"。具体而言,范畴包括基本范畴(原子范畴)和派生范畴(函子范畴)。初始范畴包括 NP(代表名词短语范畴)和 S(代表语句范畴)。派生范畴由基本范畴建构得到,单向范畴语法中,如果 A 和 B 是范畴,则 A\B 也是一个范畴;双向范畴语法则允许向前和向后两个方向的贴合运算,如果 A 和 B 是范畴,则 A\B 和 A/B 也是一个范畴。A/B 为向前函子,与在其右边出现的范畴为 B 的组合后,得到范畴为 A 的成分;A\B 为向后函子,需要在其左边出现的 A 进行运算。具体定义如下:

定义(范畴):范畴集 CAT 是满足以下条件的最小集合:[①]

S,NP 为范畴;

如果 A 和 B 为范畴,A/B 和 A\B 是范畴。

语词有了对应的范畴后,就能根据规则进行演算。在基本范畴语法中,可以归结到如下结论:

如果范畴 A/B 可以从前件 X 推演出来,那么范畴 A 可以从前件 X 及在 X 右边与 X 毗连的范畴 B 推演出来;

---

① L. T. F.哈姆特.逻辑、语言与意义[M]. 李可胜,张晓君,邹崇理,译,商务印书馆,2017:122.

如果范畴 B\A 可以从前件 X 推演出来,那么范畴 A 可以从前件 X 及在 X 左边与 X 毗连的范畴 B 推演出来。

$$\frac{X\Rightarrow A/B \quad Y\Rightarrow B}{X,Y\Rightarrow A}/E \qquad \frac{X,B\Rightarrow A}{X\Rightarrow A/B}/I$$

$$\frac{X\Rightarrow B \quad Y\Rightarrow B\backslash A}{X,Y\Rightarrow A}\backslash E \qquad \frac{B,X\Rightarrow A}{X\Rightarrow B\backslash A}\backslash I$$

$$\frac{X\Rightarrow A/B \quad Y\Rightarrow B}{X,Y\Rightarrow A}/E \qquad \frac{X,B\Rightarrow A}{X\Rightarrow A/B}/I$$

$$\frac{X\Rightarrow B \quad Y\Rightarrow B\backslash A}{X,Y\Rightarrow A}\backslash E \qquad \frac{B,X\Rightarrow A}{X\Rightarrow B\backslash A}\backslash I$$

了解了这些简单的规则,我们就可以对大多数语言表达进行自下而上的组合。让我们看一个简单的例子:

例 2 - 1. 小明爱小红。

在范畴语法中,每个词都有一个范畴,该范畴代表了该词在句中可能担任的语法角色。例如,"小明"和"小红"都是固有名称,他们的范畴可以表示为 NP(名词短语),而"爱"是一个动词,其对应的范畴为 S\NP/NP(它需要在右边接一个 NP,在左边也接一个 NP,完成之后构成一句话 S)。

这个句子的分析过程如下:

$$\frac{\text{小明:NP} \quad \dfrac{\text{爱:S\backslash NP/NP} \quad \text{小红:NP}}{\text{爱小红:S\backslash NP}}}{\text{小明爱小红:S}}$$

首先,"爱"在右边找到一个 NP(即"小红"),匹配成功后,"爱小红"作为一个整体,整体的范畴变为 S\NP。然后,"小明"与"爱小红"匹配,"小明"是 NP,与"爱小红"中的 NP 匹配,于是"小明爱小红"作为一个整体,其范畴为 S,这就形成了一句完整的句子。

虽然这只是一个非常简单的例子,范畴语法可以处理更为复杂的句子和各种语法现象,而且它有许多版本和变体来应对各种语言的特点和挑战,但它展示了范畴语法通过匹配过程来分析句子结构的核心思想。从中可以看出,范畴语法的规则与乔姆斯基的方案有相当多的异曲同工之处,他们都将语言视为符号系统,高度重视语句的结构化,也都着力描写语言中存在的组合模式和递归结构。但在范畴语法中,由于推断规则是固定的,所以特定的语法规范完全由词典,即每个词的范畴来决定。因此,相较于关注宏观规则的生成语法,范畴语法对句子生成的描述可以说是通过词语之间的互相依存关系一步一步建立起来的,这种互相依存的关系往往是一种线性的排列关系,因此,可以说它的操作前提是语言本身是一个线性的有序的规则的系统。之后,兰贝克句法演算系统进一步从逻辑的角度理解范畴语法,将范畴运算变成了范畴推理,句法规则变成了逻辑定理,使得兰贝克句法演算成为一种关于范畴推演的逻辑系统。

2.1.2 类型论语义学

语法的递归性使得自然语言能够通过有限的词汇产生无穷的语句,那么,人们要能理解这无穷的语句,也必然要求有限的语义解释规则。作为一种经验的观察,这一思想同样可以追溯到古希腊时期,柏拉图的《智者篇》包含有类似的说法。此后,阿·法拉比(Al-Farabi)、阿比拉德(P. Abelard)、布里丹(J. Buridan)等作出了越来越清楚的表述。而弗雷格首先引入函项这一数学概念来讨论语言现象,给出了组合性原则的现代形式:"句子的意义是组成部分的意义以及组合方式的函项。"也就是说,语句具有由部分构成整体的结构性,其意义也有着类似的结构和生成方式,这一原则后来也成了自然语言逻辑研究的重要前提。

范畴语法建立了句法的模型,作为配合,逻辑学家使用了类型论进行语义描写的工具,以此刻画自然语言语法—语义对应的生成模式。

类型论是罗素(B. Russell)在研究集合论悖论时提出的解决方案,集合论悖论说的是:以 $M=\{A|A\in A\}$ 表示是其自身成员的集合的集合,$N=\{A|A\notin A\}$ 表示不是其自身成员的集合的集合。那么,N 是否属于 N? 这里就会出现一个悖论,如果 N 属于 N,那它就不满足 N 中元素"不是自身成员"的条件,就不能属

于 N;如果 N 不属于 N,则根据定义,它应该是 N 的元素。这一悖论产生的关键原因是其中存在自指,类型论的处理方式是在语言上用不同类型的表达式体现层级上的区分,然后将个体置于可明显区分的层级上。而在自然语言中,这种层级上的区别也可以清晰地被感知到。一阶逻辑中,"一阶"指谓词和量词都作用于个体(常元或变元)上,即描述个体的属性。而在日常语言使用中,性质的性质、关系的性质、性质的关系等高阶的描述同样大量存在。比如,"这个苹果是红的"这句话可以表达为 Ra(R 代表……是红的,a 表示这个苹果),R 是 a 的一阶谓词,而要说红是一种颜色特征,就需要表达为 CR(C 代表"……是一种颜色特征"),就需要 C 这样一个二阶的谓词。又如"他跑得飞快","跑"是一阶谓词,修饰"跑"的副词"飞快"就是二阶的。

在类型论中,语言表达式分别属于不同的语义类型。根据自然语言的特点,定义基本类型为个体表达式的类型 e(个体)和命题的语义类型 t(真值)。派生类型由基本类型机柜构造得到:如果 α 和 β 为语义类型,<α,β>为语义类型。

这一简单的递归定义可以生成无穷的类型,并与自然语言中丰富的表达相对应,这里我们列举一些常用的类型与表达式的对应关系,并给出自然语言中的词或短语实例。

表 2-1　部分类型和表达式对照表

类　　型	表达式种类	例　　子
e	个体表达式	张三
<e,t>	一元一阶谓词	上班,跑步
t	句子	张三上班去了。
<t,t>	句子修饰语	并非
<e,e>	从个体到个体的函项	……的父亲
<<e,t>,<e,t>>	谓词修饰语	迅速
<e,<e,t>>	二元一阶关系	听、看
<<e,t>,t>	一元二阶关系	是比……更美丽的颜色

从表中可见,表达式种类指的是语词、短语或句子在意义上充当的角色,因此类型论的主要用途是对语义进行分类。类型论语义表达的基础是认为一些语词的含义可以视为函项,形如$<\alpha,\beta>$的表述是以 α 为自变量、β 为函数值的函数,即语词的含义就是当有一个类型为 α 的语词(序列)与之组合,就会得到一个类型为 β 的语词(序列)。

那么,我们是否可以在逻辑表达式中体现类型论的这一思想呢?这时就会用到 λ 算子。该算子使我们能够通过对变元进行抽象获得新类型的表达式。通过抽象,我们能够以一种契合自然语言表达的方式来增加类型论的表达力。

使用 λ 算子表达抽象语义的基本规则是:若 α 是类型为 a 的表达式,x 是类型为 b 的变元,则 $\lambda x\alpha$ 是类型为 (b,a) 的表达式。一般地说,λ-抽象 $\lambda x_b \alpha_a$(下标表明表达式的类型)的解释是个函项,它是函项的集合 D_a^{Db} 中的一个函项。假设 W 是类型为 $<e,t>$ 的常项,x 是类型为 e 的变元,则公式 W(x) 为以 x 为自由变元的公式。根据规则,我们可以从公式 W(x) 获得形如 $\lambda x[W(x)]$ 的表达式。因 W(x) 的类型为 t 且 x 的类型为 e,新的表达式 $\lambda x[W(x)]$ 的类型就为 $<e,t>$。它说的是,表达式 $\lambda x[W(x)]$ 是通过对表达式 W(x) 中的变元 x 进行抽象(abstraction over)而得到的。变元 x 原本为 α 中的自由出现,通过 λ-算子变成了约束(bound)出现。从定义 λ-抽象形成的表达式的解释的条件可以看出,这样得到的 $\lambda x[W(x)]$ 与常项 W 的解释具有同样的类型,而且是等价的。

2.1.3　语法和语义的组合性原则

在这一思想框架下,20 世纪 70 年代,蒙太格提出"普遍语法"思想,创立了著名的蒙太格语法。他认为自然语言和形式语言在本质上并无差别,其可计算的形式化特征必然要求语义具有组合性,因此两者都遵循同样的法则,都可以统一的模式下作精确的数学描述。并且发现句法范畴和语义类型之间存在着很高程度的一致性,自然语言的表达式在句法方面能够采用直观的句法规则生成语句,而后借助范畴和类型之间的同态关系,将语句的生成过程翻译成高阶内涵逻辑的表达式,对高阶内涵逻辑式的语义解释间接地成了自然语言的语义解释。

我们可以把上述的句法范畴和语义类型这两个定义放在一起比较：

定义（范畴）：范畴集 CAT 是满足以下条件的最小集合。[①]

（1）S,NP 为范畴；

（2）如果 A 和 B 为范畴，A/B 和 A\B 是范畴。

定义（类型）：类型集 T 是满足以下条件的最小集合。[②]

（1）e 和 t 为基本语义类型；

（2）如果 α 和 β 为语义类型，$<α,β>$ 为语义类型。

而由于在自然语言中，名称（names）有专有名词（proper names，简称"专名"）和普通名词（general names，简称"通名"）之分，专名 T 是专指一个特定对象（如人名、地名）的名词，而通名 CN 是用来指称一类事物的名词，因此在范畴中也对 NP 进行进一步的区分。在外延语义的处理方式中，通名的语义和不及物动词（IV）表达的谓词类似，是它所指称的那些对象的集合。我们可以把 CN 和 IV 也作为基本范畴，对范畴的定义进行简单扩充。

可见，语义和句法的定义用到的是非常类似的函数运算，范畴语法的一条主要原则是：一个表达式的句法范畴反映了它的语义功能。如果在范畴和类型之间定义对应关系，也就间接得到了句法和语义的对应关系。因此可以定义一个将范畴映射到类型上的函数 f：

定义（映射函数）：一个范畴-类型映射函数 f 是一个从 CAT 到 T 的函数，并满足：

$f(S)=t,f(T)=e,f(CN)=f(IV)=<e,t>$

$f(A/B)=f(A\backslash B)=<f(B),f(A)>$[③]

这种句法—语义匹配方法对于计算机生成和理解自然语言十分有益。

例 2-2. 张三是学生。

通过生成树给出句法范畴的贴合过程：

---

① L. T. F.哈姆特.逻辑、语言与意义[M].李可胜,张晓君,邹崇理,译.商务印书馆,2017：122.
② L. T. F.哈姆特.逻辑、语言与意义[M].李可胜,张晓君,邹崇理,译.商务印书馆,2017：105.
③ 蒙太格语法运用的是一种内涵范畴论,对内涵性的表达在下文阐述,这里先简化为外延语义.

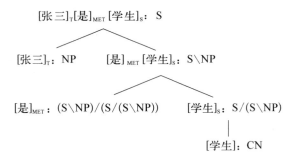

根据 $f(S)=t, f(NP)=e, f(A/B)=f(A\backslash B)=<f(B), f(A)>$ 三条规则,得到与句法范畴一一对应的语义类型:

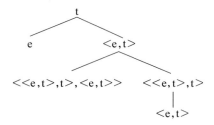

"学生"是一个通名,相当于学生个体组成的集合(即"学生"这一性质),因此通名在类型上和不及物动词是一致的。

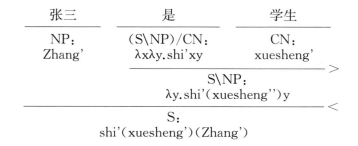

蒙太格语法开创了自然语言逻辑的研究范式,之后各流派几乎都继承了这一思想,大都认同语法和语义的生成是组合性的,在多数语句中句法和语义的同步生成是可能的。

当然,自然语言在日常生活中的使用十分灵活,在长期的演化中也不断得以丰富,因此很难完全符合某一固定原则。很多情况下句法、语义、语用等多重机制往往交互作用,句法生成和语义组合难以实现简单的一一对应。为解决一些更复杂的语言现象,蒙太格之后,这一思路的继承者又提出了广义量词理论、话语表征理论、情境语义学和类型—逻辑语法等一系列理论,构成了内涵丰富的逻辑语义学。

2.2　意　义　与　指　称

2.2.1　意义理论概览

意义理论主要是指语词和语句等语言表达式的内容,它通常既包括表达式的内涵意义也包括表达式的外延意义。逻辑语义学研究表达式与它的意义之的关系,其特征是采用现代逻辑的方法研究语义问题。当我们叙述语言的语时,我们是把所有的逻辑符号都当作无意义的"空位",一旦把正在研究的同这些符号所表示的现象联系起来,我们自然就要关心符号、表达式等语形要素的意义问题。逻辑首先关心的是语句,而对语句感兴趣实质上是对语句的意义感兴趣。

哲学史上曾有不少人探讨过意义问题,并给予了许多不同的答案。其中弗雷格的意义理论、塔尔斯基的真之语义论、戴维森的真之条件语义学,达米特的辨明条件语义学都是颇有代表性、富有影响力的意义理论,此外,将语词的意义解释为语词所指示的对象的指称论,将语词的意义解释为语词所表示的观念的观念论,将语句的意义解释为引起这个语句的刺激反应的行为论,将语言表达式的意义归结为人们对该表达式的应用的使用论,都有一定的代表性。

我国学者周礼全认为,一个语言形式的意义就是根据语形、语义和语用的规则和交际语境,语言的使用者应用这个语言形式所表达或传达的思想感情。意义可分为三个层次:第一层叫指谓,它是由一个语句的称谓与指称所组成;第二层叫意谓,它除上述指谓外,还加上说话者对语句指谓的态度、要求与情感;第三层叫意思,它是说话者 S 在语境 C 中真正试图传达给听话者 H 的信息。[①] 我们认为,相对于周礼全的意义层次论,对日常自然语言的意义可作真假性、恰当性

----

① 周礼全主编.逻辑百科辞典[M].成都:四川教育出版社,1994:12.

和有效性三个层面的评估,其中真假性是基础。

在逻辑语义学的视野里,构建恰当的意义理论首先必须考虑"真"这个最基础最核心的语义概念,因为它构成了意义分析的逻辑起点。

历史上看,斯多葛学派的逻辑可以说是以语言为中心的,他们在逻辑方面作出的突出成就便是对语言意义所做的逻辑分析。他们把"有所意谓的东西"(Lecton)分为完全和不完全的两类,完全的 Lecton 又细分为命题、问句、命令、祈祷、宣誓等。按照斯多葛学派的标准,命题是逻辑学中最基本的单位,而命题的基本特征就是有所断定,亦即有真有假,因此分析语言表达式的意义必须从真假性开始。斯多葛学派把"真"当作命题基本意义的思想与后来弗雷格对语言符号的处理十分相似,这是他们在逻辑理论上的创新,为后来语义学的发展提供了思路。

从意义分析的层面看,对应于指谓、意谓和意思三个不同的层次,对具体话语可以有真假性、恰当性和有效性三个评估标准,而其中真假性是基础。按照通常的理解,我们把语句的称指看作事物情况,语句的称谓看作一个命题。命题是语言使用者对语句的解释,是一个思想。一个语句的称谓(即命题),规定和描述了这个语句的称指(即事物情况)。如果一个语句的称指(即事物情况)存在,这个语句就是真的;否则就是假的。也可以说,如果一个语句的称指(即事物情况)存在,这个语句的称谓(即规定和描述这个事物情况的命题),就是真的,否则就是假的,根据语句、命题和事物情况的语义三角关系,可见指谓就是语句的意义,指谓意义的基本性质就是真假性。诚然,话语分析不仅要考虑指谓意义,还要考虑命题态度等方面的意谓因素和交际语境中的话语意义,因而必然需要对话语的意义作恰当性和有效性的评估,但以真、假为基础的指谓意义毕竟是话语意义的基础。

从现代逻辑系统的形成发展和语义解释来看,真假性同样是一个基础的核心的概念。逻辑思维涉及思想和语言两个紧密联系,不可分离的方面。思想和语言都是复杂的整体,按照马克思"抽象上升到具体"的原则,理论必须从最简单、最基本、能够成为后续内容基础性的东西开始,这就是表达命题的抽象的直陈语句。将原子命题结合而成为分子命题的机制就在于命题的联结词。基本的联结词是否定、合取、析取、蕴涵和等值。由此而成的五个基本分子式,即复合命题式。所以,最初的分析就是对这五个分子式的真假性的分析。接着深入命题的内部世界,分析构成命题的成分,即个体词、谓词和量词,分析量化式的真假性。在此基础上,扩展到对于模态命题的真假性分析,这就进入了可能世界的领域。在现代逻辑中,一般是先分析"必然"与"可能"这两个真值模态算子,继而分析时态、道义和认知的模态算子,由此就分别涉及时间参考点道德和法律规范以及认知者等种种语境因素,所需的现代逻辑理论也就由逻辑语形学、语义学而进展到语用学的领域。与此相应,语言的意义就由真假性的分析而过渡到恰当性的分析。

　　一阶逻辑与逻辑语义学所采用的真假值语义系统虽然是诸多语义系统中最基础的,但它同时也是最抽象、最简化的,因而在解释自然语言的具体意义时,难免有着某些局限性。很显然,人们在日常自然语言中所涉及的语义不仅是多层次的而且是相互影响的,它不仅涉及真假性,而且还涉及恰当性和有效性。因此,想用真假值来解释一切语义是有困难的。正是在这个方面,一阶逻辑受到了哲学修辞学或称新修辞学(New Phetoric)的挑战。哲学修辞学是重新发现亚里士多德《修辞学》《论辩篇》和《辨谬篇》中谈到的"辩证推理"并以此补充传统逻辑的结果。它是由西方学者佩雷尔曼(C. Perelman)在 20 世纪 50 年代提出的。佩雷尔曼认为:"我意识到了作为逻辑家的我完全忽略了某种东西,除了那些在形式逻辑中研究的推理工具,还有其他推理工具,即亚里士多德称为辩证推理的工具,但我倾向于称其为论辩推理。……在弗雷格、罗素和那些接受过数学训练的逻辑学家影响下,逻辑普遍地归结为形式逻辑,其结果忽视了非论证性推理的广阔领域,忽视了那些能够使我们在一组似乎是最好的、最可接受的、最为合理的观点中作出选择的推理。它是一类同论战、非难和辩护有关的领域广阔的推理,我们试图利用这种推理,寻找理由以支持或反对讨论过程中的某些论点,来说服无论是个人还是团体,使其确信。因此,纠正前述变形的有害影响是不必惊讶的。我们应该通过设想一个论辩理论的修辞学来努力完善形式逻辑——关于证明的理论。""一个辩证论证可被评价为有力的或软弱的,恰当的或不恰当的,却不具有无可争议性或自明性。"[①]显然,这里对论证是否"有力"与"恰当"的评

　　① 佩雷尔曼.逻辑与修辞[J]. 孔德龙,译,思维与智慧,1988(3):25 - 26.

估都不属于一阶逻辑的范畴,但在自然的意义理论中,这些是不能不加以考虑的重要因素。

为了合理地解释日常自然语言的意义问题,我们需要在一阶逻辑的基础上引进内涵逻辑的范畴,相应的分析方法也应由语义学维度转向语用维度。自然语言的逻辑语用分析体是以逻辑语形与逻辑语义的分析为基础的,它旨在通过揭示符号、意义和主体三者的关系来理解和把握交际语境中的自然语言的具体意义。交际性是自然语言的重要特征,人类社会适应交际的需要创语言,语言以它的交际功能服务于人类社会。以交际性为着眼点来分析自然语,便是语用分析。由于语言交际总是特定的对象在具体的语言环境中进行的,所以,主体性、对象性和场合性(即语境因素)是语用分析的重要方面。就日常语言的意义而论,语用分析是最复杂、最具体,也是最主要的。因为从实质上讲,意义的探究就是从活生生的表达、传达和理解过程中联系语言的符号性、指谓性与交际性来把握具体话语的意思,所以它本质上是逻辑语用的研究。我们认为,对自然语言从语形到语义再到语用的研究,正是逻辑分析从抽象上升到具体的过程。

戴维森的真之探究,总体上是逻辑语义学的研究视角,但当他强调真是话语的谓词,并把说话者、说出的语句和说出语句的时间等视为真的特性时,无疑已经显露出他对语用学维度的关注。同样,当达米特一再强调涵义、语力和寓意的区分时,也清楚地表明他在探究真与意义的关系时,对自然语言交际功能的高度重视。从整体上来考虑意义理论,既有必要坚持语义上的真假性这个前提和基础,又应当把它看成语形、语义和语用综合的动态的结构。具体来说,恰当的意义理论必须考虑说话者(S)、语言(L)、思想(T)、对象(O)和交际语境(C)五个相关因素的相互影响和相互作用。语言意义的分析和判别也应当相应地从真假性、恰当性和有效性三个层面上具体展开。

第一,说话者(S)可以用语言(L)来称指或描述对象(O)而形成相应的思想(T)或命题,也可以用语言(L)来规定或解释对象(O)而形成相应的思想(T)或命题。当这种思想(T)或命题被辨明时,它就是语言(L)的一种意义。这至少涉及三种情况:一是用语句描述一个具体事实(如"今天是晴天"),二是用语句刻画一个经验性定律(如"一切物体遇热膨胀"),三是用语表达一个原理性命题(如"事物是相互联系的")。在这些情况下,意义分析与判别的标准是"真假性"。

第二,说话者(S)可以用语言(L)来表达他说话的主观意图(F),当这种意图被辨明时,它就是语言(L)的一种意义,这里意义的分析涉及说话意图,涉及言语行为,因此意义判别的标准是"恰当性"(felicity)。从一阶逻辑的观点看,逻辑只研究真假,只有陈述句才有真假,因而逻辑只研究陈述句。至于非陈述句,如疑问句和祈使句,都因为没有直接的真假而被排除在外。但是,就日常自然语言的意义分析而言,真假性的分析尽管是最基本的,但还是远远不够的。在言语行为论的视野里,基本的语义概念不是真假性,而是"恰当性",亦即在日常的表达和理解中,人们要问的是在某一个特定的环境中说出某一话语是否恰当;或者说,说出的话语是否实现了某种语谓、语旨和语效。而要确定说出的话语是否完成了言语行为,就要检验该话语是否满足某些恰当性条件。"恰当性"这一语义概念的引入,为语言的意义分析和判别提供了新的思维工具。

第三,说话者(S)可以用语言(L)来描述、解释和建构对象(O)的逻辑关系,也可以用语言(L)来表达和理解实际语境(C)中的具体命题。当这种"逻辑关系"或"具体命题"被辨明时,它就是语言(L)的又一种意义,这里分析和判别的标准是"有效性"。"逻辑关系"上的有效性是一种狭义理解的形式有效性,也就是我在前面所说的能够保证"必然得出"的推理形式的正确性。"具体命题"的有效性是广义理解的语言交际的有效性,它不仅需要考虑语言行为的"恰当性",而且还要考虑实际语境中命题的"可接受性",这里的意分析不仅涉及语说,涉及主体间的"合作原则"。

值得一提的是,意义理论在多个维度上都处于各种观点的激烈碰撞之中。除了将意义视为一种实体,也有观点是从动态性角度出发,将意义视为某种关系的。比如巴威斯(J. Barwise)和佩里(J. Perry)的情境语义学(Situation Semantics,SS)提出,意义是一种将情境与情境联系起来的关系。对于语言意义中的情境,被关联的一方面是话语的情境,另一方面是描述的情境(描述的情境本身可以是话语的情境,如在报道话语的情况下,"玛丽说:'下雨了。'")。因此,情境语义学与传统弗雷格框架的一个基本区别是,前者将意义视为一种关系,而后者将其视为抽象的事物或实体。另一个相关的区别是：对于前者来说，意义并不是一个真正可分离的实体，因为它归结为情境与其他情境相关联的方式，以及承载与其他情况有关的信息的方式；没有这些情境，它们之间的关系和关系构成的意义也就不存在了。后者将意义作为一个独立自主的实体；因此，如果没有语言或其他策略来表达它们，意义仍然存在。

总之，求真的问题在哲学的研究中一以贯之。就求真过程而言，问题涉及心与物、能知与所知、知与行、客体与主体、思维与语言、逻辑与实在等多个方面。事实上，作为指向实在、语言与逻辑领域的过程，认识主要以得其真为内容和目标。从弗雷格到达米特，从塔斯基到戴维森，他们以逻辑语义学的独特视角和深刻洞见，开启了一条关于真之探究的重要思路。作为一种开放的体系，他们对于真的讨论当然不是终结，而是为语义的探讨和对真理的追求提供了一个新的起点。

2.2.2　意义和指称

20 世纪初，哲学家开始研究语言的逻辑形式和所表意义。语言论转向基于现代形式逻辑，以分析的方法来研究语言意义，一度成为哲学家的首要任务，从而形成了"语言论转向"（Linguistic Turn）。由于自然语言的模糊性，哲学家们致力于研究语言的意义，分析语言，阐明词语和语句的意义。符号和事物之间的指称关系是贯穿其中的重要线索。

维特根斯坦（L. Wittgenstein）在《逻辑哲学论》中论述了符号和事物之间的指称关系，一个理想语言中的每个符号都指称某个特定的事物，同时每个事物都被某个特定的符号所指称。也就是说，意义关系就是指称关系。这一理论正是经典逻辑语义学所秉持的。我们可以回顾一阶谓词逻辑的语义，其语义模型包含一个个体的集合作为论域，这个集合独立于谓词语言，需要通过定义解释函数将谓词语言与论域中的个体建立映射关系，使得常项可以指向论域中的某个元素，谓词指向论域中个体的集合，语句指向的是它的真值。

意义指称理论将表达式的意义等同于它的指称，在逻辑语义的处理上带来了便利，但当它用于解释日常语言中的问题时，却会遇到许多的困难。

如弗雷格在《意义与指称》(*On Sense and Reference*)中提出的"晨星昏星悖论"所指出的那样：①

例 2 - 3. (a) The morning star is the morning star.（晨星是晨星。）

(b) The morning star is the evening star.（晨星是昏星。）

这里(a)是重言式，是一个先验的分析性真理，但(b)表达的是一个重大的天文发现。正因为如此，它是一个经验的综合性陈述。但是"晨星"和"昏星"这两个表达式都指的是同一个东西，即金星。因此，如果意义与指称恰好相同，那么我们必须接受这两个语句有着相同的意义这一观点，然而事实显然不是这样。不论一个人如何看待这个问题，他都会承认(a)，然而(b)在很长一段时期里都认为是不正确的。弗雷格由此得出这样的结论，意义和指称并不是同一个东西，它们在某种程度上是相互独立的。我们很有可能知道一个表达式的意义而对它所指称的东西并不熟悉，或者情况相反。当然，这并不是说意义和指称之间一点关系也没有。两个具有相同意义的表达式必定也有着相同的指称。因此，从这个意义上说，意义决定指称。但是，正如我们已经看到的，其逆命题并不成立：在我们的例子中，晨星和昏星这两个表达式，可以有相同的指称，但没有完全相同的意义。这两个表达式在意义方面的区别，等价于两个语句的意义之间的区别。那么，这似乎是说，任何适合于自然语言的语义理论将不得不对意义与指称进行区别。

其他与意义和指称的同一性有关的问题，出现在所谓的"内涵(语句)结构"的联系中。如果一个表达式的意义正好就是它的指称，那么我们就期望与表达式 A 具有相同指称(从而具有相同意义)的表达式 B，总是能够在任何语句中替换 A，而不改变那个语句的意义。然而，实际上存在一些因为替换而使得意义受到影响的语句。

除外延语义学不能完整地表达语言的内涵结构之外，语境依赖性问题也是推动内涵逻辑发展的一大动因。

---

① 弗雷格.弗雷格哲学论著选辑[M]. 王路,译.北京：商务印书馆,2006：96.

　　在经典逻辑中,命题是独立于时间和空间的,逻辑语言不反映主体、时间和空间这类语境敏感的要素,命题最后的真假赋值也与语境无关,呈现静态特点。但事实上,存在大量必须依赖于语境才能确定真值的语句。如果句中存在代词、时间副词等要素(这类词通常也被称为指索词),则在不同语境中,表达式可以有不同的指称,或者说外延。

例 2 - 4. 最近新上映了一部电影。
例 2 - 5. 他认真地对我说:"我有一个梦想。"

　　例 2 - 4 中"最近"指与说话发生时间相临近的时间点,对于不同的说话时间,"最近"所指向的时间点并不相同。与之类似,例 2 - 5 中的"我"在不同的会话场景中指称不同的个体,且两次出现的"我"指代的也是不同的个体:第一个"我"指向说话人/描述发出者,而第二个"我"则和语句中的"他"指向相同对象。

　　会话发生的语境提供"这里"和"现在"语句的真值所依赖的时间和地点。因此,像"现在正在下雨"这样的语句,如果天空碰巧在所给定的情景中正在下雨,那么这个语句将会是真的。像"(之前)下过雨"这样的过去时语句,是指在说这句话之前的一个时刻,所以问题就显得更加复杂。它需要的不只是一个语境,而是两个语境。像"也许现在正在下雨"引入了事物的一个可设想的状态,这个状态当然不必是当前所给的语境。所以在任何给定的语境中解释一个语句,常常有必要考虑其他语境。

　　即使不考虑指索词,许多表达式在不同的语境中也有不同的指称(外延)。比如,表达式"美国总统"在 1979 年的指称是卡特,在 1980 年的指称是里根,而在 1989 年的指称则是布什。"当前在校生"就不包括去年毕业的学生,这些个体只在过去的几年中被包含于其中。由此看来,一个谓词的内涵就是一个函项,它给任何已知的语境指派在这个具体的语境中形成该谓词指称的个体集。一个语句的内涵就是为任何给定语境指派该语句在该语境中的真值的函项。语句的内涵也称为命题。

2.2.3　内涵语义和内涵逻辑

自然语言的内涵性主要涉及两个方面：一是语言中包含了时态、情态、道义等表达，这些内容涉及内涵性。二是高阶的语义能够实现对内涵对象如命题、个体概念和性质等的描述。因此，在对自然语言的语义解释中，为探讨意义理论（即什么是语词/语句的意义）而对经典逻辑进行扩张的内涵逻辑在多个方面体现出特殊的意义。从某种意义上说，内涵是意义（meaning）和指称（reference）这两个传统概念之间的折中。一个表达式的内涵是在每一个世界所给出的该表达式的指称的函项，换句话说，一个表达式的内涵是将每个世界同该表达式在那个世界的外延（extension）联结起来的函项。因此，当且仅当有可能表达式在外延上不同，它们在内涵上就不同，而不管它们是否果真如此。对一个命题来说，它的外延是它的真值，而内涵是将每个世界同该命题在那个世界里所具有的真值联结起来的函项。因此，一个命题的内涵是以考虑的世界集为定义域，真假赋值{T,F}为值域的函数；一个个体常项符号的内涵是将每一个世界同该常项在那个世界所指个体联结起来的函数。

内涵逻辑把多重指称（multiple reference）现象作为传统的逻辑"内涵"概念的正式说法。它是一个函项，该函项在所考察的每个语境下给出表达式的指称。内涵逻辑的形式概念似乎捕捉到了弗雷格关于"涵义"概念的本质，即"涵义"是决定表达式的指称的标准。比如，"美国总统"这一表达式的内涵就是一个函项，它为每个语境（时刻）指派在那个时间担任总统职务的人。这样一个从语境到个体的函项也叫作个体概念。

在对自然语言中一些重要问题的处理中，内涵语义的分析方式带来了极大的便利。经典的蒙太格语法用内涵类型论处理语义结构，为整个语言哲学的研究模式带来了革命性的变化。

定义（内涵类型论）：内涵类型集 T 是满足以下条件的最小集合。[①]

（1）e,t 属于类型 T；

（2）如果 α 和 β 属于类型 T，<α,β>也属于类型 T；

---

① L. T. F.哈姆特.逻辑、语言与意义[M].李可胜，张晓君，邹崇理，译.商务印书馆，2017：119.

（3）如果 α 属于类型 T，<s,α>也属于类型 T。

内涵类型论中的基本类型同样是 e 和 t，但复合类型中，增加了一种形如 <s,α>的类型，其中 s 本身并不是一种类型，它可以看成指称一个函数，该函数是可能世界到类型为 α 的对象的映射，来表达在不同语境下有不同指称的这一内涵属性。相应地就有如下的常见内涵类型：

表 2-2　部分内涵类型和解释对照表

类　型	解　释	举　例
<s,e>	从可能世界到个体的函项	个体概念
<s,t>	从可能世界到真值的函项	命题
<s,<e,t>>	从可能世界到个体集合的函项	一阶性质
<s,<e<e,t>>	从可能世界到从个体到个体集合函项的函项	二元一阶关系
<<s,e>,t>	从个体概念到真值的函项	个体概念集合
<s,<s,e>,t>	从可能世界到个体概念集的函项	个体概念的性质

内涵语义的思想对哲学、逻辑学领域极大的影响。除了蒙太格语法，刘易斯（D. Lewis）和斯托内克尔（R. Stalnaker）对于条件句的分析，同样是基于内涵语义的。而作为内涵语义学最主要形式的克里普克可能世界语义学，已成为当代主流哲学的一部分。在当代，内涵语义学在本体论、认识论、因果性，以及信念和知识的性质、似律陈述、虚构话语的性质、非存在对象语义学、身心问题等哲学领域的研究中发挥着重要作用。

从经验和认知的角度看，内涵逻辑将更多地关注涉及话语中信息连续修正的动态过程的模型论解释、关注语言的动态性、关注诸如自然语言的类型论和语义解释的模型论等形式工具的扩展和发展，关注句法和语义的接口问题，关注作为共享和交流信息的语言和模糊语义学以及局部内涵对象、修饰语义学、定暮状词、指称严格性、专名和索引现象、语用学等。与动态性相关的问题我们将在"动态语境"一章中进一步展开。

2.3　歧　义　与　消　歧

2.3.1　歧义存在的普遍性

在自然语言的理解过程中,歧义是一种非常常见的现象,它指一种语言表达存在两种或者更多的可能解释,每一个解释都是清楚和准确的,但是读者或听者需要从上下文中推断出正确的含义。

语言学中,通常会区分为语音歧义、语法歧义、语义歧义和语用歧义几类。

语音歧义是由于发音的相似性或者相同性产生的歧义。例如,中文的"留言"和"流言"在音节上是完全相同的,但实际意义却大相径庭。

语法歧义由于句子的结构和语法关系产生的歧义。对于语句的结构可以有多种不同的理解方式。例如,"I saw the man with the telescope."这句话可以理解为我用望远镜看见了那个男人,也可以理解为我看到了带着望远镜的那个男人。"影响了大家的计划",可以是动宾结构,某事对大家的计划产生影响;也可能是偏正结构,某个计划对大家造成了影响。

词义歧义是由于同一个词有多个意思或概念导致的。例如,"笔记本"既可以指代纸质的本子,也可以指代笔记本电脑。"他刚买的笔记本"可能是买了本子也可能是买了电脑;"车子没锁"可能是没有上锁,或者没有安装锁。又如英文中,"He is looking for a match."这句话中的"match"可能表示比赛(查找一个对手或比赛),也可能表示火柴(在寻找一根火柴)。或者一个句法结构中,所用词的词性相同,句法结构层次相同,结构关系相同,但由于语义指向的多向性和领属关系的不明确等,也容易产生歧义。如"我借了他一本书","借"的指向可以不同,可能是我把书借给他,也可能是我向他借了一本书。

语用歧义是取决于语境和交际环境的歧义,这种歧义来自语境对句子意义的影响,只有对语境了解才能准确理解句意。例如,在"这个人真大方"这句话中,如果是在讨论一个人很慷慨,那么"大方"就是正面的评价,表示慷慨大方;如果是在讨论一个人过于炫耀,那么"大方"就可能是贬义,表示这个人太过于炫耀夸大。

那么,是否可以通过一些手段来规避语言表达的歧义呢? 我们可以想象,如果通过形式化方法,将模糊的、有歧义的自然语言转写为人工语言,进而为自然语言建构一套严格、精密的形式系统,在所有要素和组合规则都被准确定义的形式语言之后,自然语言的歧义性就自然地得到了消解。

这是许多逻辑主义者的理想,他们从不同角度对此进行了实践,如弗雷格分析内涵与指称是为了澄清自然语言的模糊性,使语句的逻辑结构明晰。罗素的目的侧重于语言表达式的指称问题。卡尔那普的目标是用逻辑来分析科学概念和澄清哲学问题。奎因(W. Quine)则希望通过逻辑分析澄清语言的本体论承诺。应当承认,他们的分析对于增进人们对自然语言的逻辑理解做出了有益的尝试。

2.3.2 辖域歧义

经典逻辑研究中,关于命题语义的讨论就是关于命题真值的讨论。从这个角度,我们可以将歧义区分为结构歧义和真值歧义两类。[①] 真值歧义指两个表达式在真值条件上存在差异,结构歧义则是两个表达式不同,但允许两者真值相同,即两个公式是等值的。

例 2 - 6. 每个老师都喜欢每个学生。

(a) $\forall x \forall y [teacher(x) \wedge student(y) \rightarrow likes(x,y)]$

(b) $\forall y \forall x [teacher(x) \wedge student(y) \rightarrow likes(x,y)]$

与该语句相关的公式(a)和(b)形式不相同,但两者是等价的,因此只是结构歧义,不是真值歧义。

例 2 - 7. 每个老师都喜欢一个学生。

(a) $\forall x \{teacher(x) \rightarrow \exists y [student(x) \wedge likes(x,y)]\}$和

(b) $\exists y \{student(y) \wedge [\forall x (teacher(x) \rightarrow likes(x,y)]\}$

---

① PREYER G, PETER G. Logical Form and Language[M]. Oxford: Oxford University Press, 2002: 30.

这里的(a)和(b)不等价,所以这不仅仅是结构歧义,还是一个真值歧义。

而无论是真值歧义的2-7还是仅仅属于结构歧义的2-6,造成歧义的原因都可以归为"每个""一个"这样的量词作用的范围不同。

在逻辑表达式中,算子的辖域指算子的作用范围,是其后紧接着的成分(右边最短的公式或由括号括起的成分)。自然语言中的一些语词与作为逻辑算子的量词相似,也有相应的作用范围,如"每个人都喜欢读书","每个人"的辖域是"喜欢读书",即对于任意一个人,他都有"喜欢读书"这一性质。

但因为自然语言中没有严格定义否定词、模态词、量词等的作用范围,它们的辖域不一定清晰,或者在同一句话中出现多个这类词时它们之间的辖域关系不一定唯一,就容易产生歧义。我们把辖域较大的称为广域(wide scope),较小的称为窄域(narrow scope)。接下来我们分别来看这三类词引起的歧义以及逻辑语言在消歧中的作用。

1. 否定

从逻辑上讲,否定作用于一个公式 φ 上,构成新的公式 $\neg\varphi$,该公式的真值就是原公式 φ 的反面,如果 φ 为真(true),那么 $\neg\varphi$ 为假(false);如果 φ 为假,那么 $\neg\varphi$ 为真。φ 在否定词的辖域范围内,受到否定词的约束。

否定辖域(scope of negation)和否定焦点(focus of negation)是夸克(R. Quirk)等人在研究英语否定句时提出的概念。[①] 否定的辖域指一个否定成分的作用范围。也就是说,在一个包含否定词的格式中,所有可能被这个否定词否定的项目构成了否定的辖域。[②] 吕叔湘指出,"在句子里,'不'或'没'的否定范围是'不'或'没'以后的全部词语。一个词在不在否定范围之内,有时候会产生重大的意义差别"。[③]

虽然否定词的使用在理论上都是对全句的否定,但从否定实现的效果上看,处于否定的辖域之中的几个成分通常只有一个是真正被否定的,这个被否定的项目叫作否定的焦点。[④] 它可能出现在否定词之前,也可能出现在否定词之后。否

① QUIRK R, GREENBAUM S. et. al. A Comprehensive Grammar of the English Language[M]. London: Longman, 1985.

② 袁毓林.论否定句的焦点、预设和辖域歧义[J]. 中国语文,2000(2): 99-108.

③ 吕叔湘.疑问·否定·肯定[J]. 中国语文,1985(4): 246.

④ 钱敏汝. 否定载体"不"的语义—语法考察[J]. 中国语文,1990(1): 31.

定词所否定的项目并不完全由语法规定,导致否定的辖域也并不是唯一确定的。

例2－8. 我没有去吃饭。

（a）<u>我</u>没有去吃饭。（他去了。）

（b）我没有去<u>吃饭</u>。（继续工作了。）

下划线标了重音,由于重音的不同,语句的焦点也不同。（a）的重音在"我",这句话的意图在于否定主语,（b）的重音在"吃饭",否定的是行动。和否定辖域密切相关的是预设问题,我们会在第三章中继续说明。

2. 模态词

模态歧义,顾名思义是模态词的辖域不同引起的歧义。模态指反映事物或认识的必然性和可能性的语词,广义模态还包括了诸如"知道""相信"一类的认知模态词、"应该""允许"一类的道义模态词,等等。

例2－9. 太阳系行星的数量必然是9。①

它可以有两种解读方式：（a）必然地,行星数量和9相等,即恰好有一个x是行星的数目,并且对任一x来说,"如果x是行星的数目则它是9"这句话是必然的。公式可以表示为□∃x(num(x)∧9＝x)；（b）存在一个行星数量x,9必然等于这个x,即恰好有一个x是行星的数目并且对任一x来说,如果x是行星的数目则必然x是9。② 公式可以表示为∃x(num(x)∧□(9＝x))。两种解读在公式上的区别是模态算子"必然"和存在量词的辖域不同,（a）中存在量词约束公式num(x)∧9＝x,而必然算子约束∃x(num(x)∧9＝x),必然算子占广域。而（b）中相反,必然算子约束公式9＝x,存在量词约束num(x)∧□(9＝x),存在量词占广域。两者在语义理解上的区别在于,（a）说的是行星数一定为9,根据常识,这并不为真。事实上,在冥王星被列为行星之前,人们一直认为太阳系的

---

① PREYER G, PETER G. Logical Form and Language[M]. Oxford：Oxford University Press，2002：31.

② SMULLYAN A. F. Modality and description[J]. Journal of Symbolic Logic，1948(13)：31.

行星数量为 8，那么，未来是否会有新的发现证明行星数也并不是 9 呢，这是完全可能的。（b）说的是，规定那个行星数对应的数字就被称为 9，将其视为一种定义 9 的方式，当然可以必然为真。

又如，罗素在《论指称》中区分专名和摹状词时使用的例子"司各特是威弗利的作者"（Scott is the author of Waverley）。[①]

例 2 - 10. 司各特是威弗利的作者。

（a）$\exists x(W(x) \wedge x = Scott)$

（b）$\forall x(x = Scott \rightarrow W(x))$

两种解读的区别在于"威弗利的作者"是作为指称对象的名字，用于对应到特定个体；还是作为摹状词，是所有写了威弗利的人构成的集合，用于辨认满足条件的所有对象。

这类模态歧义还可以作为从句嵌入在语句中，如"乔治想知道司各特是否是威弗利的作者"。嵌入的句子越复杂（如玛丽怀疑乔治想知道司各特是否是威弗利的作者）时，这种歧义表现得越明显。

例 2 - 11. 乔治想知道司各特是否是威弗利的作者。

（a）乔治想知道，是否写了威弗利的人 x 是司各特。

George wonder weather [x authored W] Scott = x

（b）存在一个人 x 是威弗利的作者，乔治想知道他是不是司各特。

[x authored W] George wonder whether Scott = x

相对而言，这类模态歧义显得更微妙，日常表达中我们并不会细究这两者的区别，但当我们不断追问语句更确切的语义时，这种差异性还是能被语感明显地捕捉到。事实上，这个问题在语言哲学家那里经历了漫长的讨论，它通常被称作从言模态（de dicto）和从物模态（de re）的区别。简单来说，从言模态的典型特征

---

① B. RUSSELL. On Denoting[J]. Mind, 1905, 14(456)：873 - 887.

是把模态必然、可能归于"言",一个必然性陈述包含的是这一命题的必然性,可以记做 □ ∀x(Px→Dx);从物模态的模态记号在本质上是内在记号,典型特征是把模态归于事物,表达的是事物之间的一种联结方式,它把模态词"必然"归于事物(如"人")而不是整个命题,这类命题,记做 ∀x□(Px→Dx)。比如,"苏格拉底在跑,这是可能的"是一个从言的模态命题,"可能"是对"苏格拉底在跑"这一命题的描述;"苏格拉底可能在跑"是一个从物的模态命题,"可能"是对"跑"这一行动的描述。

在现代的模态谓词逻辑中,一个合适的模态公式是从物的当且仅当它包含一个模态算子(□ 或 ◇),在其辖域中有:(a)一个个体常项;(b)一个自由变元;(c)被不在模态算子辖域中的一个量词所约束的变元。非从物的模态公式就是从言的模态公式。

◇φa(a 为个体常项)(根据定义(a)),□φx 和 ◇ψx(根据定义(b)),∀x□φx,∃x◇ψx 和 ◇∃x(φx ∧ ◇ψx)(根据定义(c))等等公式都是从物模态公式。□∀xφx 和 ◇∃xψx 是从言模态公式。芭坎公式 ∀x□α→□∀xα(或 ◇∃xα→∃x◇α)是从物模态和从言模态相混合的公式。[①] 下面这个用模态算子描述了这种歧义性的表达:

例 2 - 12. 美国总统本可以是共和党人。

(a)拜登本可以成为一名共和党人。∃x[x = the president ∧ ◇Rx]

(b)一个共和党人(比如特朗普)本可以赢得上次选举。◇∃x[x = the president ∧ Rx]

例 2 - 12 可以有从物(a)和从言(b)两种解读。如果是从物模态,"美国总统"在当前语境下指称的是拜登,这句话说的是他本也有成为共和党的可能性;如果是从言模态的解读,那么"总统"只是一个属性,共和党人也有可能当选总统,也就是可能有个人同时满足共和党和总统两个属性。从言模态和从物模态的区分本质上是内涵与外延的区分,也涉及我们之前介绍的内涵语义。

---

① 张家龙.从言模态和从物模态的联系、区别及其哲学意义[J]. 云南师范大学学报(哲学社会科学版),2010(1):61-64.

3. 量词

一阶谓词逻辑中量词间的相对辖域由它们的线性位置唯一确定,在嵌有多个量词的逻辑式中,越靠前的量词辖域越大。但自然语言具有一定的灵活性和模糊性,多个量词的相对辖域有时并不遵循线性结构,因此可能产生歧义。如例2-13的语句存在 a、b 两种解读。

例 2 - 13. Someone loves everyone.

（a）∃x(person(x) ∧ ∀y(person(y)→loves(x,y)))

someone 占广域,约束 everyone,表达"存在一个人,他喜欢所有人"。

（b）∀y(person(y)→ ∃x(person(x) ∧ loves(x,y)))

everyone 占广域,约束 someone,表达"每个人都有一个(不相同的)人喜欢他"。

数十年来,量词辖域问题不断被讨论,语言学家不断提出和修正理论框架,试图以相对统一的方式解释复杂多变的量化歧义现象,如梅(R. May)、黄正德、奥恩(J. Aoun)和李艳惠等代表的纯句法结构分析;①杰肯道夫(R. Jackendoff),徐和李(L. Xu & T. Lee)通过划分题元层次区别取域难易度的方法;②蒙太格遵循句法语义同构原则构建句法生成树的 PTQ 系统,③等等。

汉语的这一现象与英语有较大差异。现有的研究主要集中于标准的多重量化句(其中的量词是标准的全称量词和存在量词,量化名词短语分别出现在主、宾语位置),总体而言,汉语由量词相对辖域导致的歧义现象要比英语少得多,与(1)对应的汉语翻译"有的人喜欢每个人",在汉语中就只有存在量词占广域的情况,即表示至少存在一个人,这个人喜欢每个人。而对于如"每个人都喜欢一个

①　参见 AOUN J, Li Y-H A. Syntax of Scope. Cambridge[M]. Mass：MIT Press. 1993；HUANG C. On the representation of scope in Chinese[J]. Journal of Chinese Linguistics. 1983, 11(1)：36 - 91；MAY R. Logical Form：Its Structure and Derivation[M]. Cambridge, Mass：MIT Press, 1985。

②　XU L, LEE T. Scope Ambiguity and Disambiguity in Chinese[C]// Papers from the 25th Chicago Linguistic Meeting of the Chicago Linguistic Society. 1989：451 - 465.

③　MONTAGUE R. The Proper Treatment of Quantification in Ordinary English[C]// Formal-Philosophy：Selected Papers of Richard Montague. New Haven：Yale University Press, 1974：247 - 270.

人"的语句式是否存在歧义,研究者的观点尚存在很大分歧。[①] 关于频率副词与量化名词短语构成的多重量化句的讨论还较少,而在这类语句中,我们可以相对清晰地识别歧义。

频率副词是一类特殊的量词,它描述的是同类行为的累加性,表示具有离散性的事件的重复,因此具有量化性质。[②] "总是""经常""有时"等与量词"每个""很多""一些"的语义关系密切,"总是 M"说的是在论域内的每个时间点 t,t 上的命题 M 为真。这类频率副词在句中通常只作状语,不出现在主、宾语位置,它和量化名词短语之间的辖域关系往往不唯一,可能产生歧义。

既有研究已表明,除了句法结构,还有很多因素同样会影响量词辖域,包括量词本身的语义特点。朱德熙在《语法讲义》中将数词分为五类:系数词、位数词、概数词、[③]好些/若干、半。其中"概数词放在复合数词和量词之间表示概数",[④]可见概数词是句法范畴而概数是语义范畴。约数(概数)和确数对立,确数是准确的数,量化名词表达确数语义是指量化短语指称具体数目的对象;与之相对,只给出指称对象数量的大致范围而无准确数字条件的为约数,表示约数语义的量化短语主要形式有"一些+NP""几(个)+NP"、带"大约""大概""上下""左右"的短语、短语中数词连用以及数词用作虚数等。

频率副词与量化名词短语构成的多重量化句中,名词短语的确约数语义会影响辖域。

例 2-14. (a) 总是有一个孩子在玩。

　　　　　(b) 总是有一些孩子在玩。

　　　　　(c) 有一个孩子总是在玩。

例 2-14 中的三句话:a、b 的区别在于量化名词短语表达的语义是确数还是约数,a、c 在的区别于频率副词和量化名词短语的表层语序。三者的量词辖

---

① 认为有歧义的如蒋严、潘海华(1998),认为无歧义的如黄宣范(1981)、黄正德(1983)。
② 贾改琴.现代汉语时间副词的形式语义研究[M].北京:中国社会科学出版社,2016:130-131.
③ 概数词指"来""多""好几"等。
④ 朱德熙.语法讲义[M].北京:商务印书馆,1982:45.

域也存在不同：a 有歧义，"一个孩子"既能取广域也能取窄域，b、c 均无歧义，b 中量化名词短语只能取窄域，c 中只能取广域。

2.3.3　基于 CCG 的量词辖域歧义刻画

组合范畴语法是对范畴语法的继承和发展。范畴语法是一种词汇语法，它为每个词规定范畴，再由范畴的组合生成语句，实现将所有的句法结构都体现在词汇上。范畴包括初始范畴 NP（代表名词短语范畴）和 S（代表语句范畴）和函子范畴如 S/NP 和 S\NP。其基本的组合规则表达为：

$$(>)X/Y：\alpha\quad Y：\beta \Rightarrow\quad X：\alpha(\beta)$$

$$(<)Y：\beta\quad X\backslash Y：\alpha \Rightarrow\quad X：\alpha(\beta)$$

组合范畴语法主要的改进首先是吉奇（P. Geach），斯蒂德曼（M. Steedman）等增添了函子范畴的组合和置换运算规则，继而雅各布森（P. Jacobson）、赫佩尔（M. Heppel）、鲍德里奇（J. Baldridge）等人通过斜线算子下标模态化对新语法过强的生成能力进行了限制，[①]从而大大增强了范畴语法对特殊情况的处理能力，如：

函子范畴的向前组合规则$(>B)X/_{\diamond}Y\quad Y/_{\diamond}Z \Rightarrow X/_{\diamond}Z$

函子范畴的向前置换规则$(>B_{\times})X/_{\times}Y\quad Y\backslash_{\times}Z \Rightarrow X\backslash_{\times}Z$

向前的类型提升规则$(>T)X \Rightarrow Y/_i(Y\backslash_i X)$

向后的类型提升规则$(<T)X \Rightarrow Y\backslash_i(Y/_i X)$

斯蒂德曼基于组合范畴语法（CCG）对多重量化、驴子句、右节点提升等涉及辖域问题的语句进行了刻画。[②]组合范畴语法的优势在于：一方面它认为所有的语义运算都是依据表层句法结构进行的，所以各种存在歧义的句子在句法上共有一个逻辑式，无须论证移位的合法性。另一方面，它的句法和语义之间有一个透明的接口，每个词条的语义表达式和句法范畴都被存放在词库的词项上，保证只要范畴的组合是合法的，生成的语义也是有效的。[③]可见范畴被赋予了两

---

　　① 　STEEDMAN M, BALDRIDGE J. Combinatory Categorial Grammar[M]//BORSLEY R, BÖRJARS K (eds.) Non-Transformational Syntax: Formal and Explicit Models of Grammar. New Jersey: Wiley-Blackwell, 2007: 610 - 621.

　　② 　参见 STEEDMAN M. Taking Scope: The Natural Semantics of Quantifiers[M]. Mass: MIT Press, 2012。

　　③ 　邹崇理等. 自然语言信息处理的逻辑语义学研究.北京.科学出版社,2018: 264.

个层面的意义,一是句法结构的反映,二是词汇语义的反映。所以同时涉及句法结构和词汇语义的量化辖域歧义问题可以以此为工具得到统一的解释。

　　CCG 自诞生以来,就以解释自然语言的特殊句法语义现象为目标,通过句法和语义间建立一一对应关系实现高度词汇化的语法,在提高自然语言处理的准确性和效率方面取得了诸多成果。

　　从词汇语义层面说明歧义的来源的过程中,斯蒂德曼重新划分了量词格局,认为除全称量词及其亲缘量词之外的传统量词都不是真量词,它们只具有某种性质但实际外延不确定,如"a donkey"指称的是具有"是驴子"这一性质的个体,但没有一个唯一性标识来确指某一头驴。引入"广义斯科伦项"(generalized skolem term)表示这类量化短语:[①]

$$\mathrm{skolem_n}'(\mathrm{p};\mathrm{c})$$

其中,n 为数字下标(可以省略)用于区别相同性质的不同个体,p 为该项所包含的名词性质,c 为该项的基数性质(可能为空)。在语句中,进一步通过斯科伦规范(skolem specification)转化形式:

$$C[\mathrm{skolem}'(\mathrm{p};\mathrm{c})]\Rightarrow C[\mathrm{sk}'_{\mathrm{p;c}}(\mathrm{bv}(C))]$$

其中 C 表示语境。如果为孤立的斯科伦项,那么 C 不存在,直接转化为 $\mathrm{sk}'_{\mathrm{p;c}}$;如果斯科伦项已与其他语义组合,则必须考虑语境因素。在量词辖域歧义问题上,最重要的语义就是其他量化词,因此定义语境 C 为:

$$C_::=\mathrm{skolem}'(\mathrm{p};\mathrm{c})\mid \forall \mathrm{x}.[C]^{②}$$

bv(C)为语境约束变元的个体集,如果斯科伦项在语境 C 的辖域内,则 bv(C)成为斯科伦项的参数集。bv(C)的定义为:

$$\mathrm{bv}(\mathrm{skolem_n}'(\mathrm{p};\mathrm{c}))=\{\}$$

$$\mathrm{bv}(\forall \mathrm{x}.[C])=\{\mathrm{x}\}\bigcup \mathrm{bv}(C)$$

辖域歧义的产生是因为该斯科伦项的参数集 bv(C)有两种不同取值:如果

---

① STEEDMAN M. Taking Scope: The Natural Semantics of Quantifiers[M]. Mass: MIT Press, 2012: 111 - 112.

② 文中还定义了其他种类的语境,这里只选取与本文讨论相关的两种。

斯科伦化在范畴组合前,则没有提供语境(即参数集为空),得到一个斯科伦常项 $sk'_{p;c}$。它类似于专名,辖域可以跨越整个句子,得到的语句解读则相当于占广域的情况;如果在斯科伦项与全称量词发生组合后进行求值,全称量词就会为其提供一个语境,此时全称量化的对象集成为斯科伦项的参数集。此时得到一个斯科伦变项,对于 bv(C)中的每个元素 x,都对应一个相应的个体 $sk'_{p;c}(bv(C))$,这时得到窄域解读。

举例来说,"someone loves everyone"的参数集有两种取值:第一种取值在"someone"与"loves everyone"贴合之后,它的上下文 C 为($\forall x.[C]$),得到 $\forall x(person'x \rightarrow loves'x(sk_{person'}\{x\}))$,该斯科伦项是输入为论域内的一个人 x 输出为一个爱他的人的函数,函数值随 x 的改变而改变,存在量词取占窄域;第二种取值在"someone"与"loves everyone"贴合之前,此时不存在上下文 C,因此参数集取值为空,得到 $\forall x(person'x \rightarrow loves'x \ sk_{person'})$。该斯科伦项为常项,类似于专名,辖域可以跨越整个句子,相当于存在量词取广域的情况。这种做法大大减轻了句法结构分析的负担,使一个多重量化句在组合范畴语法中只对应表层句法形成的唯一逻辑式,其歧义解读数量仅由该句所含斯科伦项的个数 n 决定,每个斯科伦项有两种取值可能,最大歧义解读数为 2^n 个。[①] 针对本书讨论的汉语多重量化的特殊性和量化短语的确约数区别,我们对斯蒂德曼的方案做如下修改。

1. 根据语义重新确定真量词的范围

斯蒂德曼的量词格局划分是将除全称量词及其亲缘量词以外的传统量词都视为广义斯科伦项,究其根源是因为这些量词只表明了对象的内涵而没有确定对象的外延。汉语中也类似,如果量化名词短语不满足"外延不确定"这一属性,其中的量词就属于真量词:(1)全称量化性质的短语指称的是某一范围中的所有个体,显然外延确定,所以是真量词;(2)特别是,频率副词是一种特殊的量词。在刻画时把命题看成时间的函项,即所有使该命题为真的时间点的集合,把频率副词看成命题之间的关系,如:$\|经常(P)\| = \lambda P.[75\% < |P|/|I| < 1]$,$\|偶尔(P)\| = \lambda P.[0 < |P|/|I| < 25\%]$。其中 P 是频率副词修饰的命题;I 是

---

① 满海霞,崔佳悦.组合范畴语法的量词辖域歧义研究新思路[J].哲学动态,2015(8):108-111.

一个关于时间的命题,且在每个时间点上它都取真值,即 I 是模型中所有时间点的集合。[①] 所以,无论频率副词的语义是全称的还是非全称的,对于作为指导变元的时间点而言,它始终是全称性的,因此将频率副词都视为真量词。(2)汉语句首主语一般就是语句的话题,因此具有强有定性,[②]该位置上的名词短语都是有确定外延的对象,所以其中量词是真量词。因此规定:

若量词为全称量词及其亲缘量词,则它是真量词;

否则,若量化短语是频率副词,则它是真量词;

否则,若量化短语是句首主语,则其中的量词是真量词,翻译为常项;

否则,为广义斯科伦项。

2. 确约数量化名词短语通过范畴加标区别

上述统计结果表明,在频率副词和量化名词短语构成的多重量化句中,量化名词短语的确约数性质会影响辖域。CCG 为方便处理自然语言中复杂的现象,允许原子范畴添加数、格等标记,我们同样可以加标以区别确数和约数。确数量词记为 $(S/(S\backslash NP_{ac}))/N$,约数量词记为 $(S/(S\backslash NP_{ap}))/N$。因为约数表示的是一个不精确数目,所以在语义上不能指称确定的对象,也就不可能取到常项。如果"一些 N"可以解释为常项,则存在一个确定的群体,假设是 $\{x_1, x_2, x_3\}$。但对于去掉 x_3 得到的 $\{x_1, x_2\}$,"一些 N"仍然成立。相比之下,表示确数的"三个 N"解释为常项的时候,就是有三个确定的个体 x_1、x_2 和 x_3,去掉其中之一,"三个 N"语义就不再为真。因此修改斯科伦规范:对于任意 $skolom_m'p;c,m$ 为确约数下标,$m \in \{ap, ac\}$:

$$skolem_m'p;c \Rightarrow \begin{cases} sk_m'_{p;c} \text{ 或 } sk_m'_{p;c}bv(C), & m=ac \\ sk_m'_{p;c}bv(C), & m=ap \end{cases}$$

这样的斯科伦规范使得带约数下标的斯科伦项必须考虑语境因素,即不允许其在贴合之前进行解释。因此,在全称量词为语境时,约数量化短语只有取窄域解读。而确数下标的斯科伦项既可以在孤立情况下进行斯科伦项解释,得到没有语境提供参数的常项,也可以在贴合后获得语境,得到受全称量词约束的窄

---

① 蒋严,潘海华. 形式语义学引论[M]. 北京.中国社会科学出版社,1998:273.

② 沈家煊. 词序与辖域——英汉比较[J]. 语言教学与研究,1985(1):96-104.

域解读。

回到例 2-14 列举的三句话，在 CCG 框架下对其进行刻画。

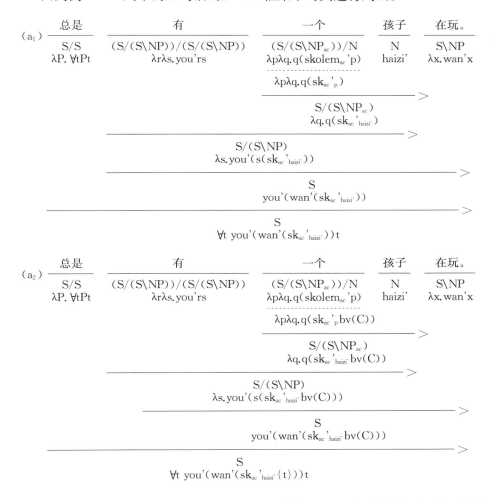

（a）中"一个孩子"只给出了"孩子"这一内涵，而没有确定外延，所以是广义斯科伦项。又因为它是确数，所以斯科伦规范有两种结果：（1）不受语境影响的独立短语，得到 $\forall t\ you'(play'(sk_{ac}'_{haizi'}))t$，其直观意思是：对于任一时点 t，有一个固定的孩子在该时点玩，即量化短语取广域解；（2）斯科伦项在某一语境中，受语境的约束，得到 $\forall t\ you'(play'(sk'_{haizi'}\ bv(C)))t$，因为 C 为全称量化，$bv(\forall x.[C]) = \{x\}\bigcup bv(C)$，所以最终得到 $\forall t\ you'(play'(sk'_{haizi'}\{t\}))t$，其直观意思是：对于任一时点 t，有由该时点所确定的一个孩子在该时点玩。参数集的元素取决于受全称量化约束的对象集（这里是时间集），而整个斯科伦项的取值则会随参数的变化而变化，即量化短语取窄域解。

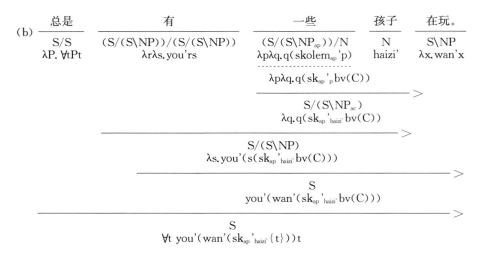

（b）只是将（a）中的"一个"换成了"一些"，范畴组合方式及结果都相同，只是最后带有约数下标的斯科伦项只有一种取值方式：该斯科伦项不能取常项，只能是在真量词辖域内的变项，对应量化名词短语取窄域的情况，意思是：对于任一时点 t，有该时点所确定的一些孩子在该时点玩。

（量化名词短语放在句首时"有"字有时可以省略，在表意上有两种情况：一是特指某个对象或对象集；一是表示泛指，不指向确定的群体，而是描述一种普遍存在的现象，如"（有）一些人总是是非不分"这里的"一些人"其实是所有是非不分的人组成的集合。汉语句首主语的强有定性使得该位置的任何名词短语都是有确定外延的，而既然是确定对象，它已经不再是"任意对象"，而是真量词。所以在该翻译中不存在斯科伦项。最后得到的 $\exists x(child'x \wedge \forall t(play'x)t)$ 直观意思是：存在一个 x 满足性质"孩子"且满足性质"在每个时点 t 他在玩"，不存在歧义。

可见，斯蒂德曼基于 CCG 给出了解释辖域问题的有效方案，对此做出必要的修改后，CCG 同样可以用于解释汉语中的量词辖域歧义问题。首先有确定外延的量词才是真量词，而只有内涵属性没有确定外延的量化短语都是广义的斯科伦项。多重量化句的辖域歧义的刻画可以通过给斯科伦项两种不同的参数集来实现。对于不受语境影响的独立的斯科伦项，其参数集为空；对于受语境约束的斯科伦项，其参数集由语境的对象集决定。进而，通过确约数下标区别两种量词并给出不同的斯科伦规范，可以有效刻画二者在辖域上的差异。对于约数量词，其自身语义只是一个范围，必须在语境中才能得到解释，因此约数下标的斯科伦项不能孤立解释，而确数量化名词没有这一限制，既可以不依赖语境进行解释，也可以取决于真量词约束的对象集。

3 逻辑与语用推理

很长一段时间内,语用学一直处于研究范围界定不清而处于尴尬地位,甚至被学者们戏称为语义学的"废纸篓",凡是语义学理论无法解释的问题都会被扔进这个"废纸篓"。语用学从语义学中分离出来成为独立的领域始于莫里斯提出的符号研究三分法模型。他区分了句法学、语义学和语用学,句法学研究符号组成完整句子的规则,语义学研究符号与其在物质世界中的所指之间的关系,而语用学则研究符号与其使用者和理解者之间的关系。①

对于语义和语用的区别,利奇(G. Leech)指出,语义学和语用学两者的区别在于前者强调语言能力,后者关注语言运用。若符合以下条件之一,则某一话题属于语用学范畴:(1)是否考虑说话人和听话人;(2)是否涉及说话人的意图以及听话人的阐释;(3)是否考虑语境;(4)是否关注通过使用语言而进行的行为。② 戴维斯(M. Davies)又对莫里斯的符号学三分法进行了补充,称语义学研究语言符号与其在物质世界中的所指之间的关系,而语用学研究语言符号与其使用者之间的关系。③

当今语用学研究主要包含了微观和宏观两个方向的主题:微观语用研究主要讨论包括指示语、含意、前提、言语行为和会话含义这些语用论题。宏观语用研究如社会语用学、跨文化语用学、语际语用学、意识形态语用学等,则更倾向于

---

① 莫里斯.指号、语言和行为[M].罗兰,周易,译.上海:上海人民出版社,1989:261-262.
② LEECH G. Principles of Pragmatics[M]. London:Longman,1983.
③ DAVIES M. Philosophy of Language[C]//BUNNIN N,TSUI-JAMES E(eds). The Blackwell Companion to Philosophy. Malden,MA:Wiley-Blackwell. 1996:124.

一种建立在语言使用实践上的综观论。

从逻辑视角看，语用学所关注的言外之意，需要在字面语义的基础上做进一步的推理，给出这类语用推理的规范本身就是逻辑研究的重要内容；另一方面，应用数学方法和逻辑手段对语用推理进行形式化分析，探讨语用学的形式和范畴，也将在人工智能和计算机处理自然语言方面起到推动作用。

3.1　语义预设与语用预设

3.1.1　预设的内涵

预设（presupposition）[①]的概念自诞生到现在日益成为哲学、逻辑学、语言学和心理学等共同关注的问题。它指暗含在语句中的一种预先设定的信息，在交际中通常表现为双方都可理解、都可接受的那种背景知识。这一概念是由弗雷格于 1892 年首次提出来的。自 20 世纪 70 年代以来，它受到语言学家、哲学家、逻辑学家的大量讨论。然而，预设的内涵问题却一直充满争议。[②] 主要集中在：预设到底是共知信息还是无争议信息？近来又有学者谈到预设也可以是一种新信息，这种看法有没有道理？此外，应该如何来看待预设的合适性、可撤销性等特征？预设还会有哪些新的特征？对这些问题的深入探讨需要对预设做动态考察。

麦考莱（J. D. McCawley）提出了语义预设（semantic presupposition）和语用预设（pragmatic presupposition）的区分。[③] 其中语义预设，即狭义的预设，从逻辑的角度出发，重点关注命题的真值。有学者指出，预设逻辑与一般命题逻辑的明显区别在于：前者是三值逻辑，它可以取真、假和无意义，而普通命题逻辑是真假二值的。如果语句的预设不成立，则无法对语句作出为真或为假的判定，其真值取"无意义"。如"张三戒烟了"预设"张三曾经吸烟"，如果这一前提不成立，则说"张三戒烟"无意义。预设逻辑"否定"的真值表如下：

---

① 关于"presupposition"这个概念，有人叫"前提"，也有人叫"预设"或"先设"。笔者认为从逻辑的角度看，译作"预设"为妥，因为"前提"在逻辑学中是与"premise"或"premiss"相当的术语。

② 利奇.语义学［M］.李瑞华，译.上海：上海外语教育出版社，1987：391.

③ 麦考莱.语言的逻辑分析——语言学家关注的一切逻辑问题［M］.王维贤，徐颂列，黄华新，等译.杭州：浙江大学出版社，2011：409、432.

p	¬ p
1	0
0	1
♯	♯

预设还往往同某些特定的词语相联系,人们因此把产生预设的特定词语称为预设触发语(presupposition triggers)。① 比如在日常语言交流中,我们常常遇到这样的语句:"小钱今天又醉了","老张后悔说了过激的话"。这两个句子分别预设"小钱曾经醉过","老张说了过激的话"。其中语词"又""后悔"是预设的触发因素,即预设触发语。

语用预设则是广义理解中的预设,它指执行言语行为的适切条件,通常是一个特定语境下主体对话语的共有知识,以及对会话含义、言语行为等方面的考量。福科尼耶(G. Fauconnier)的心理空间理论则在判断简单句的预设能否被主句继承的时候,着重考虑了听话者的心理背景。斯托内克尔在《语用预设》中将语用预设定义为:"一个说话者在谈话的某一给定时间里预设,仅当在他的语言行为中,他倾向于这样行动好像他认为当然真,也好像他假定了他和其他听众一样认为当然真。"②这里强调的是,预设与真值无关,而同语境以及说话对象有关。即使预设是假命题,只要被说话者和听话者都理解并认同,同样是有效的、合适的。语用预设是语义预设的扩展,它关注的是现实使用的语句,并考虑到语句使用的环境尤其是说这个语句的人的信念。我国学者何自然综合这些因素,将语用预设定义为"一种语用推理,那些对语境敏感的,与说话人(有时还包括说话对象)的信念、态度、意图有关的前提关系"。③

可事实上语义预设和语用预设两者之间的界限并不是分明的。利奇很早就对预设的性质做了一番详细的考察,得到的结论是:预设有一部分是语义关系,另一部分是语用关系。④ 周礼全则明确主张在语用学的范围内研究预设

① LEVINSON S C. Pragmatics[M]. Cambridge University Press. 1983:179.
② 转引自沈晓娟.虚假语用预设研究[D].汕头:汕头大学,2008。
③ 何自然.语用学与英语学习[M].上海:上海外语教育出版社,1998:68.
④ 利奇.语义学[M].李瑞华,译.上海:上海外语教育出版社,1987:426.

问题。他指出,预设是语用现象,因而通常所说的预设是指语用预设而不是语义预设。[①]

学术界关于预设内涵的认识是一个不断变化发展的过程。起初人们普遍认为预设是共知信息(common ground 或 mutual knowledge)。[②] 请看这样的例子:

例 3 - 1. A:It's raining.

B:Yes,it will cool the air.

在这个对话中 A 和 B 的共知信息是:天气现在非常热(it's very hot now)。可是我们能据此推论所有的预设都是共知信息吗? 事实上并非如此,预设有时并不是谈话双方共知的信息。比如一个人对另外一个人说了这样一句话:

例 3 - 2. Watch out,the dog will bite you.

这句话的一个预设是"There is a dog",可听话人当时并不知道这个预设的信息。后来,有些学者觉得把预设看成交际双方的共知信息有些不准确,于是把预设定义修订为"交际双方共知的信息或说话人假定听话人共知的信息"。但这个定义仍然有问题。例如,当别人问"Are you going to lunch?"被问者回答"No,I'm going to pick up my sister."回答者说这句话时,预设了有一个姐妹,但并没有假定听话人也知道这些。

针对这种困境,一些新的解释不断涌现。格莱斯(P. Grice)指出,预设并非共知信息,而是无争议(non-controversial)的信息。[③] 芭芭拉(A. Barbara)更进一步指出,这种无争议的信息听话人不一定预先知道,但可以从话语中推断出来。[④]

① 周礼全.逻辑——正确思维与有效交际的理论[M]. 北京:人民出版社,1994:459.

② STALNAKER R. C. Pragmatics[M]. New York:Academic Press,1978:321.

③ GRICE H. P. Presupposition and Conversational Implicature[M]// COLE P. Radical Pragmatics. New York:Academic Press,1981:190.

④ BARBARA A. Presuppositions as Non-assertions[J]. Journal of Pragmatics,2000(32):1419 - 1437.

卡菲(M. Caffi)认为,语用预设并不在乎是否为已有的知识,而是说话人给出的一种假定。[①] 这些观点代表了预设研究的新进展,但它们仍有可商之处。

在信息传递中,通常认为断言与预设恰好对应着新信息和旧信息的区分。那么预设可不可以传递新信息呢? 对这个问题,芭芭拉给出了一个模糊的回答:"预设一般为旧信息,但这并不意味着新信息就不能被预设。"[②]可见,芭芭拉虽然承认预设也可以是新信息,但他并没有对此做详细分析。

3.1.2 预设的特征

语用预设是语境敏感的,多数学者认同,语用预设的两大基本特征是恰当性和共知性。恰当性指语用预设与当前语境关联,是保证当前言语行为可执行性的恰当条件;共知性则指预设必须是交际双方所拥有的公共知识,即共享的背景知识或无可争议的信息。另外还有学者提到语用预设具有单向性、主观性和隐蔽性、可撤销性等性质。

从静态角度看,预设具有主观性、合适性、共知性、隐含性等特点。

预设存在很强的主观性,它出于说话者个人的判断,是一种带有断言性质的语境假设,因此,预设本身并不具备必然的真实性或正确性。语用预设的合适性要求在特定的语境里说话者和语句之间契合,也就是说话者在说出一句话前对语境所作的一种设想必须符合现实语境,否则说出的话语就不合适,预设就不能成立;而共知性是指信息必须为谈话双方所共同知道。言语交流是说话人传递信息和听话人接收信息的互动过程,其最终目的是达成双方的相互理解。正确理解话语中存在的各种知识对于交流双方的相互理解起着重要的作用。因此,交流过程中,说话人的语用预设应是双方共同拥有的知识,包括交流双方所共有的背景知识、交流场合的情景和交流双方的相互关系等。双方不是互知互明的言语交流即是不成功的。隐含性特点则指预设是话语之外隐含的某种信息,它不属于话语的基本信息,而是一种附加信息,作为语用双方共同的背景知识隐含在话语中,这种信息往往不在话语表层显示而是通过特殊的语言表达方式或特

---

① SCHMID H. J. Presupposition can be a Bluff: How Abstract Nouns can be used as Presupposition Triggers[J]. Journal of Pragmatics,2001(33):1529 - 1552.

② BARBARA A. Presuppositions as Non-assertions[J]. Journal of Pragmatics, 2000(32):1432 - 1433.

定的语境暗示出来。

　　这些性质被认为是预设的基本特征,违反这些性质通常会导致交际的失败。但在具体的语言使用中,这些性质的表现往往更为复杂。以共知性为例,说话人所说就无法被听话人理解。听话人的反应或者向说话人提问预设内容,或者反驳说话人的预设,无论哪一种都意味着该对话受阻。看下面这则对话:

例 3 - 3. A:你去干什么?
　　　　　B:我的猫(调制解调器)坏了,要去换一只。
　　　　　A:啊?你养了猫啊?

　　对话中 B 单方面地预设了 A 知道“猫”这个词的所指,基于这个预设而直接说出了上述语句,而 B 没有达到这一预设的要求(无论是他不知道“猫”的这一特殊用法,还是误以为 A 说这话时指的是真实的猫),由此导致了语流的受阻。比如著名的濠梁之辩:

例 3 - 4. 庄子曰:“鲦鱼出游从容,是鱼乐也。”
　　惠子曰:“子非鱼,安知鱼之乐?”
　　庄子曰:“子非我,安知我不知鱼之乐?”
　　惠子曰:“我非子,固不知子矣,子固非鱼也,子不知鱼之乐,全矣。”
　　庄子曰:“请循其本。子曰汝安知鱼乐云者,既已知吾知之而问我,我知之濠上也。”

(《庄子·秋水》)

　　庄子说“鲦鱼出游从容,是鱼乐也”的预设是“任何动物的动作、表情、痛苦或快乐,人是可以凭观察体验到的”,因此从鱼游的样子判断它快乐是合理的。但惠子说“子非鱼,安知鱼之乐?”的预设是“人和鱼是不同类的,人无法知道鱼的心理”。两人的预设不同,所以无法维系对话,进而不断反驳对方。最后,庄子使用的是近乎诡辩的手段,其实质也是预设的不一致。惠子说:“子非鱼,安知鱼之乐?”意思是为询问怎么知道“鱼之乐”是否存在,而庄子说:“子曰汝安知鱼乐云者，既已知吾知之而问我，我知之濠上也。"故意将"鱼之乐"解释成"鱼是快乐的"，进而故意预设惠子问的是"你是在哪里知道这一事实的"。

因为预设具有单向性，所以每个说话者都有自己的预设，而对话是一种言语的交互，听话者必须对语句进行解码并做出应答，这一过程不但要求理解语义，也要求理解预设。上面两个例子可见，双方都不了解或不认同对方的预设导致了对话的中断。但如果对话双方其中一人知道或认同对方的预设，就可能应和对方做出应答，进而对方继续延续自己的预设，对话得以维系。如《雷雨》中周朴园和鲁侍萍相见的场景：

例 3－5. 周朴园：你三十年前在无锡么？

鲁侍萍：是，老爷。

周朴园：三十年前，在无锡有一件很出名的事情——

鲁侍萍：哦。

周朴园：你知道么？

鲁侍萍：也许记得，不知道老爷说的是哪一件？

周朴园：哦，很远了，提起来大家都忘了。

鲁侍萍：说不定，也许记得的。

（曹禺《雷雨》）

周朴园问鲁侍萍"是否在无锡"的预设是"三十年前在无锡的人有可能知道他的那件事"，但又因为预设鲁侍萍只是一个无关的人而说"大家都忘了"，提问者首先说"大家应该都忘了"原本对话就应该中断。此时，鲁侍萍已经知道周朴园就是自己前夫了，因此也知道周朴园说的"一件事"是预设"存在那样一件事，即他与梅家小姐的事"，而问她"是否在无锡"的预设是"三十年前在无锡的人有可能知道那件事"。她顺应着对方的预设，却使原本应该中断的对话也得以维系。

例 3－6. 周朴园：梅家的一个年轻小姐，很贤慧，也很规矩，有一天夜里，忽然地投水死了，后来，后来，——你知道么？

鲁侍萍：不敢说。

周朴园：哦。

鲁侍萍：我倒认识一个年轻的姑娘姓梅的。

周朴园：哦？你说说看。

鲁侍萍：可是她不是小姐，她也不贤慧，并且听说是不大规矩的。

周朴园：也许，也许你弄错了，不过你不妨说说看。

鲁侍萍：这个梅姑娘倒是有一天晚上跳的河，可是不是一个，她手里抱着一个刚生下三天的男孩。听人说她生前是不规矩的。

周朴园：（苦痛）哦！

（曹禺《雷雨》）

周朴园问话包含着不管对方认识不认识，都存在一位梅小姐，且她年轻、贤惠、有规矩。那么本来鲁侍萍说到"可是她不是小姐……"时已经否定了他的预设，两人没有合适、共知的背景知识，对话应该中断。但因为鲁侍萍是知道周朴园的预设的，所以她否定之后又很有针对性地说出与周朴园的预设一致的信息。这些信息的加入强化了周朴园对预设的确认，那么虽然他不知道鲁侍萍的预设，两人的对话也能得以维系。

可见预设的共知性对对话的延续有着至关重要的影响。单句话的共知性指说话人的语用预设能被听话人理解，而在对话这一听说话人身份不断转变的场合中，共知可以是双方互相了解对方说话的预设，也可以只是一方了解另一方的预设。

但存在一种特殊情况，如果对上一个例子稍作改动，假设鲁侍萍没有认出周朴园，且她说的是与自己遭遇相仿的另一个人的事，而周朴园以为这就是自己和鲁侍萍曾经的事，那么此时双方的预设是不同的，即不具有共知性，但对话却得以延续。虽然这种情况很大程度出于巧合，现实中出现的概率不大，但文学作品追求情节的紧张，常常会用巧合制造戏剧性冲突，而从中也可以看出一些预设的运作机制。如这段对话中，我们暂时抛开其中的隐喻来看：

例3-7. 大哥说，"今天你仿佛很好。"我说"是的"大哥说，"今天请何先生来，给你诊一诊。"我说"可以！"其实我岂不知道这老头子是刽子手扮的！无非借了看脉的名目,揣一揣肥瘠:因这功劳,也分一片肉吃。……呆了好一会儿,便张来他鬼眼睛说,"不要乱想。静静养几天,就好了。"

(鲁迅《狂人日记》)

这里"何先生"的预设是"我"是一个精神衰弱的病人,所以给予安慰,所以让"我"不要乱想只需静养;"我"一开始就预设这个人也是吃人的,所以不会把他的话理解成真正让"我"静养,对他的行为和言语都有另一种纳入"吃人"预设的解读。另一方面何先生也不了解"我"的预设,不会知道"我"应答和表现的合作是一种不惧与之斗争的表达。但尽管预设不同,对话却能维系。因为双方都能将对方的应答与自己的预设相融,"我"认定何先生是"借了看脉的名目,揣一揣肥瘠:因这功劳,也分一片肉吃",在此基础上做出言语或行为的回答。而何先生认为"我"同意诊断,也做出相应的答复。再比如下面另一段《雷雨》中的例子:

例 3-8. 周朴园(突然抬起头来):我听人说你现在做了一件很对不起自己的事情。

周萍(惊):什——什么?

周朴园(低声走到萍的面前):你知道你现在做的事是对不起你的父亲么?并且——(停)——对不起你的母亲么?

周萍(失措):爸爸。

周朴园(仁慈地,拿着萍的手):你是我的长子,我不愿意当着人谈这件事。(停,喘一口气,严厉地)我听说我在外边的时候,你这两年来在家里很不规矩。

周萍(更惊恐):爸,没有的事,没有,没有。

周朴园:一个人敢做一件事就要当一件事。

周萍(失色):爸!

周朴园:公司的人说你总是在跳舞场里鬼混,尤其是这两三个月,喝酒,赌钱,整夜地不回家。

周萍:哦,(喘出一口气)您说的是——

周朴园:这些事是真的么?(半晌)说实话!

周萍：真的,爸爸。(红了脸)

(曹禺《雷雨》)

这段对话是基于父子二人不同的预设展开的,却没有遭到中断。周朴园说"我听人说你现在做了一件很对不起自己的事情"预设"这件事"是指鬼混、喝酒、赌钱诸事,并且周萍也知道他的所指。因为,周萍接下来的抵赖和承认在周朴园看来都是对这些事的。而周萍一开始听到父亲的质问时预设父亲知道了他和周繁漪的事,因而极度惊慌并极力否认。一开始,两人都没有理解对方的预设,但周萍的回答恰好能在周朴园的预设中找到合理的解释,这样预设就没有被终止。而周萍抵赖后发现周朴园继续质问并说"对不起你的母亲""很不规矩""一个人敢做一件事就要当一件事"等话都与他预设的"父亲在质问自己与周繁漪的关系"是吻合的,因此也没有改变这一预设。

除此之外,我们也可以从上例中看出这样的情况:预设的共知性是不断变化的。如上例中,最后周朴园把预设作为语句说出来后,两人的交谈就有了共知性的预设,接下来进行的是通常的对话。而有时,虽然预设出于不共知的情况,但听话者出于某种原因不愿意就此终止对话,就尽量以模糊语词进行应答。因为模糊语词包含的有效信息是微弱的,也就增大了与一个未知预设相融的可能性。随着对话的不断推进,说话者可能给出更多的信息,听话者不断修正,最终得到共知性的预设。这种情况也可以从《狂人日记》中找到例子:

例3-9. 忽然来了一个人;年纪不过二十左右,相貌是不很看得清楚,满面笑容,对了我点头,他的笑也不像真笑。我便问他,"吃人的事,对么?"他仍然笑着说,"不是荒年,怎么会吃人。"我立刻就晓得,他也是一伙,喜欢吃人的;便自勇气百倍,偏要问他。

"对么?"

"这等事问他什么。你真会……说笑话。……今天天气很好。"

天气是好,月色也很亮了。可是我要问你,"对么?"

他不以为然了。含含糊糊地回答,"不……"

"不对,他们何以竟吃?!"

　　"没有的事⋯⋯"

　　"没有的事? 狼子村现在吃;还有书上都写着,通红斩新!"

　　他变了脸色,铁一般青。睁着眼说,"有许有的,这是从来如此⋯⋯"

　　"从来如此,便对么?"

　　"我不同你讲这些道理;总之你不该说,你说便是你的错。"

(鲁迅《狂人日记》)

　　可以看出这个同"我"交谈的人一开始的预设与我并不相同,"我"的预设是"这是个吃人的社会,眼前这个人是吃人的",所以对方的否认在"我"看来都是抵赖,"我"就不断追问;而"他"一开始预设"我是一个正常人",因此说笑一般地否认了,双方的预设是不互知的。但随着"我"的不断逼问中,"他"的预设不断变化,应答中出现犹豫、岔开话题、含糊承认,是预设不断转向"对方只当自己吃人",这样两者的预设就趋同了。

　　可见,对话维系的基本要求或许并非共知,而是在听话人和说话人身份不断互换的过程中,每次听话人基于主观预设作出的应答也能与说话人的预设相融。当然,这样的对话含有过多的偶然因素,发生的概率很小,也不可能维持太久,但它揭示了不了解预设情况下维系对话的策略和机制,尤其是在文学作品中能由此构造两种语境解读,以大大增强文学的戏剧性。

　　另一方面,过去研究所关注的这些性质往往基于单一视角,较少从动态的角度来考察。进一步考虑动态的视角,预设还具有不确定性、可移动性和层次性。[①]

　　1. 合适性(appropriateness 或 felicity)。指语用预设要与语境相协调。在日常交际中,若要使预设被听话人理解,需要满足一定的语境条件,如谈话双方的身份、地位、性别、年龄、他们之间的相互关系、谈话对象的状况与处境,等等。假如满足了这些条件,就可以认为预设是合适的。可见合适性的视角主要是针对说话人而言的。

　　2. 共知性(common ground 或 mutual knowledge)。指预设是交际双方都可以理解、都可以接受的背景知识并不一定都是谈话双方的背景知识或预先设

---

　　① 参见黄华新,徐以中.预设的动态性和动态预设观[M].浙江大学学报(人文社会科学版),2007(5):35-42。

定的知识。可见,所谓共知性一定是涉及交际双方的,只涉及说话人或听话人一方谈不上共知。也就是说,共知性是针对交际过程而言的。

3. 隐含性(covertness)。指通常没有被说话者通过语言直接表达,但在交际过程中也得以传递的预设信息。说话者将预设信息隐含在话语中,通过一种特殊的语境和语言表达方式将预设加以暗示。在这种情况下,预设往往表明了说话者所要强调的意图反映了说话者所强调的内容。可见,语用预设的隐含性是针对听话人的。

4. 可撤销性(defeasibility)。指由于上下文和其他语境的原因,一句话的语用预设有时可以表面上不必存在。[①] 换句话说,如果在原来话语的基础上添加一些话语,或者附加某些预设从而改变语境,则话语原来具有的隐含意义就可能消失。请看这样一个例句:[②]

例 3 - 10. (a) Sue cried before she finished her thesis.

(b) Sue died before she finished her thesis.

(c) Sue finished her thesis.

可以看出例 3 - 10 中(c)是(a)的预设,但不是(b)的预设,因为具有一般常识的人都知道死后是不可能写文章的。这说明对(b)而言,由于语境的改变,话语的预设也会随之改变。"可撤销"并非"不存在、消失了"的意思,而是指这个信息由预设变成了断言部分,不再需要听话人进行推理。所以,可撤销性从本质上讲也是着重从听话人理解的角度而言的。

5. 不确定性(vagueness)。指谈话中如果分不清到底是针对说话人还是听话人,则往往很难确定哪一个是语用预设。简单地说,在实际应用中,如果要确定话语的语用预设,首先需要确定谈话的视角。说话人每说一句话,在他心里都会预先设定一个对象。这时候听话人如不能准确推知说话人的预设对象,就可能导致理解上的偏差造成歧义。如下面这个传统的笑话:

---

① SAEED J I. Semantics[M]. Beijing. Foreign Language Teaching and Research Press &. Cambridge Massachusetts. Blackwell Publishers Ltd, 2000: 94 - 99.

② LEVINSON S C. Pragmatics[M]. Beijing. Foreign Language Teaching and Research Press, 2001: 187.

例3-11. 某人请客,总共请了四个人:张三、李四、王五、赵六。前面的三位都按时来了,唯有第四位还迟迟未到。眼看时间不早了,主人等得着急,便说:"唉,该来的还没来。"张三平时脾气暴躁,一听这话,心里便不高兴了,"怎么这样,难道我不该来吗?"于是起身就走了。主人一看不对,怎么走了一位,于是又说了一句:"不该走的却走了。"李四平时就和张三很要好,一听这话,心想:"这是什么话,难道我该走吗?"于是李四也走了。剩下王五一个人,王五这人脾气不错,和主人又比较要好,于是对主人说:"你这样说话不对,把他们都气跑了。"主人对王五又来了一句"我又不是说他们"。王五一听心想:"这不明明说我吗!"于是王五也走了。

这个笑话中,主人三句话气走三个人。其实他说每一句话时,语用预设都是针对第三者而言的(不在场的人)不是针对在场的人,在这个笑话中可能都是针对赵六而言的。可是张三、李四、王五三个人都认为是说自己的,这就造成了理解上的偏差,从而导致了不愉快的结果。可见,语用预设具有不确定性,即在没有确定是针对说话人还是听话人的时候,预设是不确定的;同一预设既可理解为是针对说话人的又可理解为是针对听话人的。显然预设的这个特性是着眼于整个交际过程的。

6. 可移动性(movability)。指在话语交际中正常情况下预设应该在说话人所要表达的重点的前面,但有时候也可以放到后面。例如 :

例3-12. 幸亏当初没上,如果上了的话,现在可就背包袱了。①

在这样的句子中,实际上"如果上了的话,现在可就背包袱了"是"幸亏当初没上"的语用预设。因为这个句子也可以把预设放在说话人所要强调的重点的前面。例如:

例3-13. 如果上了的话,现在可就背包袱了,幸亏当初没上。

---

① 人民日报语料库(光盘版),光盘编号: RMRB-2000-2。

预设的可移动性表现在实际话语中,当说话人意识到听话人还没有正确理解自己的意思时,通常会补充说明一些情况或另外增加一些内容,这些补充或增加的部分其实也可以是本来应该先说的内容。预设的可移动性既针对说者,也针对听者。

7. 层次性(layering)。由于语用预设属于语境或语用的一部分,语用因素的复杂性决定了语用预设的构成不是单一的。因而层次性是指预设的构成并非单一,而是具有不同的层级。对任意一段话语而言,其语用预设都不止一个,而是一群,或者说是一个集合。韦内曼(T. Venneman)把它们称为预设池(presupposition pool)并指出这个预设池内的信息可由三方面的内容构成:普通常识(general knowledge)、特定语境(situative context)和话语本身(the complete part of the discourse itself)。[①]在此借鉴王建华等对语境的划分,把预设分为以下几个层级:[②]

言内预设
(I)
- 句子预设:上下文、前后句
- 语篇预设:段落、语篇

言伴预设
(II)
- 现场预设:时间、地点、场合、境况、话题、事件、目的对象
- 伴随预设:语体、风格、情绪、体态、关系、媒介以及其他各种临时因素

言外预设
(III)
- 社会文化预设:文化传统、思维方式、民族习俗、时代环境、社会心理
- 认知背景预设:整个现实世界的知识、虚拟世界的知识

需要说明的是,此处对预设构成要素的分层描述还缺乏系统、科学的考察,列举的目的旨在说明预设是由多方面的因素构成的,并且具有层级性。它提示我们在考察预设构成要素时要注意分清层次,并落到实处,注意避免泛化的倾向,即说明是在哪一个层次上考察问题的。因为有些预设,问题牵涉到整个构成因素,有些可能只涉及其中的一个层次或一个方面。当然,预设的层次性不论,是针对说话人、听话人或交际双方,都是客观存在的。

综上所述,预设现象由于涉及不同话语主体的动态变化过程,因此在分析预

---

① VENNEMAN T. Topics, sentence accent, ellipsis: a proposal for their formal treatment[M]// KEENAN E. L. Formal semantics of Natural Language. Cambridge: Cambridge University Press. 1975: 313-328.

② 王建华,周明强,盛爱萍.现代汉语语境研究[M]. 杭州:浙江大学出版社,2002:77.

设现象时要注意三个不同的维度(dimensions)或视角(perspectives)。基于上文的考察,可以把语用预设的特征与观察视角之间的关系概括如下:

表 3-1 语用预设的特征与观察视角关系表

	合适性	共知性	隐含性	可撤销性	不确定性	可移动性	层次性
说话人视角	＋	－	－	－	－	＋	＋
听话人视角	－	－	＋	＋	－	＋	＋
交际过程视角	－	＋	－	－	＋	－	＋

客观而言,预设的每个特点都和话语交际的说话人或听话人有关。因此,表中的"＋"和"－"只是就所依赖视角的强烈程度而言的。"＋"表示依赖程度较强,"－"表示依赖程度较弱,但"－"并不意味着从该角度就不可分析。此外,本书强调在考察预设时宜采取不同的视角,并不是说考察时只能从某一个视角出发。分析的目的在于综合,而且在分析基础上的综合是更为深刻的综合,分析预设的每个特点都应考虑到言语交际的整个过程,从说话人到听话人逐步进行考察,这样才更加符合言语交际的动态生成和发展过程。

逻辑学或语言学中关于预设的分析经历了一个从"真假性"到"恰当性"再到"动态性"的发展过程。传统逻辑对预设的分析采用"非真即假"的分析方法,其中语义预设的分析大都与这种真值指派有关,这种分析可以称为预设的真值分析。但是,奥尔伍德等明确指出,这种分析对于充分分析自然语言来说是否有意义是值得怀疑的。[①] 因为自然语言中还存在既不真也不假的"♯"命题。这种情况引导人们分析预设时采用恰当性(felicity)的概念,即把预设看成语句相对于有关语境来说是否恰当的条件,这就是所谓预设的"恰当性"分析。预设的分析在语用范围内必须考虑到"说话人、听话人、交际双方"这三种不同的情况,这就是所谓预设的"动态性分析"(dynamic analysis)。总之,可以看到,采用动态的预设观至少可以澄清以下三个问题:(1)语用预设的构成是异质的(heterogeneous)

---

① 奥尔伍德,安德森,达尔.语言学中的逻辑[M]. 王维贤,李先焜,蔡希杰,译.北京:北京大学出版社,2009:175.

预设的分析要注意分清不同的视角;(2)语用预设也可以传递新信息,预设的类别从功能上可分为"常规预设"和"意图预设";(3)预设还具有"不确定性""可移动性""层次性"等特征。

3.1.3 预设投射问题

一个语句要被接受,其预设首先应该被接受;而当语句作为一个部分被嵌入结构更复杂的语句中时,如果全句被接受,小句的所有预设也被接受,这被称为预设投射(projection)。作为预设判别主要手段的否定性测试(negation test)就是判断嵌入否定句后是否存在预设投射。如果一个命题是某语句的预设,则嵌入否定句后原有预设被投射到否定句全句,也就是在肯定或否定该语句的情况下都需要被接受。

语句 s' 是语句 s 的预设,当且仅当它可由 s 和非 s 共同推出。请看下面的例句:

例 3 - 14. (a) 小王忘了去上课。

(b) 小王没有忘记去上课。

(c) 小王本来应该去上课或打算去上课。

这里,(c)是(a)和(b)的预设,因为根据"忘记"这个预设触发语,我们可以由(a)和(b)这两个互相否定的语句推出相同的(c)。

除了嵌入否定句,含有预设的简单句也可以存在于其他形式的复句中。当简单句表达式作为部分被嵌入另一个句子结构,成为复合表达式的一个组成部分之后,简单句原有的预设可能投射到全句,继续成为整个复合句的预设,也可能被阻碍而无法上升到全句,还可能因为语义矛盾而被其他小句取消,这就是预设研究中最广为讨论的话题之一:预设投射问题(The projection problem for presupposition)。

较为完整的投射问题理论最早由兰根道(D. T. Langendoen)和赛文(H. Savin)提出,他们认为,复合表达式的预设与复合表达式的意义一样,是由其各组成部分的预设组合成的,由此给出了一种与弗雷格的组合性原则一致的方案来生成复合语句的预设。这可以被视为一种得到复句预设的最简模式。① 但在一些条件句,尤其是反事实条件句中,一个小句中的预设被另一个小句取消,无法成为全句的预设。例如,"张三已经戒烟了,如果他曾经吸过的话"中,附加的条件句取消了前一个小句中"张三曾经吸烟"的预设,使其不再作为全句的预设;"如果色盲是遗传的,那张三的孩子是色盲"预设了"张三有孩子",而"如果张三有孩子,那张三的孩子会是色盲"就没有这一预设。此外,小句的预设还可能因与反事实的情况矛盾而被语境取消。例如,"如果他来过这里,我就知道他来过"中,小句"我知道他来过"由"知道"触发预设"他来过",但该表达是反事实的,实际上"他没有来",这一矛盾使预设不能上升到全句。

在对一些不满足组合性原则的复句预设研究中,卡图南(L. Karttunen)从谓语动词和句子联结词的角度对预设进行分析,提出了一个通道—塞子—滤子(holes-plugs-filters)模型,讨论了小句预设通过和被取消的不同情况,以及影响预设上升到全句的语词因素。② 但卡图南对触发语词的分类并不能较好地解释各类语用预设情况,如"知道"在分类中属于通道,但如上例,它触发的预设同样可能被取消。此后,卡图南和皮特斯(S. Peters)借助蒙太格语法(Montague Grammar)的内涵逻辑和格莱斯的会话含义理论进一步强调了语境对预设投射的影响,他们称不规定真值条件,其功能纯粹只是表示各成分预设的内容为规约预设,且认为只有规约含义是真正预设。③ 盖兹达(G. Gazdar)提出了潜在预设(potential presupposition)理论,④指出在特定语境中,要考虑预设与语境是否一致,与语境一致的潜在预设成为实际预设,而与语境矛盾的则被取消。即在具体语境中,通过新信息及其相关的常识推理,可能与原有的预设产生矛盾,此时,就将原有的预设取消。如"张三在升职前已在公司工作了五年"预设了"张三升职",而"张三在升职前离开了公司"则没有,后者的预设是被"离开公司后不会再

① LANGENDOEN D, T, & SAVIN H. The Projection Problem for Presuppositions[M]//CHARLES J, FILLMORE C J, LANGENDOEN D T. Studies in Linguistic Semantics. New York: Holt, Reinhardt and Winston, 1971: 373-388.

② KARTTUNEN L. Presuppositions of Compound Sentences[J]. Linguistics Inquiry, 1973(4): 167-193.

③ KARTTUNEN L, PETERS S. Conventional implicatures in Montague Grammar[M]//DAVID A, DINEEN D A, OH Choon-Kyu. Syntax and Semantics 11. New York: Academic Press, 1979: 1-56.

④ GAZDAR G. Pragmatics: Implicature, Presupposition, and Logical Form[M]. New York: Academic Press, 1979: 124-126.

被该公司升职"这一常识取消的,即被广义语境所取消,就无法从潜在预设上升到实际预设。这里,潜在预设扮演的是一个技术上的角色,它作用于向语句分派实际预设的过程之中,通过潜在预设可以给出预设能否被投射到复合句问题一种统一的解释。[①] 可见,无论是卡图南和皮特斯的"规约含义",还是盖兹达的"潜在预设",都突出了语境对预设选择和取消的重要影响,此后,海姆(I. Heim)进一步基于动态语义学的基本观点,通过给出联结词的语境改变机制,具体说明了不同类型的语句中的预设所要遵循的形式规则。[②] 她认为,预设是语境转化潜力的函数,一个预设为 p 的语句 S,首先能将语境从 c 转变为 c∩p。在此基础上对每个联结词的预设投射规则分别进行了定义,就将预设投射问题就转化为讨论哪些条件由小句语义对语境来制约,哪些条件由复句语义来制约。

3.1.4　预设与动态性[③]

动态(dynamic)是相对于静态(statistic)而言的。预设的静态研究把预设的构成要素作为立足点,认为预设是客观存在的,是说话人和听话人共知的或说话人假定的信息,它并不关注预设在整个交际过程中的动态变化;预设的动态研究则特别强调预设在整个交际过程中的变化和表现,它认为预设的研究应该从不同的视角来考察。预设没有固定的立足点,着眼于说话人还是着眼于听话人会使它的含义有所不同。简单地说,静态研究思路往往采用单一的视角来分析,动态研究思路则着眼于整体、着眼于交际过程,强调从不同的视角变换着分析问题。

预设的内涵之所以没有取得共识,很大程度上是由于没有运用动态的方法来考察。为便于说明,可以借用一下布龙菲尔德(L. Bloomfield)举过的一个关于言语交际过程的案例来分析。布龙菲尔德举例说:"假设杰克和琪儿正沿着一条小路走去。琪儿饿了。她看到树上有个苹果。于是她用她的喉咙、舌头和嘴

---

①　L. T. F. 哈姆特.逻辑、语言与意义[M]. 李可胜,张晓君,邹崇理,译,北京:商务印书馆,2017:174 - 188.

②　HEIM I. On the projection problem for presuppositions[M]//BARLOW M, FLICKINGER D, WESCOAT M T. Proceedings of the Second West Coast Conference on Formal Linguistics. Stanford: CSLI, 1983:114 - 125.

③　部分内容原载黄华新、徐以中.预设的动态性和动态预设观[J].浙江大学学报(人文社会科学版),2007(5):35 - 42。

唇发出一个声音。杰克接着就跳过篱笆，爬上树，摘下苹果，把它带到琪儿那里，放在她手里。琪儿就这样吃到了苹果。"①布龙菲尔德从中提出了一个著名的公式来概括言语交际的全过程：

$$S \quad \overrightarrow{(1) \quad (2)} \quad r \quad \cdots \quad s \quad \overrightarrow{(3) \quad (4)} \quad R$$

可以看出，一个完整的交际过程涉及三个要素：说话人、听话人、特定的语境。基于整个交际过程，应该动态地分析预设现象：（1）着眼于说话人时，语用预设是说话人对言语环境所作的假设，对说话人而言预设是已知信息；（2）着眼于听话人时，语用预设是可以从断言中推断出来的那部分信息；（3）着眼于交际双方的过程视角时，语用预设可以看作是一种共知信息，这就意味着预设既涉及说话人，也涉及听话人，如果它仅涉及谈话的单方，无所谓共知。

需要说明的是，对预设概念应作动态分析，以往有些学者也已注意到了。如Saeed曾指出，可以从说话人的角度来看预设这一概念，并把预设看作是说话人对所要表达的信息的一些准备；或者也可以从听话人的角度来看，把预设看作是建立在说话人表达信息的基础上听话人对说话人意图所做的一种推论。② 但是，一方面，由于萨伊德（J. I. Saeed）的分析忽略了交际过程这一视角，所以该文仍未能彻底解释语用预设的内涵；另一方面，若想从根本上弄清预设的本质，还应认识到它也可以是新信息。

言语交际的过程本质上是一个信息传递的过程，预设也可以是新信息。可以把说话人传递的信息分为"预设信息＋断言信息"两部分。这里的"预设和断言"又分别可以看作两个不同的集合。

预设信息可以看作集合 P，即 $P = \{P_1, P_2, \cdots, P_n\}$，当然也可以是单元集：$\{p\}$断言信息可以看作集合 S，即 $S = \{S_1, S_2, \cdots, S_a\}$，当然也可以是单点集$\{S\}$。如果再把说话人需要传递的全部信息（即预设＋断言）看作集合 W，那么 W 实际上又处在一个更大的集合——语境 Z 中（包括语言环境和非语言环境）。

$$Z(W)/w = P + s$$

① 布龙菲尔德.语言论[M]. 袁家骅,赵世开,甘世福,译.北京：商务印书馆,1980：24.
② SAEED J I. Semantics[M]. Beijing. Foreign Language Teaching and Research Press & Cambridge Massachusetts. Blackwell Publishers Ltd. 2000：94.

这样,在集合 P 和 S 之间一般存在着对应关系:针对说话人,从集合 S 的信息中恰好可以推出 P 的信息;但对听话人来说则不同,他从 S 的信息中有时却不能完全推出 P 的信息,此时就需要说话人做相应的调整,让听话人明白自己的意思,也就是尽量让听者了解整个集合 W 的信息。请看下面的一个对话:①

例 3 - 15. Mother:Mary,do you like sandwiches for your breakfast?

Mary:Yes,I like it.

John:Mummy,sandwiches? What kind of food?

Mother:It's a kind of delicious food,made of two slices of bread with meat between,etc.

John:Well,I like it,too.

该对话中,母亲对 Mary 和 John 的预设量完全一样,然而只有 Mary 能理解,因此母亲不得不调整预设量以让 John 也能理解 sandwiches。在理想的交际中,说话人 A 的"预设＋断言"(P＋S)信息如果被听话人 B 正确理解,听话人 B 马上又会把理解了的断言作为自己说话的预设来进行交际,然后前面说话的人 A 又把他所理解的断言变成预设进行交际。可见,预设和断言在整个交际过程中是不断转换的过程,其转换模式如图 3 - 1 所示:

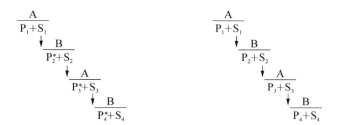

图 3 - 1　理想交际模式　　　图 3 - 2　非理想交际模式

图 3 - 1 刻画的是理想的交际状况,在这样的交际模式中,话语双方都能达成一种共识或默契。然而在实际交际过程中,不大可能一直这么顺利。有时听

---

① 刘国辉.言语交际中语用预设量的动态变化[J]. 四川师范学院学报(哲学社会科学版),2001(1):90 - 94.

话人从断言中并不能恰好推知说话人的预设（P*），这时听话人就会把自己对断言的理解（有时也可能是误解）作为进一步谈话的预设。按照这个过程发展下去，如果是比较极端的情况，交际双方就会越走越远，不可能达成一种共识。这就是日常生活中所谓两个人话不投机的状况，图3-2就是这种交际模式的反映。

实际上集合P的信息从说话人的角度还可以分为两个部分：一部分是基础信息或常识（background）Pa 这是他假定听话人可以通过断言部分推论出来的信息；另一部分是他想传达的信息 Pb 这是发话人的目的和意图。对发话人来说，他不愿意像断言那样直接传达这部分信息，而是想间接、含蓄地表达。请看这样一个对话：

例 3 - 16. A：Where is the cake?

B：Well，the dog looks happy.

在这个对话中 B 用"Well，the dog looks happy"来回答 A 的问话时，他的目的不是让 A 理解其断言信息，而是希望 A 能理解其意图"the dog has eaten the cake"。这个意图实际上也就是 A 在说话时的预设 Pb。在日常生活中，广告语的目的通常就是要使受众透过语言了解其意图。[①]

因此，从信息传递的角度而言，语用预设在功能上可分为两类：一类是发话人所假定的基本常识；另一类是发话人的意图，这是发话人希望听话人能从断言中推论出来的信息，它往往是新信息。本文把前者称为常规预设，后者称为意图预设。

$$语用预设（P）\begin{cases} 常规预设（Pa） \\ 意图预设（Pb） \end{cases}$$

以上两类预设的区分表明预设的研究需要突破以往静态分析的局限。基于动态视角来重新审视预设，它也可以是新信息。

更特殊地，我们以隐喻这一语境敏感的表达为例，来讨论预设的多层次性和动态性。一个显而易见的事实是，隐喻的字面义通常平凡为真或平凡为假，单纯

---

① PECCEI J S. Pragmatics[M]. Beijing：Foreign Language Teaching and Research Press，2000：23.

的字面义理解无法实现有效的信息传递,因此,达成交际意义上的隐喻理解必须基于一定的预设。隐喻预设有其自身的特殊性,它与字面表达中的预设相似,却又很难被规约到一般预设的某一类别中。首先,每个隐喻的预设都不是单一的,而是一个命题集。其次,隐喻语句由其本身,而非其中的某些词触发预设。另外,它介于语义预设和语用预设之间,一方面它直接影响真值条件,且具有相对稳定的结构;另一方面,它对语境有较高的依赖性,随着语境(包括会话主题、说话者的视角、情感、态度及认知等)的变化,同一隐喻语句的预设也可能发生相应的改变。

(1)隐喻概念作为预设

认知隐喻理论普遍接受这样的观点,认为隐喻语义的得到不是通过单个语词的替换,而是依赖于语词背后更完整的概念体系。虽然部分隐喻表达因为高频次的使用使得隐喻性的意义变为惯常的义项固定在语词中,但追溯这一义项的来源,仍然需要另一个概念所构建的认知框架。莱考夫和约翰逊(M. Johnson)在建立概念隐喻理论时使用了"隐喻概念"(metaphorical concept)这一术语来描述这种认知框架,[①]一个隐喻概念以"A 是 B"这一形式给出了源域、目标域,以及两个概念域之间的映射关系,解释了源域概念构造认知框架来理解目标域概念的思想过程。这种映射关系的建立大多能追溯到日常的亲身体验中反复出现的相对简单的经验,被称为意向图式(image schemes),[②]而由直接来自身体经验的、反复出现且相对简单的概念结构又能进一步组成复杂结构,最终形成有体系的概念系统。基于这些常识概念的认知,人们可以进行概念与概念间的联想,并做出偏好选择。

在日常表达情形中,隐喻概念通常作为一种认知惯例被人们普遍接受,不需要在隐喻表达中以字面形式出现,但它提供的信息是隐喻理解所必要的。对于那些隐喻概念不直接以隐喻表达的形式出现在语句中的情况,隐喻概念就成了预设。作为预设的隐喻概念决定了隐喻的理解方向,它是理解语句首先需要接受的前提,即使认为语句不成立,通常也会接受这一前提,改变隐喻概念会完全否定对隐喻语句的初始理解。即任给一个语句 φ,假设和它对应的隐喻概念预

---

① LAKOFF G. & JOHNSON M. Metaphors We Live By[M]. Chicago:University of Chicago press,1980:10.

② LAKOFF G. Women, Fire, and Dangerous Things:What Categories Reveal about the Mind[M]. Chicago:University of Chicago Press,1987.

设"A 是 B",则理解者可以对 φ 进行肯定或否定,但 φ 和 ¬ φ 都依赖于源域 B 所构建的认知框架,也就是两种情况下"A 是 B"都为真。如果对预设进行否定,该隐喻可能会退化成字面表达,或者理解者不接受 B 构成的认知框架,希望通过其他认知框架 C 来对 A 的特性进行凸显,此时,语句可以被视为一个潜在隐喻表达,当新的源域被给出时,它会成为一个新的隐喻表达。

一个与交际环境相匹配的隐喻概念是实现隐喻理解的前置条件。和一般意义上的预设相同,如果隐喻概念不被接受,表达就无意义。[1] 比如,如果不存在"人是机器"的隐喻概念,就无法理解"我已经连轴转了两天"这样的表达。这一点满足预设的恰当性特征和三值逻辑性质。此外,考虑会话本身,在一个理想的隐喻会话中,说话者基于相信听话者能接受隐喻概念的判断,即认为听话人有能力将两个概念域的内容联系起来,才会在表达中使用该隐喻。听话者在进行理解时也相信说话者是将两个概念进行联系后说出的表达,进一步,还相信说话者相信这一关联在自己的理解范围内。也就是说,隐喻概念应该被听说双方所认同,并且双方都知道对方认同,即隐喻概念是一个公共知识,满足预设的共知性特征。

(2) 源域内部的预设

但是,隐喻概念并不是隐喻语句的唯一预设。隐喻概念只给出了一个关于某一概念的共知性的认知框架,要实现隐喻理解还需要获得关于该框架中要素和关系的具体信息,这些信息需要由描述源域典型特征的命题提供。由于不同语境和不同认知主体对源域中的典型命题的选择可能不同,这些非共有的、未知的信息就被说话人作为预设隐藏起来。[2] 我们把一个概念域视为关于这一概念及其子概念的命题的集合,这类预设就是源域中的一个(或一组)命题。对于一个"A is B"为隐喻概念的隐喻表达,源域 B 内部预设的主要形式包括:① 对象 b 具有性质 β;② 对象 b,b′,…具有关系 β;③ 属性 β 具有性质 X;④ 属性 β,β′…具有关系 R。如"光阴似箭",这一隐喻表达存在着"箭具有向前高速飞行的性质"这样一个关于源域内部对象的预设,只有接受这一预设,才能正确理解这句话想要表达的"时光很快度过,一去不返"的意思。在该语句的否定中,这一预设也同

① 黄华新,徐慈华.隐喻表达与经济性原则[J].浙江大学学报(人文社会科学版),2006(3):22-28.
② 李蕊丽.隐喻与语用预设[J].江西师范大学学报(哲学社会科学版),2006(4):127.

样存在。

相比隐喻概念，源域性质预设有更强的语境依赖性。认知隐喻研究的基本观点认为，隐喻的认知目的是通过一个事物对另一事物的某些性质进行凸显。[①] 源域中的不同概念在源域构建的认知框架中地位不同，处于核心位置的对象和性质会被认知框架自然地加强。由于源域可以视为一个可数无穷多的命题构成的命题集，理论上任何命题都可能成为当前隐喻表达所基于的预设，具体选择哪个命题取决于交际语境和交际主体，所以这类预设有着较强的语境依赖性和较高的不确定性。比如，同样说一个人是一台机器，在褒义的语境环境中，可能是赞许他思维缜密、做事精细，而在贬义语境环境中，可能是指责他没有感情，或不懂变通。这些不同的隐喻理解所基于的认知机制都是将"机器"所拥有的典型性质迁移到目标"人"上，但因在不同语境中，处于核心位置的典型性质发生了改变。

综上，意向图式的常识性保证了隐喻预设的共知性，而图式的非唯一性则体现了隐喻预设的合适性、主观性和不确定性。对于一个被直接表达的隐喻语句，它存在两种不同类型的预设：

（1）隐喻概念"A 是 B"，记作 *pro 1*；

（2）源域内部的概念 b，b′，…有关系 β（当 β 是一元关系时，表达某一对象 b 有该性质），记作 *pro 2*。

pro 1 一般为单个命题，而 *pro 2* 是多个同类命题的集合。如对于例子"我正站在人生的十字路口"，它的 *pro 1* 为"人生是旅行"，*pro 2*"如果站在十字路口，则说明感到迷茫"。当 *pro 1* 和 *pro 2* 同时被接受时，达成对隐喻的理解，理解该隐喻想要表达的是"我对人生感到迷茫"；如果只接受 *pro 1* 不接受 *pro 2*，则理解者接受由源域构建认知框架，但其构建的框架中凸显的是源域的其他性质；比如听者认为，"十字路口"并不能典型地凸显"迷茫"而只能凸显"面临选择"，此时他仍然认可"人生是旅行"的隐喻概念，只是在同样由"人生"和"旅行"建立的跨域映射中选择了"面临选择"这一源域性质进行凸显。如果只接受 *pro 2* 不接受 *pro 1*，则语句只是一个关于源域概念的字面表达，它不是一个在线的隐喻认知过程，也与当前语境无关，在现代隐喻理论的研究中，这类隐喻被称为

---

① LAKOFF G, JOHNSON M. Metaphors We Live By[M]. Chicago：University of Chicago Press，1980：10.

非刻意性隐喻;这里,听者可能并没有产生对"人生是旅行"这一命题的判断,他只是自然地使用了"十字路口"的引申含义。如果 *pro 1* 和 *pro 2* 都不被接受,则这是一个字面表达,或者一个由其他隐喻概念构成的隐喻表达。

那么隐喻预设在投射上又有哪些特点? 从预设投射问题的角度来看,经典的预设判定方式"否定性测试"本质上就是要求小句的预设能被投射到否定复合句中。

例 3‑17. (a) 当今法国国王是秃头。

(b) 当今法国国王不是秃头。

(c) 当今法国国王不是秃头,事实上,法国现在没有国王。

将(a)嵌入否定表达得到(b)时,(a)中"现在有法国国王"的预设在(b)中保留,(c)中进一步对预设本身做出了否定,才阻止了该预设投射到整个复合句,(c)不再以"现在有法国国王"为预设。而如之前所述,一个隐喻语句存在隐喻概念、源域内部的惯常认知这两种不同层级的预设,所以在取消难度上高于一般预设,且不同层级的预设在取消难度上也不同,因此,隐喻预设投射通过和受阻的情况也较一般语句的预设更为复杂。从预设投射的角度看,隐喻预设和一般预设一样,都能在嵌入否定语句中时投射到复合句中,成为整个否定句的预设。如果要阻碍预设投射,需要一个新的小句直接对预设本身进行否定。

首先看隐喻概念预设的取消。当一个隐喻语句直接以"A 是 B"的形式表达出来,我们可以认为该语句的隐喻概念和隐喻表达同构,此时,对语句的否定即使否定隐喻表达也是否定隐喻概念,但仍然不一定取消语句的隐喻属性。

对隐喻概念进行否定时,存在两种情况:一种情况下,理解者仍然在该框架下考虑概念的映射,对隐喻概念的否定实际上是表达其中建立的映射关系不合理;另一种情况则是完全否认该框架的合理性,后者才真正取消了隐喻概念所构成的预设,但多数对隐喻概念进行否定的是前者的情形。如对上例的隐喻概念"人生是旅行"进行否定,称"人生不是旅行"。这一断定可能出于两种考虑:一种是认为"旅行"概念所凸显的性质不是"人生"所具有的,理解者可能认为,旅行是轻松愉快的,而人生充满艰难险阻,因此人生不是旅行,而是修行。这种情况下对隐喻概念的否定仍然是基于"旅行"概念的认知而做出的,因此并不完全构成该预设的取消。另一种认为"人生"指的是人从出生到死亡的时间区间以及这一时间内的经历,和"旅行"这一活动是完全不同的两个概念,因此"人生"不可能是"旅行",这一理解方式对预设的取消是完全的,同时也取消了语句的隐喻属性。此时,由于理解者并没有接受两个概念域的关联,关于源域的知识也就不被其纳入当前认知,因此说话人基于该隐喻概念做出的隐喻表达无所谓真假。

然后来看源域性质预设的取消。和隐喻概念预设一样,源域性质预设也不能通过简单否定隐喻语句来取消。即使当前隐喻语句和一个否定源域性质的表达构成一个合取形式的复合命题,表明理解者不接受隐喻概念预设,也不接受当前凸显的源域性质,源域性质预设仍然能够通过,构成全句的预设。要取消这一预设必须直接给出源域中的某概念不具有某性质的命题。例如:

例 3 – 18. (a) 我们正站在人生的十字路口。
　　　　　 (b) 我们没有站在人生的十字路口。
　　　　　 (c) 人生不是旅行,我们也没有站在(人生的)十字路口。

对于隐喻表达(a),其 *pro 1* 为"人生是旅行",*pro 2* 为"在这十字路口意味着迷茫",隐喻含义为"我们正处于人生的迷茫期"。对语句进行否定,得到(b),(a)中的两个预设都能投射到(b)中。在复合句(c)中,后一个小句存在 *pro 1* 和 *pro 2* 两个预设,但前一个小句对 *pro 1* 本身进行了否定,所以对复合句整体而言,*pro 1* 被阻碍,无法上升到主句,而 *pro 2* 可以通过。即说话人不认为"旅行"概念适用于理解人生,但并不意味着他不认可"站在十字路口意味着迷茫"。

由此也可以看出,对一个隐喻语句的否定会产生两种不同的效果:一种为跨域的否定,它否定的是目标域具有源域凸显的性质,或者目标域可以用源域进行讨论;另一种非跨域的否定,否定的不是整个认知框架,而是目标性在该认知框架中被凸显。从隐喻真值条件判定的角度看,如果取消隐喻概念预设,则语句不被接受为隐喻表达或当前源域不被认可为认知框架;如果取消源域性质预设,则不接受该隐喻含义;如果不取消预设,只对语句做出否定,则对应于隐喻所传达的信息与实际情况不一致。

3.1.5　预设的形式刻画

形式语义学中,海姆在 1983 年发表的《预设的投射问题》被认为是动态语义讨论预设问题的经典。在这篇文章中,她定义了"语境转化潜力"(context change potential,CCP),并将此作为底层机制给出了解释预设投射的规则。[①] 动态语义学持一种内涵语义理解方式,认为语义是改变信息的方式。语义是一个关于如何用新信息更新一个现存语境的指令,通过这个指令,现有的文本(text)或话语(discourse)片段作为输入对现有语境进行更新,得到一个新的语境。也就是说,语境转化潜力是一种对语境转化过程进行凸显的机制,语境是理解当前语句语义的前提,它为语义解释提供必要信息的信息状态,新语句把命题和语境结合,得到所有满足命题的可能世界的交集。

从技术上看,一个语句的语义不是命题(或者说是可能世界集),而是将当前语境映射到语义作用后得到的新语境的函数 $f: \wp(W) \rightarrow \wp(W)$。语句的 CCP 和该语句所表达的命题之间的关系为,假设 c 在 w 中为真,且 c 承认语句 S,则 S 相对于语境 c 在 w 上为真,当且仅当 c+S 在 w 上为真。如果当前语境 c 不承认语句 S,则 c 在最小改变下转变为接受 S 的 c'。同理,预设也具有语境转化潜力,A 预设 a 当且仅当 A 只在满足 $c \models a$ 的语境 c 中才能被恰当地断言。[②] 一个预设为 p 的语句 S,首先能将语境从 c 转变为 c∩p。在此基础上对每个联结词的预设投射规则分别进行了定义,就将预设投射问题就转化为讨论哪些条件由小句语义对语境来制约,哪些条件由复句语义来制约。此后罗斯柴尔德(D. Rothschild)进一步完善了该方案,通过定义转写规则,罗斯柴尔德给出了适应不同联结词的统一规则。

首先,罗斯柴尔德通过分别定义语句和 CCP,在技术上区分对语境的表达和作为会话的表达。其中语句用于表达关于语境信息的命题,CCP 用于表达实际的人类语言。语言的递归定义如下:[③]

---

① HEIM I. On the Projection Problem for Presuppositions[C]//BARLOW M, FLICKINGER D, WESCOAT M T. Proceedings of the Second West Coast Conference on Formal Linguistics. Stanford: CSLI, 1983: 114 - 125.

② $c \models a$ 指 c 衍推 a,即任意满足 c 的可能世界中 a 为真。

③ ROTHSCHILD D. Explaining Presupposition Projection with Dynamic Semantics[J]. Semantics and Pragmatics, 2011, (4)3: 1 - 43.

（1）a,b,c,…是原子语句。

（2）A,B,C,…是原子 CCP。

（3）CCP 由如下方式递归定义：

　　（a）所有原子 CCP 是 CCP；

　　（b）如果 φ 和 ψ 是 CCP,则 $\neg\varphi,\varphi\wedge\psi,\varphi\vee\psi,\varphi\to\psi$ 是 CCP。

（4）复杂语句集由如下方式递归定义：

　　（a）所有原子语句是语句；

　　（b）如果 α 和 β 是语句,则 $\alpha\wedge\beta,\alpha\vee\beta,\alpha\backslash\beta$ 是语句；

　　（c）如果 α 是语句,φ 是 CCP,则 $\alpha[\varphi]$ 是语句。

该语言可以表达复杂语境信息、自然语言表达的复合命题,以及自然语言对语境的更新。

对于该语言的语义解释,解释本质上是一个三元组$<W,S,C>$。其中 W 是所有可能世界的集合,S 是原子语句集到可能世界集的函数,输入一个原子语句,得到满足语句的可能世界的集合。C 是原子 CCP 集到部分函数 f 的集合的函数,输入一个原子 CCP,输出一个实现语境转化的函数。$<W,S,C>$也可以用解释函数 I 来替代。令 α 为任意语句,φ 为任意 CCP,称 I 是 α 的一个解释函数：

$\|\alpha\|_I\in\wp(W)$,它是满足 α 的可能世界的集合；

$\|\varphi\|_I=f:\wp(W)\to\wp(W)$,是从一个可能世界集到另一个可能世界集的函数。

实际表达作为语境的函数,在结合给定语境后的语义解释为：$\|\alpha[\varphi]\|_I=\|\varphi\|_I(\|\alpha\|_I)$且规定 $\|\alpha[\varphi]\|_I$ 有定义,当且仅当 $\|\alpha\|_I$ 和 $\|\varphi\|_I$ 有定义,且后者定义的世界集包含于前者的世界集。"语句是可定义的"是得到语义的前提,通过这一定义,可以确保语句可以被理解的语境都是满足预设条件的,这也是预设作为理解前提的基本特征。因此,在该模型中,一个表达的语义是一个从满足预设的当前语境映射到被表达更新的新语境的转化机制。

如上所述,该语言还允许复杂语句和复杂 CCP 的存在。语句是可能世界的集合,表达对语境的描述和制约。通常,语境被认为是一种背景知识,不涉及推理,因此复杂语境的语义可以分为三种基本情形：（1）两个背景知识集进行联合,即并运算；（2）两个背景知识集取共有知识,即交运算；（3）从一个背景知识集删除关于另一个背景知识集的内容，即差运算。语句复合表达式的语义可以以如下方式递归定义：

$$\|\alpha \wedge \beta\|_I = \{w: w \in \|\alpha\|_I\} \text{且} \{w: w \in \|\beta\|_I\}$$

$$\|\alpha \vee \beta\|_I = \{w: w \in \|\alpha\|_I\} \text{或} \{w: w \in \|\beta\|_I\}$$

$$\|\alpha \backslash \beta\|_I = \{w: w \in \|\alpha\|_I\} \text{且} \{w: w \notin \|\beta\|_I\}$$

而 CCP 的实体对应物是以自然语言形式呈现的命题，因此，复杂 CCP 表达式就对应于人们所使用的复合命题。罗斯柴尔德给出如下对复杂 CCP 公式的规约的递归定义，以此处理海姆针对每种联结词的预设投射规则：

$$\alpha[\neg \varphi] = \alpha \backslash \alpha[\varphi]$$

$$\alpha[\varphi \wedge \psi] = (\alpha[\varphi])[\psi]$$

$$\alpha[\varphi] \vee \psi = \alpha[\varphi] \vee (\alpha[\neg \varphi])[\psi]$$

$$\alpha[\varphi] \rightarrow \psi = \alpha[\neg \varphi] \vee (\alpha[\varphi])[\psi]$$

上述方案对不同联结词的预设投射现象做出了相对统一的描述，预设的组合或受阻就是表达对语境做出的改变。同样地，隐喻的预设投射问题也可以在该框架下进行讨论。将隐喻语句嵌入一个复合语句中，相当于对当前语境进行转化的 CCP 是复杂形式。但罗斯柴尔德的方案只处理了复杂语境和复杂 CCP，即复合语句对语境的更新，预设的制约效果只体现在"语句有定义"的定义上，该定义无法体现单一预设和复杂结构预设之间的区别。而如上文所述，隐喻语句的语义不是完全由词汇语义组合而成的，其非字面义的形成需要不同层级上的多个预设来支持。如果我们将隐喻语句作为一种 CCP 对满足预设的语境进行更新，就无法单纯描述语句本身的更新效果，而要增加对相应的隐喻概念和源域性质特征的考虑。

如果按上述方式给出隐喻表达式 φ 的语义，则 φ 是一个函数 f，满足：$c[\varphi] = f(c)$，使得 $f(c)$ 有定义且 $f(c) = c \cap \{w \in c: w \in \|\varphi\|_{LIT}\}$（其中 $\|\varphi\|_{LIT}$ 表示 φ 的字面义）。根据定义，$f(c)$ 有定义，当且仅当 c 是满足"A 是 B"且"B 中的概念 b 具有某性质 β"。但显然，现实中，A 和 B 是两个相对独立的概念域，将两者等同不符合实际：

$$c \cap \|A \text{是} B\| = \varnothing$$

即使允许 c 为一个仅存在于认知中的语境,该语境满足"A 是 B"且满足"B 中的概念 b 具有某性质 β"仍然无法处理隐喻概念和源域性质处于不同层级的问题。因此,我们考虑将隐喻概念移到表达层面,而将源域性质保留在语句的预设层面,来描写隐喻的语义。

根据上文论述,隐喻的两类预设处于不同层级。这里,令一个隐喻表达式为 ψ,其对应的隐喻概念 φ,两者都视为表达层面的 CCP,而源域性质仍然作为 ψ 的预设,只通过可定义性对语境做出制约。此时,隐喻语句的语义为 $c[\varphi] \to \psi$。也就是说,尽管隐喻表达可能是一个简单句,但作为 CCP 时,它仍然是一个复杂 CCP。根据 $c[\varphi] \to \psi = \alpha[\neg\varphi] \vee (\alpha[\varphi])[\psi]$,在对当前语境产生影响时,语境如果接受隐喻概念的更新,则隐喻语义为 $(\alpha[\varphi])[\psi]$,说明语境接受隐喻概念的更新,继而隐喻表达在该认知框架下进行更新,给出更明确的信息来凸显框架中的部分性质,并将其转移到目标域对象上。如果语境不接受该隐喻概念,则被隐喻概念的否定更新,对应的隐喻语义为 $\alpha[\neg\varphi]$。更新后,语句退化为一个平凡为真或平凡为假的字面表达,或一个等待构建新的隐喻概念的潜在隐喻表达。

这样,我们可以对隐喻语句嵌入更大的语句中时不同的隐喻投射现象作出统一的解释。

例 3‑19.（a）（对人生而言,）这场旅行一路风景。

　　　　（b）人生的旅行一路风景。

　　　　（c）人生的旅行并非一路风景。

　　　　（d）（对人生而言,）我不相信这场旅行会一路风景。/我不相信人生的旅行会一路风景。

　　　　（e）如果人生是旅行,那么会有一路风景。

　　　　（f）人生的旅行并非一路风景,事实上,人生就不是旅行。

（a）预设了隐喻概念"φ：人生是旅行",以及源域性质"ψ：风景是让人愉快的事物"。（b）中以一个定中结构的名词短语的形式给出了源域和目标域,预设与（a）相同。（c）到（f）分别嵌入否定句、认知模态语句、条件句和联言句。其中

(a)到(c)中,两个预设都能投射到全句,(e)和(f)中,φ 的投射被阻碍,只有 ψ 成为全句的预设。

根据上述处理可以描述这一差异。上述处理中,隐喻概念作为命题进行判断,(a)到(d)首先承认了隐喻概念。用 c 表示语境,p 表示"人生的旅行一路风景",则 ¬ p 表示否定命题"人生的旅行并非一路风景"。这些隐喻表达对应的隐喻概念为"人生是旅行",将该隐喻概念预设被提取出来作为独立的 CCP,记作 φ,则:

$\|φ\|=f$,当且仅当任何可能世界集 W,$f(W)=\{w\in W: w$ 上人生可以用旅行来认知$\}$

$\|p\|=g$ 使得 $g(W)$ 有定义,当且仅当 W 是所有满足"一路风景代表值得珍惜的美好事物"的世界的集合,且 $g(W)=W\bigcap\{w\in W: w$ 上人生很美好$\}$。

(a)到(d)都选择了$(c[φ])[p]$或$(c[φ])[¬ p]$的更新方式,其中:

$(c[φ])[p]$

$=g(f(c))$

$=\{w\in W: w$ 上人生可以用旅行来认知且它是美好的$\}$,且集合中的任意 w 上"一路风景代表值得珍惜的美好事物"。

$(c[φ])[¬ p]$

$=c[φ]\backslash c[φ](p)$

$=f(c)\backslash g(f(c))$

$=\{w\in W: w$ 上人生可以用旅行来认知但并不美好$\}$,且集合中的任意 w 上"一路风景代表值得珍惜的美好事物"。

即当 φ 对初始语境 c 进行更新后,新语境 $c[φ]$ 中"人生的旅行"是可接受的概念,然后该语境进一步被"p:一路风景"或其否定"¬ p:并非一路风景"更新,由于 ψ 是 p 和 ¬ p 的预设,$(c[φ])[p]$或$(c[φ])[¬ p]$得到的是满足预设"风景代表好的事物"制约的那些可能世界中筛选出满足或不满足"人生美好"的情境。

但(e)嵌入的是一个条件句,条件的真假不确定,因此允许存在隐喻概念为假的情况,当语境 c 被 ¬ φ 更新时,新的语境就不会包含隐喻概念 φ,隐喻概念被取消,当然这不影响 ψ 作为 p 的预设继续存在。同理,(f)将(b)嵌入合取命题,且引入的合取支对隐喻概念进行了否定,新的小句加入时,更新操作为:

$$((c[\varphi])[\neg p])[\neg \varphi]$$

$$= (c[\varphi] \backslash c[\varphi](p))[\neg \varphi]$$

$$= (c[\varphi] \backslash c[\varphi](p)) \backslash (c[\varphi] \backslash c[\varphi](p))[\varphi]$$

$$= (f(c) \backslash g(f(c))) \backslash f(f(c) \backslash g(f(c)))$$

$= \{w \in W: w$ 上人生不能用旅行来认知且它并不美好的$\}$,且集合中的任意 w 上"一路风景代表值得珍惜的美好事物"。

此时语境 c 同样经过 $\neg \varphi$ 更新而使得隐喻概念被取消。

3.2 会话含义与言语行为

3.2.1 会话含义

日常交际中,人们的语言表达远比语句的字面义丰富,因为在一定的规则和具体的语境影响下,语句往往能够表达超出句意的信息。

美国语言哲学家格莱斯(H. P. Grice)于 1967 年在哈佛大学的一系列演讲中提出了会话含义(conversational implicature)理论。他指出,在言语交际过程中,说话人所说出的话语一般表达两种意义:一种是话语中的语词和语句所表达的字面意义,另一种是说话人通过话语所含蓄地表示的意义。格莱斯称后者为会话含义。例如:"今夜月色真美"这句话最早出自日本小说家夏目漱石的代表作《我是猫》,单看这句话,本身只是一个关于天气的陈述,然而,在近几年中它开始在网络中广为传播,经常被看作是一种表达好感的委婉说法。"今夜月色真美"就可以作为这样的一种话语,就像是在间接地说:"我喜欢你,愿意和你一起享受这美好的夜晚。"这种通过隐晦含蓄的方式所表达的意义就是会话含义,即所谓的弦外之音、言外之意。

为了实现这种言外之意的理解,人们需要有意或无意地遵守着一条基本原则,即"在参与交谈时,根据你所参与交谈的目的或方向的改变而提供适切的话语"。[①] 人们在谈话中总有一个共同接受的谈话目的。在谈话的各个阶段,也可

---

① LEVINSON S C. Pragmatics[M]. Cambrige: Cambrige University Press, 1983: 101.

以有各个阶段的谈话目的。在每一次谈话的各个阶段中,交流双方都应当根据谈话的目的和要求作出各自的努力,这就是合作原则。

为进一步给出合作原则更准确的内容,格莱斯仿效德国哲学家康德划分量、质、关系和方式四个范畴的方法,相应地提出了体现合作原则的四条准则,即量准则、质准则、关系准则和方式准则。[①]

(1) 量准则(The maxim of Quantity)

(a) 尽可能多地提供谈话目的所要求的信息;

(b) 不要提供多于谈话目的所要求的信息。

数量准则规定了说话人的话语所提供的信息量尽可能不多也不少,恰好与交谈的目的应当一致。比如,有人问你:"今天几点了?"你回答"2019 年",这显然没有提供足够的信息。而如果你回答"现在是 2024 年 4 月 9 日星期二 0 点 40 分 51 秒",这又提供了太多的信息,都违背了量准则,更为恰当的回答应该是具体的时间点,如"12 点 40 分"。

(2) 质准则(The maxim of Quality)

(a) 不要说自知为虚假的话语;

(b) 不要说缺乏充分根据的话语。

质准则规定了话语的真实性,要求说话人只说自己相信其为真的话语。比如你在和一个朋友聊天,他问你:"你昨天去了哪里?"你回答说:"哦,我昨天驾驶我的私人飞船去了火星打了个篮球赛然后又回来了。"在当今的技术条件下,这显然是不现实的,就是一个违反质准则的情况。

(3) 关系准则(The maxim of Relevance)

关系准则规定了话语应当切题,不说与交谈目的无关的话。

例 3‐20. A:你知道现在几点钟吗?

B:邮件已经来过了。

B 的答话本身并没有回答 A 的问题,如果没有任何共有的背景知识,B 就显

---

① GRICE P. Meaning[J]. The Philosophical Review,1957(66):377 - 388.

得答非所问,违反了关系准则。但如果 A、B 两人都知道邮件一般是什么时间来的,A 就可以估计出大致的时间。而这也正是 B 对 A 的提问的回答。

(4) 方式准则(The maxim of Manner)

(a) 避免晦涩;

(b) 避免歧义;

(c) 应简练;

(d) 应有条理。

方式准则要求话语应当清晰、准确、简明扼要。假如你问我:"你今天做了什么?"我回答说:"嗯,早上的时候,我准备了一杯咖啡,那是我最爱的哥伦比亚咖啡,然后我为狗狗准备了早餐,它真的非常喜欢狗粮,吃得津津有味。对了,我还翻看了一下新的菜谱书,里面有我最喜欢的川菜。然后,我不期然地想起了上个月和朋友们在四川旅行的日子。真是太美妙了……"这样的回答缺乏清晰和有序,话题跳跃,使得听话的人不容易捕捉到你真正的意思,即你今天做了些什么。这就违反了格莱斯的"方式准则"。更恰当、更符合"方式准则"的回答应是清楚、简洁并有顺序的,比如:"今天早上,我先喝了一杯咖啡,然后喂了狗狗。中午我看了些新菜谱,研究了一下我喜欢的川菜。"

合作原则及其准则在保证交际顺利进行方面有着基本而重要的作用,正如格莱斯所类比的那样:如果你正协助我修理一辆自行车,我希望你的贡献比所需要的既不多又不少;例如,在特定的时刻,如果我需要四个螺丝钉,我希望你递给我的恰好是四个而不是两个或六个。我希望你的贡献是名副其实的而不是假装的。如果你正协助我做蛋糕,我需要用糖来作配料,我不希望你递给我盐;如果我需要一个勺子,我不希望拿到一把橡胶做的假勺子。我希望合作者的贡献在交往的每个阶段都合乎即刻的需要;如果我正在为制作蛋糕调制配料,我不希望你递给我一本有趣的书,或甚至递给我一块灶布(尽管这在以后的阶段可能是一种合适的贡献)。我希望合作者清楚他正在做出怎样的贡献,并且用适当的速度完成他的行为。[①]

格莱斯对会话含义的定义是在合作原则的基础上给出的。当说话人愿意遵

---

① 格莱斯.逻辑与会话[C]//马蒂尼奇.语言哲学.北京:商务印书馆,1998:303.

守合作原则,却故意违反其中的准则,且希望对方知道这一点,听话人借助于谈话的语境,通过语用推理了解到说话人所要表达的真正意图时,会话含义就产生了。具体定义如下:

一个说话者 S 说出话语 p 却暗含话语 q,当且仅当:

(a) S 被假设是遵守合作准则的或至少是遵守合作原则的;

(b) 要使 S 说的话语 p 不和(Ⅰ)矛盾,就要求假定 S 认为 q;

(c) S 认为听话者 H 有能力推算出或者直观地了解(Ⅱ)。

下面的几个例子可以说明这一点:

例 3 - 21. 宝宝在找他没吃完的半条鱼,着急地问:"妈妈,我的鱼呢?"
妈妈指着桌下的猫咪说:"你看,它多开心。"

宝宝和妈妈谈话的目的是:宝宝想找到剩下的半条鱼。根据妈妈说的话语,又根据关系准则,宝宝认为,妈妈这句话语必是和鱼有关,于是得出妈妈说这句话语的会话含义是:鱼一定是被猫咪偷吃了。

例 3 - 22. 儿子很粗心,数学考试时把 10 看成了 100,把"＋"看成了"×",以至于考试不及格。爸爸看了哭笑不得,说:"你真细心!"

显然,爸爸这句话说的不是实情,儿子一听就知道爸爸是故意违反质准则说了反话,委婉地表达了这样的会话含义:你怎么那么粗心。

例 3 - 23. 在班会上,同学 A 炫耀地说:"今天,我爸爸是开着宝马送我来的。"同学 B 是同学 A 的好朋友,他马上小声对 A 说:"你等会儿要去图书馆吗?"

A 在大庭广众之下炫耀自己家庭条件,B 认为不是很合适,但是如果直接指出的话,会使 A 没面子,出于好朋友的良苦用心,他只好有意说出一句无关的话语,以便将话题引开。因此,B 的会话含义是:A 的话语是不合适的。

例 3 – 24. 妻子："I want to see a film，do you?"

　　　　　丈夫："好吧。Wait me for a minute."

　　妻子用英语表达了想去看电影的愿望，丈夫也用英语表示同意。他们违反了方式准则"避免晦涩"，表达了这样的会话含义：不要让孩子听出来，我们可以单独行动。

　　显然，会话含义在日常的表达中非常常见，在交际双方都有合作意愿且背景信息充分的情况下，人们并不会就一句话展开相去甚远的会话含义解读。恰当地使用和理解会话含义，是沟通中重要的技巧。格莱斯指出，会话含义具有如下五大基本特征：

　　（1）可取消性（cancellability）

　　它是指如果在原来的话语前或后附加一些条件，原话语的会话含义便会被取消。如：

例 3 – 25. 小李家有一辆高级轿车。

　　根据量准则，具有含义"小李家只有一辆高级轿车"，但如果我们在后面附加一个如果从句而成为"小李家有一辆高级轿车，如果不多说的话"的话，这个含义就会被取消。

　　（2）不可分离性（non-detachability）

　　会话含义源于话语的语义而非语形，故用同义词替换话语中的某些词，不会改变原来的会话含义（除方式准则外）。如：

例 3 – 26. 李明是个天才。

　　A：李明是个特别聪明的人。

　　B：李明是个充满智慧的人。

　　C：李明是个智囊。

　　D：李明是个智商特高的人。

我们用 ABCD 四个说法可以很好地代替"李明是个天才",产生基本相同的会话含义。

（3）可推导性（calculability）

听话人根据话语的字面意思和合作原则以及说话时的情景，可以推导出说话者的会话含义。莱文森（S. C. Levinson）将其总结为：

说话人 S 说了话语 P 具有会话含义 Q，当且仅当：

（a）S 说了 P；

（b）没有理由认为 S 不遵守准则，或至少 S 会遵守合作原则；

（c）S 说 P 而且又要遵守总原则或某准则，因此 S 必定另想表达 Q；

（d）S 知道而且双方皆明白：如果 S 是合作的，那么一定假设 Q；

（e）S 没有采取任何行为阻止听话者作 Q 的理解。

因此，S 是想要听话者做 Q 的理解，即 S 说话语 P 的意图是传达含义 Q。

例 3-27. A：一起吃饭好吗？

B：我身体不舒服。

虽然 A 问的是"能否一起吃饭"，但 B 却回答"身体如何"，违反了相关准则，但没有理由认定 B 是不遵守合作原则的：

（a）B 这样说了而且又是遵守合作原则的，因此 B 一定另有他意；

（b）B 知道而且 A 也知道：如果 B 身体不舒服，就需要休息，也就不能应约；

（c）B 没有阻止 A 作这样的理解。

因此，B 说"我身体不舒服"的会话含义是："我需要休息，所以不能应约。"

（4）非规约性（non-conventionality）

会话含义并非靠语言系统规定的，而是来自说话人和听话人根据会话情境和常识等进行推理的结果。所以会话含义具有一定的灵活性和不确定性，是主观的，不是由语言规则决定的。主要表现为两点：

（a）会话含义不是字面意义，是产生于字面意义之后，是随语境不同而变化的；

（b）会话含义的真假值不受话语命题的真假影响。

比如,你和朋友一起看一场足球比赛,当比赛结束后,你和你的朋友说:"真是一场好比赛。"从字面上理解,你的话可能表示你认为这场比赛很精彩。但在特定的语境中,如你朋友支持的队伍输了,你说这句话的真正意思可能是要安慰你的朋友,即使喜欢的队伍输了,但这场比赛仍然很精彩,球队的努力是值得称赞的。又或者你和你的朋友打赌某支球队会赢,结果猜错了,此时你说的"好比赛"并不是真的认为比赛好,而可能是一种发泄不甘的表达。

所以这个"好比赛"词组的含义并不完全取决于语言本身的规则,也与命题本身的真假无关,而在很大程度上是由语境和说话者的意图决定的,这就是非规约性的体现。

(5)不确定性(indeterminacy)

具有单一意义的词语在不同的语境中可以产生不同的含义。如说"天气真好",既可以表达"我们出去玩吧"的意思,也可表达"可以晒被子、洗衣服了"的意思,更可以是交际双方无话可说时的一句寒暄,没有具体意思,仅仅是随意言谈,打发时间罢了。

我国学者周礼全认为,一个语言形式的意义,就是根据语形、语义和语用的规则和交际语境,语言的使用者应用这个语言形式所表达或传达的思想感情。他强调命题、命题态度、意谓和意思这四层意义中,后者比前者具体,是由前者和一个新因素所构成的有机整体;前者比后者抽象,是后者这个有机整体中的一个因素。只有"具体命题"的意思才是语言实际中完整的和真实的意义。周礼全在评述了格莱斯的隐涵理论之后,提出了一组扩充的合作准则和一个新的隐涵定义。[①] 作者给出的五条合作准则是:① 真诚准则;② 充分准则;③ 相关准则;④ 表达准则;⑤ 态度准则。这五条准则涉及谈话的两个方面,一方面涉及话语所表达和传达的内容;另一方面涉及谈话本身,或者说,涉及话语的表达方式。

周礼全的隐涵理论同格莱斯的理论相比有众多的不同之处。首先,最重要的是格莱斯所说的合作准则只限于直陈话语,而周礼全的理论则明确地包含了命令话语和疑问话语的合作准则以及它们的隐涵。其次,格莱斯认为,由美学

---

① 参见周礼全.逻辑——正确思维和有效交际的理论[M].北京:人民出版社,1994:439-448。

的、社会的或道德的原则得出的隐涵是非说话隐涵，而这种区别在格莱斯的理论中是混淆不清的。周礼全取消了这种区别，并明确地把礼貌准则增添到合作原则中去，使得合作原则也明确地包含了美学的、道德的和社会的合作准则。周礼全关于意义的理论，从语境到四层次理论再到隐涵，一以贯之，表现了理论的新颖、严密和系统。

格莱斯会话含义理论是语用学理论的革命，但也遭到了批判和修正。莱文森将根据四准则推导出会话含义的观点称为"格莱斯怪圈"，[①]这一怪圈使得对话语理解中涉及的语言意义与语用推理之间产生了不可避免的循环或相互依赖。就此，新格莱斯和后格莱斯会话含义理论分别提出了不同的解决方案。

新格莱斯学派从根本上继承了格莱斯对话语意义的划分以及合作原则，但也提出了一些批判性修正，形成了"新格莱斯会话含义理论"。其中最具代表性的是霍恩(L. R. Horn)提出的推导含义的"二准则"及"等级会话含意"理论，[②]以及莱文森提出了会话含义推导的"三原则"。霍恩将可能产生歧义的会话含义，如量词的词典定义，进行了排序。这种排序被称为"霍恩等级"(Horn Scale)。

"等级会话含意"是语用学家拉里·霍恩提出的一个理论，该理论基于格莱斯的合作原肯定式霍恩等级定义为，存在一个语言词项序列$<X_1, X_2, \cdots, X_n>$，$S(xi)$，单方面蕴含$S(xj)$，S是随机的复杂句子框架，$X_1>X_2$，并且$X_1, X_2, \cdots, X_n$满足下面两个条件：

(a) 两个词项的词类相同，来自相同语域；

(b) "关涉"相同的语义关系或来自同一语义场。

以一组频率副词〈总是，常常，有时，偶尔〉为例，四个词项的词汇化程度相当，都关涉频率，来自同一个语义场。"总是"在语义上比"常常"强，而后者比"有时"强，语义上强度相对最低的是"偶尔"。一个包含"总是"的句子蕴含一个包含

① LEVINSON S C. Presumptive Meanings: The Theory of Generalized Conversational Implicature [M]. Massachusetts: MIT Press, 2000: 186-187.
② HORN L R. Toward a New Taxonomy for Pragmatic Inference: Q-based and R-based Implicature [M]//SCHIFFRIN D. Meaning, Form and Use in Context: Linguistics Applications. Washington, DC: Georgetown University Press, 1984: 102.

"常常""有时""偶尔"的句子,包含"总是""常常""有时"的句子都蕴含带有"偶尔"的句子,反之则不成立。

与之相应,对于每一个肯定式霍恩等级$<X_1, X_2, \cdots, X_n>$,都会有对应的否定式霍恩等级$<\sim X_n, \cdots, \sim X_2, \sim X_1>$,这种对应与否定是否词汇化无关。例如,肯定式霍恩等级$<$some,many,most,all$>$,否定后得到$<$not some,not many,not most,not all$>$,即$<$none,not many,not most,not all$>$。

根据霍恩等级,人们在交际中倾向于使用表述更为明确、更不具歧义的表达方式,也就是在霍恩等级上处于较低位置的那一项。换句话说,如果说话者选择了一个在霍恩等级上位置较高的表述方式,听话者通常会根据语境推导出一些额外的含义。例如,当说话者选择使用"一些"时,听话者可能会推断说话者并没有说"所有",以此来理解说话者的真正意图。

在此基础上,霍恩借鉴了齐普夫(G. K. Zipf)的"省力原则"(Principle of Least Effort);即说话人的表达须简明而易懂;听话人的回复须简要而明确,提出了数量原则(Q-principle)和关系原则(R-principle)来简化了格莱斯的四准则。

(1) Q 原则:下限原则,诱发上限会话含义

(a) 要使你的话语充分(参照第一数量次准则);

(b) 说得尽可能多(在符合 R 原则的前提下)。

(2) R 原则:上限原则,诱发下限会话含义

(a) 说出的话语应是必要的;

(b) 不说多于所要求的话(在符合 Q 原则的前提下)。

Q 原则中,说话人说出话语 P 时,就为听话人提供了一个理解话语的上限,即说话人说出"……p……"时,就隐含"……最多 p……"。而 R 原则提供了听话人理解话语的下限,当说话人说出"……p……"时,其会话含义是(据说话人所知)"……不止 p……"。

例如,一个人介绍说"这是我母亲的丈夫",[①]如果谈论对象是说话人的父亲,原本可以用无标记的"这是我的父亲",但说话人选择使用有标记(即多少不符合常规)的语言表达"这是我母亲的丈夫",违反了数量准则(提供了不必要的

---

① HUANG Y. Pragmatics[M]. Oxford: Oxford University Press,2007:44 - 49.

信息)。那么,说话人要传递的信息是"这是我的继父"。

此后,莱文森又在吸收了格莱斯和霍恩理论的基础上,进一步提出了会话三原则,其每条原则分别从说话人和听话人的角度做出了含意推导说明。[①] 他还提出实现量化等级会话含义的推导范式。

(1) 量准则(Q 原则)

说话人准则:不要让你的陈述在信息上弱于你认识允许的程度,除非较强的陈述同信息原则抵触。即不要说少于要求的话。

受话人推论:相信说话人提供的已经是他所知道的最强信息,即说话人未说的话都是不成立。

因此,一方面说话人说 A(W),而<s,w>形成"霍恩等级关系",即括号内词语的信息强度按先 S(强)后 W(弱)次序排列,A(s)⊢A(w),则可推导出 K~(A(s)),即说话人知道,较强信息是不能成立的。

例 3-28. A:"你爱小红吗? 请告诉我。"

        B:"我喜欢她。"

这里的〈爱,喜欢〉构成霍恩等级关系,B 回答了较弱的信息,所以暗示了较强信息"我爱她"不成立,因而,B 利用了量原则婉言说出了实情。

例 3-29. A:足球运动员全部上场了。

        B:一些足球运动员上场了。

这里的〈全部〉蕴涵了〈一些〉,因此,如果说话人说了 B,表明他知道说 A 不符合事实。

另一方面,说话人说出 A(w),而 A(w)并不蕴涵内嵌句 Q 的内容,但 Q 的内容却为信息较强的 A(s)所蕴涵,且{s,w}形成一个对比集,则可以推出~K(Q),即说话人不知道 Q 是否可以成立。

①   LEVINSON S C. Pragmatics[M]. Cambridge:Cambridge University Press,1987.

例 3 – 30. A：我相信你是大学生。

　　　　　 B：我知道你是大学生。

说话人说 A，并不蕴涵从句"你是大学生"，可是 B 是可以蕴涵"你是大学生"的，因为〈知道，相信〉构成霍恩等级关系，也就是说，说话人说 A 时其实并不知道"你是大学生"是否成立。

（2）信息原则（I 原则）

说话人准则：最小极限化准则，不说超过要求的话"说得尽量少"，只说最小极限的话，只要能达到交际目的即可。

受话人推论：扩展规则，相信说话人所说的话是很具体的表述，通过找出特定的理解来扩展说话人话语的信息内容，直至认定为说话人的语义意图为止。特别是：

（a）设定句中所谈的对象和时间之间所形成的关系是常规关系，除非与已经确认的概况不符；或者说话人违反了最小极限化准则，用了冗长的表达形式；

（b）如果某种存在或实情正好同已确认的情况相符，就设定这正是句子所要说的。

信息原则其实是指说话人力求用"说得尽量少"，听话人努力"扩展信息"，直至充分掌握话语意图为止。

例 3 – 31. 老李打开食品箱，啤酒还是暖的。（啤酒是食品箱里食品的一部分。）

　　　　　 躺在床上的婴儿哭了，母亲把她抱起来。（母亲是婴儿的母亲。）

（3）方式原则（M 原则）

说话人准则：不要无故用冗长的隐晦的或有标记的表达形式。

受话人推论：说话人用冗长的有标记的表达形式，他的意思就同他本来可以用无标记所表示的意思不一样，尤其是他要尽力避免常规的联想或用信息原则推导含义。

方式原则是指，如果说话人表达的是常规意义，那么常常是用无标记的表达方式，如果表达的是非常规内容，则会使用有标记形式。

例 3 - 32. A：今晚的电影票你有吗？

B：我买到了两张。

C：我搞到了两张。

C 和 B 意思一样，都是"有两张票"的意思，只不过 B 是常规回答，C 用"搞"而没直接说"买"，言下之意是"票子来得不容易，颇费周折"等意义。

此外，维尔克(K. A. Welker)基于动态语义学中的经典理论——话语表征理论(Discourse Representation Theory, DRT)，给出的一个描述会话含义产生的一般框架。[①] 但如何对新旧格莱斯会话含意推导机制进行形式化刻画依然是语言逻辑学者关注的重要课题。

3.2.2 言语行为理论

在自然语言中，有一类行为动词带来某种力量，如判断、要求、保证、祝贺、宣布等等这些动词，就分别带有断定的、指令的、承诺的、表态的和宣告的语用力量。说出由这类动词构成的语句是为了做出某种行为。例如，说"我保证按时完成任务"就做出了一个承诺的行为。因此把这种力量称为语用力量，把带有语用力量的动词称为语用行为动词，把由语用行为动词构成的语句称为语用行为语句。

维特根斯坦在后期认为，离开语言的日常使用而孤立片面地考察语言的意义，就如同离开工具的使用去考察工具的意义一样，难以真正理解语言。语言表达的意义植根于人类的生活，是人类生活形式的一部分。只有把语言及其运用与人们的现实生活联系起来，语言的意义才能真正得到理解。

20 世纪 50 年代，英国日常语言哲学学派的代表人物奥斯汀系统地提出了言语行为理论(speech acts theory)。后来经过美国语言哲学家塞尔和其他学者的继承和发展，成为一门涉及哲学、逻辑学和语言学诸方面内容的理论体系。

该理论的核心思想是，人们使用语言时，不仅是为了表达一种意义，而且它自身也是一种行为，我在说出某事的同时也在做某事，诸如陈述一个事实或意

---

① WELKER K A. Plans in the Common Ground: Toward a Generative Account of Conversational Implicature[D]. The Ohio State University, 1994.

见,断定或否定某件事,做出一个预言或提出一个请求,发出一个命令或宣布一个决定,给予一个祝福或表示一下感激等等。因此,同样一个语句在不同的语境中可以有不同,甚至完全相反的意义。对语句意义的解释重心,也应从原来对说话者的内心意向的强调转到对言语的行为研究方面,即从言语行为方面去考察语句的意义。他们的工作被认为是"朝向把真值语义学与语言游戏语用学相结合的言语行为理论的路途中迈出了第一步"。①

　　奥斯汀把一个完整的言语行为包含着三个层次:语谓行为(locutionary act)、语旨行为(illocutionary act)和语效行为(perlocutionary act)。语谓行为是以言指事,即"说了什么",如甲对乙说"打死他"这一串声音,就是语谓行为。语旨行为是以言行事,即说话的用意,在言语行为理论中,它处于一个更为核心的地位。语旨行为包括表达一个事实、确认某一事件、进行一次询问,或者发出一个指令、提出一个请求、做出一个预言、给予一个劝告、表示一种祝贺,等等,如甲命令乙:"八点前准时到!"这命令就是语旨行为。语效行为是以言成事,即语旨行为在听话者身上产生某种效果。如甲说服乙先离开这里,这里"乙被说服"就是语效行为。这三种行为从理论上分析,相互之间存在着重要区别,但是在实际话语中,它们却又密切地组合成一个整体,这一复合整体就是言语行为。

　　奥斯汀曾举出实例来说明这三种言语行为的区别。如,他对我说:"你不能做那件事。"这就是语谓行为。这句话同时表明:他抗议我做那件事。这就是语旨行为。通过这个话语,他使我清醒过来,不让我任性下去。他恢复了我的理智,把我劝阻了。或者,他使我烦恼。这些就是语效行为。

　　具体一点说,所谓语谓行为,就是"说什么"这一行为本身,就是发出一串有意义的声音。单纯发出声音,如果不与意义结合,如"鹦鹉学舌",就不能算是语谓行为。说出话语,必须发出声音(或书写一串文字),这是全部言语行为的物质基础,是其得以产生的必要条件。因此,人们的言语行为首先是语谓行为。所谓语旨行为,就是在完成"说什么"这一语谓行为的同时,还表达了说者说出这个话语的"用意",如陈述一个事实,询问一个问题,发出一个命令,等等。假定有人对我说:"你不能在这里钓鱼!"他说这句话的同时,就实施了一个对我"警告"的语

---

　　① HABERMAS J. On the Pragmatics of Communication[M]. Massachusetts:The MIT Press,1998:289.

旨行为。而所谓语效行为,按奥斯汀的想法,就是说者通过语谓行为表达自己的语旨用意之后,在听者身上(也可能是说者自己,如自言自语)产生了一定的影响,出现了一定的效果,如他说了"你不能在这里钓鱼"以后,我就不钓鱼了。其实,语效行为是说者说出一个话语的同时在实施一种行为,并不是说者说出话语以后听者实际达到的效果。例如,当你对朋友说出"我最近手头有点紧"时,你通过语谓行为表达自己的语旨用意之后,希望能在听者(你的朋友)身上产生一定的效果,即希望朋友有借钱给你这样一个行为,那你也就完成了一个语效行为,但最后你的朋友是否会借给你钱,能否产生你所希望的语效行为,则不一定。也就是说,说者是希望语效行为等于听者实际完成的结果的,但事实上这二者之间不一定能达到完全相等。我们常说的"锣鼓听声,说话听音",就是希望这二者之间能够对等,但事实上生活中还是会出现"对牛弹琴"和"话不投机半句多"的局面。

语效更进一步体现了语旨的目的。语效与语旨,两者有联系,但也不容混淆。要看到语效对意味和意思的影响。[①] 语效行为是语谓行为与语旨行为的结果。语谓、语旨、语效是言语行为三个不同层次,彼此密切相关。语谓行为是指发话人说了 X,语旨行为是指发话人说 X 时的用意 Y,语效行为是指发话人所取得的语言效果。语效行为用公式可表示为:

$$S 说 X 旨在 Y 做到 Z$$

不难看出,语谓行为只涉及表达式,而语旨行为和语效行为涉及语境因素。近年来语境的研究成果使得言语行为的研究更加丰富。有学者甚至认为"语境是一种行为"。[②] 丹麦语用学家梅伊(J. L. Mey)在其专著中转引了一个生动的例子:

例 3 - 33. It's a long time since we visited your mother.

梅伊说,这样一句话,当晚饭后在一个已婚夫妇家客厅的咖啡桌旁说和一个丈夫在动物园里站在河马圈前对他妻子说是完全不同的。正是后者的语境使单

---

① 周礼全主编.逻辑——正确思维和有效交际的理论[M]. 北京:人民出版社,1994:398.
② MEY J L. Pragmatics:An Introduction (2nd edition)[M]. Blackwell Publishers Ltd/Foreign Language Teaching and Research Press,1993/2001:41.

纯的话语变成了对岳母的攻击行为。因此,如何把握语境中的相关因素,是人们对自然语言作逻辑分析时所面临的一项重要任务。

奥斯汀的言语行为三分法,对哲学界和语言学界产生了重大的影响。他的弟子塞尔有对此进行了发展。按塞尔的观点,应该将命题与断定、陈述等严格区别开来,断定和陈述属于语旨行为,而命题本身不是一种言语行为。命题是在断定行为中所断定的东西,在陈述行为中所陈述的东西,只有对命题的表达才算是命题行为。因此,言语行为进一步被分为话语行为、命题行为、语旨行为和语效行为四类:说出一串语词(语素、语句)就是实施话语行为;进行指称和陈述就是实施命题行为;作出陈述、提出问题、发出命令、作出承诺等,就是实施语旨行为;而这种语旨行为对听话者在行动上、思想上、信念上所产生的某种效果,就是语效行为。

例3-34. 孩子一放学就想出去玩,这时母亲说:

你的作业还没做完呢!

在这里,母亲发出这句话的一串语音就是在实施话语行为,她发出这串语音实际上在陈述这样一个事实"你没有做完作业",因此母亲在实施话语行为的同时也实施了一个命题行为,母亲实施这样一个命题行为其实是在发出命令:"不准出去玩!"或"做作业!"即母亲在实施一个语旨行为,而母亲实施语旨行为的目的还是希望孩子能在行动上产生某种效果,因此,实施语旨行为的同时也就包含了母亲在实施语效行为。而母亲实施语效行为和语效行为实施后的结果是不同的。孩子果真没有出去玩或马上做作业,这就是母亲实施语效行为之后的结果。有时这二者是相等的,而有时则是大相径庭的。

语旨行为内部,塞尔还区分了断言式(assertires)、指令式(directives)、承诺式(commissives)、表情式(expressives)和宣告式(declarations)五种。① 不难看出,上述五种形式的共同特点是用语言来表达某一个人的主观意愿,这时意义分析的标准主要是恰当性这个概念。例如,宣告式有一特点,即当发出话语企图完

---

① SEARLE J R. Expression and Meaning[M]. Cambridge: Cambridge University Press, 1979: 2-8.

成一个语旨行为时，话语要有一定的超语言的社会规范，使说话者有权利作出这种宣告，这样才能确保宣告式语旨行为的成功。例如，某人是会议主持人，他有权宣布开会或者散会；一个国家的领导人能代表国家向敌对国家宣战或者宣布敌对状态结束；贾宝玉是贾府主子，而袭人是贾府的奴婢，所以，宝玉能够给袭人命名。由于袭人原是贾母之婢，所以，宝玉还得"回明贾母"，取得贾母的认可。如果不具备这种条件，便不能完成宣告式行为。

在此基础上，塞尔和范德维克(D. Vanderveke)建立了言语行为理论的逻辑分析系统"语用逻辑"(illocutionary logic)，[①]试图以规范化的方式，研究语用行为动词所构成的语句的逻辑特征及推理关系。

语用逻辑的目的是要研究语用行为语句的逻辑特征，这样的语句基本结构为 F(P)。其中，F 表示一个语用力量；P 表示一个命题内容。例如，"我保证按时完成任务"中，"保证"是语用力量，"我按时完成任务"是命题内容。

和命题逻辑一样，语用逻辑也需要对各种复合的语用行为语句的逻辑特征以及它们之间的推理关系做出说明。

合取：描述的是说话者的多种语用行为，如既提出断言，又提出问题。这两种言外行为的结合构成了一种复杂的言外行为，其逻辑形式是(F1(P1)&F2(P2))，而一个句子的表达，如果是两句话的结合，就构成了这两句话所表达的两种言外行为的表现，记作 F(P1&P2)。

否定：对语用行为的否定，称之为 illocutionary denegation。否定性语旨力不同于对否定命题的语旨力，前者的目的是明确说话者不执行某种言外行为的行为，记作 ¬F(P)，后者表达的是对否定命题的言语行为，记作 F(~P)。

蕴含：条件性的言语行为指在特定的条件下执行的某种言语行为。例如，"如果他保证按时完成任务，我就保证按时完成任务"是由"他保证按时完成任务"和"我保证按时完成任务"这两个语用行为语句构成的条件的复合语句。它的结果是 F(P)→F(Q)。又例如，"如果条件允许，我保证按时完成任务"是由"条件允许"这个命题内容和"我保证按时完成任务"这个语用行为构成的条件的复合语句。它的结构是 P→F(Q)。我们要研究这些复合语句的逻辑特征，从中

---

① SEARLE J R, VANDERVEKE D. Foundations of Illocutionary Logic[M]. Cambridge：Cambridge University Press，1985.

找出普遍有效的语句。在普遍有效的语句中,我们还要确定一些作为推理的出发点,并建立一些推理规则,从而推出另一些普遍有效的语句。

在语用逻辑中,语用力量算子 F 有特别重要的意义,它与内涵、模态、时间、预设和指称等都有关系。每一个完整的句子,甚至是一个单词的句子,都有一些语用力量的指示,如果一个语句具有自相矛盾的语用行为条件,就会导致表达无法理解。语用力量既反映出语用行为动词"具有'做事'的力量"这一共性,也反映出区别于联结词、量词、名词、形容词、副词、语气词,以及非语用行为动词的个性。

3.3　类比与隐喻推理

字面义和目标含义存在差异的表达方式有很多,从修辞学上看,大量的修辞手法,如比喻、拟人、夸张、借代等都有这一效果,这类表达也在日常交流中占据了很大一部分。

相比单纯的修辞功能,类比和隐喻则被认为是人类基本的认知方式,两者本身也存在密切的关联。从类比和隐喻的认知方式中,我们能对语义推理有一个更直观的感受。

20 世纪逻辑学的发展从一定意义上可以说是心理学的退场和重新进入。心理学的退场是弗雷格所建立的排斥心理因素的数学逻辑所导致的结果,弗雷格之后,逻辑学便与人的心理因素绝缘了;而心理学的重新进入指的是 20 世纪中叶以后各种非弗雷格逻辑的发展,这些逻辑理论重新接纳人,重新考虑人的心理的因素,①也使得这些反映复杂认知和心理的非字面义表达进入逻辑学的研究视野。

3.3.1　类比的语用推理

类比推理通常是在两个(或者两类)对象之间进行的,在推理的方向上表现为从特殊到特殊的过渡。类比推理的前提大多是为结论提供线索,但并未严格地规定或者限制它的指向,结论的范围超出了前提所断定的范围,因而类比的结

---

① 蔡曙山.逻辑、心理与认知:论后弗雷格时代逻辑学的发展[J].浙江大学学报(人文社会科学版),2006(3):5-6.

论也是或然的。类比推理的常见模式有肯定类比和否定类比两种形式。

肯定类比推理是根据两个或两类对象在某些属性上的相同或相似推出它们在其他属性上也相同或相似的推理。

一般地,一个简单的肯定类比的推理形式可表示如下:

A 对象具有 a,b,c,d 属性;

B 对象具有 a,b,c 属性;

所以,B 对象也具有 d 属性。

其中 a,b,c 称为相同或相似属性,d 称为推演属性。

举一个例子,在诊断胸腔病情时,医生普遍运用手指敲叩患者胸部和背部的方法,这种方法在医学上称之为"叩诊"。这种诊断方式的诞生就是类比思维运用的结果。18 世纪中叶,奥地利的医生奥恩布鲁格,有一次在给他的病人看病,但一时查不出有什么疾病。病人很快就离开了人世。死后进行尸体解剖,发现胸腔已经化脓,积满了脓水。奥恩布鲁格想:要是今后再碰上类似的病人该怎么办呢? 一天,他忽然想起了他经营酒业的父亲在估量桶内的酒量时,常常用手指关节敲叩木制酒桶,凭着叩声的不同,他的父亲就能估计出桶内到底还有多少酒。奥恩布鲁格由此而引起了新的思考:人们的胸腔是否也是一样可以根据手指敲叩病人胸部发出的音响的不同而做出诊断呢? 循着这条思路,奥恩布鲁格开始观察病例和进行病理解剖,探索胸部疾病和叩击声音变化之间的关系。经过大量的试验和研究,最后写出了《用叩诊人体胸部发现胸部内部疾病的新方法》这篇医学论文。通过不断的医学实践,叩诊终于成了现代临床医疗常用的诊断方法之一。叩诊的发明,正是运用了肯定类比的方法。

否定类比推理是根据两个或两类对象在某些属性上的差异,推出它们在其他属性上也存在着差异的推理。

否定类比推理可用公式表示为:

A 对象具有 a,b,c,d 属性;

B 对象不具有 a,b,c 属性;

所以,B 对象也不具有 d 属性。

其中 a,b,c 称为相异属性,d 称为推演属性。

例 3 - 35. 科学家们在对月球进行观察分析,并与地球进行类比之后,早在人类登上月球之前,就得出结论:月球不可能像地球一样存在着自然的生命。科学家们是这样推理的:

地球上有空气、水,温度适中并且昼夜温差不大,因而地球上存在着自然的生命;

月球上没有空气、水,昼夜温差很大;

所以,月球不可能像地球一样存在着自然的生命。

这就是运用了否定类比推理,类比项"月球"没有被类比项"地球"的属性"空气""水""适宜的温度",类比推出"月球上没有生命"。

无论是肯定类比推理还是否定类比推理,其结论所断定的范围都超过了前提所断定的范围。因为前提所断定的是某个或某类对象的属性,而结论却把这一属性推广到另一个或另一类对象中去,这样的结论显然具有或然性。因此,对类比推理来说,提高结论的可靠性程度就显得非常重要。那么,如何提高结论的可靠性呢?

第一,前提中类比对象间相同或相似属性(对肯定类比推理),或者相异属性(对否定类比推理)越多,结论越可靠。医学上检验某一药物的效果时,一般是选择与人类的生命组织和生理构造较为接近的高等动物如狗、白鼠等作为实验对象。因为高等动物与人类的相同或相似属性比低等动物多,高等动物对某种药物的反应更有可能也是人类所具有的。

第二,前提中类比对象间相同或相似属性(对肯定类比推理),或者相异属性(对否定类比推理)与推演属性之间的联系越密切,结论的可靠性程度越高。例如,人们比较声和光,发现声能直线传播、反射和折射传播,特别是有干涉现象,其原因在于声有波动性,而光也能直线传播、反射和折射传播,特别是也有干涉现象。由此推出光也有波动性。这个结论的可靠性应是比较高的,因为类比对象间相同或相似属性(干涉现象)与推演属性(波动性)之间存在着因果联系。科学家得出月球上不存在自然生命的结论的可靠性程度也是比较高的,因为前提中相异的属性(空气、水、昼夜温差等)与推演属性(自然的生命)之间也存在着因果联系。类比推理在日常表达过程中也是一种常用的方法。例如:

例 3 - 36. Z 大学经过改革能上一个新的台阶。因为 F 大学是老校,师资力量雄厚,学校风气好,经过改革上了一个新的台阶;而 Z 大学也是一个老校,师资力量雄厚,学校风气也很好,两个学校的基本情况相同。

这是一个类比推理。为了确定"Z 大学经过改革能上一个新的台阶"这一论题的真实性,把两校的基本情况进行类比,并作为立论的根据。

在呈现的中国古代逻辑中,类比推理占据了相当重要的地位。举一个《墨子》中记载的"止楚攻宋"的故事:

例 3 - 37. 子墨子见王,曰:"今有人于此,舍其文轩,邻有敝舆而欲窃之;舍其锦绣,邻有短褐而欲窃之;舍其梁肉,邻有糠糟而欲窃之。此为何若人?"王曰:"必为窃疾矣。"子墨子曰:"荆之地,方五千里,宋之地,方五百里,此犹文轩之与敝舆也。荆有云梦,犀、兕、麋鹿满之,江汉之鱼、鳖、鼋、鼍为天下富;宋所谓无雉兔、狐狸、鲋鱼者也。此犹梁肉之与糠糟也,荆有长松文梓,楩枏豫樟,宋无长木,此犹锦绣之与短褐也。臣以三事之攻宋也,为与此同类。臣见大王之必伤义而不得。"

(《墨子·公输》)

这里给出的就是一个类比推理。墨子用一个偷窃成瘾的人类比楚国与宋国的情况,让楚王推出假如坚持攻楚国那就等于犯了偷窃病的结论而自知理亏,达到"止楚攻宋"的目的。

实际上,类比思维在语言上的体现或许比我们意识到的要更多。侯世达在《表象与本质》中举过一系列典型日常会话中的类比例子,比如"我也是",这是日常生活中人们常常会说的一句话,它有时是为了表示同情或赞成,有时是为了表达自己用同样的视角看这个世界,还有的时候仅仅是为了显得更礼貌。在不同的语境中,"我也是"可以有很多不同的具体含义。A 说"我希望你过两天来我家吃晚饭"，B 回答说"我也是"，这句话就存在歧义，它可以表达 B 是想去朋友家吃晚饭，也可以是想让朋友到他家吃晚饭。再比如 A 说："我头疼。"B 说："我也是。"分别指他们自己头疼，也不是同样的程度和类型；女生 A 说："当我还是小女孩儿的时候，我就暗恋你了。"男生 B 说："我也是。"显然 A 话语中是"你"指称的是 B，而 B 说的"我也是"并不是暗恋自己，他也不会是小女孩。这里 A 的话语经过类比框架迁移后，很自然地整合了以 B 为中心的要素。①

3.3.2　隐喻的语用推理

隐喻认知是一种与类比推理密切相关的认知现象，在人类的语言与认知活动中扮演着十分重要的角色。隐喻性的表达，其目的是传达隐藏在语句背后的含义，而这一含义的推理需要在特定的语境中，结合字面表达和语用要素进行认知框架的重构。

为了描述隐喻理解的这一认知框架构建过程，斯坦哈特提出了扩展的谓词演算（extended predicate calculus，XPC），来对隐喻词项内涵进行了逻辑表征。②与经典谓词逻辑以谓词（行动或性质）为描写核心的做法不同的是，XPC 以事件为描写核心，他对经典谓词逻辑进行了拓展：一方面，在命题中增加题元角色（thematic roles），如施事格（Agent）、受事格（Patient）、对象格（Object）、工具格（Instrument）、来源格（Source）等。例如，"张三打李四"可用标准谓词逻辑转写为：打（张三，李四）。虽然可以通过主目的顺序来体现题元角色，但这种体现既不清楚，也不充分。而 XPC 可以弥补这种不足，例句可转写为：打（Agent：张三，Patient：李四）。另一方面，在命题中引入事件索引词"e"，这是由于斯坦哈特认为，隐喻的本质是一种类比迁移，而迁移的对象不是源域中单个的个体或性质，而是它们之间的关联结构。索引词的引入有利于提取整体的事件框架，增加对结构的表征能力。举例来说，"小张打小李"这一语句表达了一个事件，该事件中的行为是"打"，施事是"小张"，受事是"小李"，用扩展到谓词逻辑就可以改写为：（∃e）（Action（e，打）&Agent（e，小张）&Patient（e，小李））。同样，

———————
① 侯世达，桑德尔.表象与本质[M]. 刘健，等译.杭州：浙江人民出版社，2018.
② E. C. STEINHART. The Logic of Metaphor: Analogous Parts of Possible Worlds[M]. Dordrecht: Kluwer Academic Publisher，2001. pp.36 – 39.

还可以对带嵌套结构的句子进行表征。例如,"老王看见小张打小李"就可以改写为:(∃e)(∃f)(Action(e,看见)&Agent(e,老王)&Object(e,f)&Action(f,打)&Agent(f,小张)&Patient(e,小李))。可以看出,斯坦哈特提出的上述理论,为词项内涵提供了一个比较细致的表征。

为了更好地适应计算机自动处理的要求,张威和周昌乐考虑到克服经典的命题逻辑和一阶谓词逻辑在表达能力上的局限性,他们参考局部框架理论,用池空间概念来替代可能世界,通过引入理解算子 Up(Upα 表示在池空间 p 下,理解或接受公式 α)、关系符＜和格式塔规则,构建了汉语隐喻的逻辑系统。[①] 在该逻辑系统中,词项内涵是以池空间的方式得以表征的。所谓的池空间,就是由某些属性或命题组成的集合。例如,"律师是狐狸"中,词项"律师"和词项"狐狸"可用理解算子 Up 表示为:

$$U_{\{法院,罪犯,案件,狡猾\}}\text{律师}$$

$$U_{\{森林,狡猾,多疑,兔子\}}\text{狐狸}$$

公式的意思是,主体在池空间 p(p＝{法院,罪犯,案件,狡猾})下,理解"律师";主体在池空间 p(p＝{森林,狡猾,多疑,兔子})下,理解"狐狸"。用这种方法表征词项内涵,优点是可以利用在语料统计基础上形成的相关语义网络来不断地丰富池空间。随着语料库语言学的发展,利用统计方法来建构词项内涵的方法越来越受到关注,通过引入这些基于统计的方法,在一定程度上可以有效提高基于逻辑规则的知识库构建方法的表征能力。

从内涵的角度研究隐喻的逻辑表征,能够更好地体现词项内涵建构的主体性、主体间性、主客体间性等认知语境的特征,通过表征,隐喻表达被转换为逻辑表达式,并能被赋予相应的模型和语义,进一步地,需要描述隐喻的推理过程。

首先是源域与目标域之间的跨域的类比映射。从认知角度看,隐喻理解涉及两个认知域之间的互动关系。在当代隐喻研究中,莱考夫将这种互动关系称为"概念系统中的跨域映射"。[②] 因此,除词项内涵的逻辑表征之外,隐喻的逻辑

① 张威、周昌乐:汉语隐喻理解的逻辑描述初探,中文信息学报,2004(5):23-28.

② LAKOFF G. The Contemporary Theory of Metaphor[M]//Ortony A. Metaphor and Thought. Cambridge: Cambridge University Press, 1993: 203.

研究还需要对两个认知域(源域和目标域)之间的相互作用关系进行表征。所谓映射,就是两个概念域之间的对应关系。它所涉及的内容包括:(a)源域中的空槽(slot)被映射到目标域的空槽上。[①] 其中,有些空槽独立于映射而存在,而另一些则是通过映射创造的。例如,在"人生是旅行"中,旅行者这一空槽被映射到生活中的人身上。(b)源域中的关系映射到目标域的关系上。例如,一个旅行者到达一个目的地,可以映射到一个人在生活中实现了某个目标。因此,源域中"旅行者"和"目的地"之间的"到达"关系被映射到目标域后,成了"人"和"目标"之间的"实现"关系。(c)源域的特征被映射到目标域的特征上。例如,一个旅行者的强项和弱项可能影响他旅行的方式等。这些特征可以映射为一个人对待生活、处理人生问题的优点和缺点。(d)源域的知识被映射到目标域中。关于一个认知域的知识可以使我们对其进行推理。当某个认知域作为隐喻映射的源域时,该领域内的推理模式也被映射到了目标域。例如,旅行者走进了一个死胡同,无法沿着原来的方向前进,那么他就得另寻出路。如果一个人在人生旅途中走进了作为隐喻的"死胡同",那么他就要选择其他的行动方式。

T 和 S 都是认知域,T 被称为目标域,S 被称为源域。存在函数 $f_M:S \rightarrow T$ 建立 S 和 T 之间的跨域映射关系,使得对于任意 $b \in S$,有唯一的 $a \in T$ 与之对应,记为 $a=f(b)$。比如"人生是旅行"这一隐喻概念,源域"旅行"和目标域"人生"之间的映射关系可以表达为:

$$
\begin{aligned}
f_M: 人生 &\rightarrow 旅程 \\
人 &\rightarrow 旅行者 \\
旅行方式 &\rightarrow 生活方式 \\
旅途艰辛 &\rightarrow 生活困难 \\
强项/弱项 &\rightarrow 优点/缺点 \\
目的地 &\rightarrow 人生目标
\end{aligned}
$$

在类比映射的基础上,认知主体要继续进行下一步操作,即类比迁移。类比迁移实际上是基于源域和目标域中的已知命题而推出目标域中的未知命题的思

---

① LAKOFF G, TURNER M. More than Cool Reason: A Field Guide to Poetic Metaphor[M]. Chicago: Chicago University Press, 1989: 63 - 64.

维过程,可表示为:

$$F_1(x), \cdots, F_{k-1}(x), F_k(x), \cdots, F_n(x)$$

$$F_1(y), \cdots, F_{k-1}(y)$$

$$\therefore F_k(y), \cdots, F_n(y)$$

隐喻推理的过程,就是不断通过隐喻映射函数和集合 S 的值,计算集合 T 的值。映射的内容,既可以是集合内部的元素,也可以是元素与元素之间的关系。为了能够实现这种知识的类比过程,隐喻逻辑研究的关键还在于给出一种能够进行类比推理的逻辑演绎系统。

最后是或然性推理的语义确定。在隐喻理解中,映射 f_M 并不是唯一的,不同主体、不同语境下构建的可能是不同的认知框架。不管是日常语言交际,还是计算机自然语言理解,过多的不确定性必然会导致理解的失败。

心理学家凯泽(B. Keysar)在实验研究中发现隐喻理解的过程存在抑制机制。他指出,隐喻理解时,必须对字面意义和隐喻意义进行同时加工。如果两个解释同时被激活,而且只有一个解释是说者或作者意图要表达的,那么我们就需要一种对不合适的解释进行抑制的机制。[①] 对某一话语所进行的有关字面意义或隐喻意义的选择基于话语发生的语境。有些语境因素会使某种解释更具可能性。我们有理由相信,隐喻理解中语境除了能够抑制不恰当的字面意义外,同样也能够排除不恰当性的隐喻投射。因此,隐喻理解的逻辑表征如果想要取得理想效果,就必须更多地关注语用因素,并通过溯因推理减少隐喻理解结果的不确定性。

溯因推理经常被作为与演绎、归纳、类比并列的一种基本的推理方式,其基本模式是:某个现象 E 被观察到;如果 H 为真,那么 E 被解释为当然的事;所以,我们有理由相信 H 是真的。随着语用推理形式化的发展,溯因推理的确证功能重新被发现,并得到了高度重视。J.霍布斯等人认为:"溯因推理是一种寻求最佳解释的推理。话语中句子的理解过程可以被看作是为句子为何为真提供最佳解释的过程。"[②]

---

① KEYSAR B. Discourse Context Effects:Metaphorical and Literal Interpretations[J]. Discourse Processes,1994(18):247-269.

② HOBBS J, STICKEL M, APPELT D. et al. Interpretation as Abduction[J]. Artificial Intelligence, 1993(63):95.

斯坦哈特(Eric C. Steinhart)认为现有的基本溯因推理模式是一种简单溯因,主要存在两方面问题:其一是未能考虑到规则[如果 H 那么 E]的多种可能性,其二是未能考虑 E 可能获得较好解释这一事实。因此,他对其做出了改进:

(1) E 有不同程度的可能性;

(2) 规则[如果 H 那么 E]是被单独证实的;

(3) 规则[如果 H 那么 E]比形式[如果 K 那么 E]的所有所知规则都更具可能性;

(4) 由此(溯因推理得出):H 的可能性与 E 的可能性成正比。[①]

斯坦哈特在此基础上进一步提出了溯因推理的复杂模式。该模式的独特之处在于,要考虑这样一种情况:前提 H 没有直接蕴涵 E,只有通过引入其他规则陈述$\{R_1, \cdots, R_n\}$,才能联合推出 E。

隐喻理解就是通过类比推理形成诸多假设,然后在语境基础上通过溯因推理证实假设。该过程就是寻求最佳解释的过程。斯坦哈特结合复杂溯因推理,给出了隐喻命题的溯因推理证实过程,[②]具体如下。

$L_1, \cdots, L_m$ 全是可能的字面命题;

$R_1, \cdots, R_n$ 全部得到单独支持或者是分析性的;

对于 $R_1, \cdots, R_n$ 中的每个规则 R_i,要么在 T 中,要么在给定的类比(S, T, f_M)中,通过归纳得到支持;

$\{L_1, \cdots, L_m\}$ 中的 L_i 不可能被 $\{R_1, \cdots, R_n\}$ 单独衍推;

$\{M\} \cup \{R_1, \cdots, R_n\}$ 最佳衍推 $\{L_1, \cdots, L_m\}$;

∴ M 是一个较为可能的隐喻命题。

其中,M 是类比迁移 $A(S, T, f_M)$ 产生的隐喻性命题,字面衍推 $\{L_1, \cdots, L_m\}$ 就是论证陈述 $\{E_1, \cdots, E_m\}$;规则 $\{R_1, \cdots, R_n\}$ 是本来属于目标域或者其本身是通过类比迁移添加过来的。

语境因素就可以通过规则 R_i 来引入。因此,在隐喻理解的形式化中,需要

---

① STEINHART E C. The Logic of Metaphor: Analogous Parts of Possible Worlds[M]. Dordrecht: Kluwer Academic Publisher, 2001: 190.

② STEINHART E C. The Logic of Metaphor: Analogous Parts of Possible Worlds[M]. Dordrecht: Kluwer Academic Publisher, 2001: 192.

增强对语境因素的系统表征,通过溯因推理来消解隐喻推理中跨域映射所带来的不确定性。

在现代逻辑与人工智能相互融合和渗透的大趋势下,如何提高词项内涵的形式化表征能力和自动化程度,如何构建体现动态跨域映射的类比演绎系统,如何利用语境信息解决隐喻推理的不确定性等问题,还有待于更多学者的共同关注和推进。

由于隐喻是一种基本的思维方式,它直接参与了认知的构建,在各种认知活动中都发挥着举足轻重的作用。比如,能够对所处的问题情境进行审视,对问题价值进行判断,生成不同的问题解决方案,以及对问题解决方案合理性的评价,等等。①

在一个理解问题的场景中,理解意味着根据当时的情况或者说问题表述,以及个体先前的知识在大脑中构建出某种对问题的表征。只有基于表征,我们才有可能对问题加以推理。因此,产生一个有用的心理表征是成功解决问题的一个重要因素。我们常常需要借助隐喻来实现对现实的表征,但隐喻对现实的表征是有选择性的。这意味着隐喻框定了我们对现实和问题情境的理解。隐喻具有很强的框架建构(framing)效应,它可以让相关的认知主体更好地理解问题所处的现实场景。如 2018 年 11 月 5 日,习近平在首届中国国际进口博览会开幕式上指出:"中国经济是一片大海,而不是一个小池塘。大海有风平浪静之时,也有风狂雨骤之时。没有风狂雨骤,那就不是大海了。狂风骤雨可以掀翻小池塘,但不能掀翻大海。"②这是一个隐喻性的描述,从全新的视角放大了我们的视域,为我们在复杂的国际形势下更好地认识中国经济的现实格局提供了一个全新的认知框架,建构起了对各种要素及其关系的清晰理解和认识。

问题解决者对问题所处的情境有较为清晰的认识和理解之后,隐喻认知有助于不同求解方案的生成。隐喻在界定和描述现实问题情境的同时,也会为问题的解决提供富有启发性的暗示和线索,成为一个新知识建构的过程。

在形成不同的试探性问题求解方案后,认知主体需要对方案进行选择。

---

① 徐慈华.隐喻使用中的推理[M].北京:中国社会科学出版社,2023:237-262.
② 习近平.共建创新包容的开放型世界经济——在首届中国国际进口博览会开幕式上的主旨演讲[N]. 人民日报,2018-11-06(03).

不同的隐喻会影响认知主体的选择。莱考夫和约翰逊指出："就像常规隐喻那样,新隐喻有能力定义现实,它们通过凸显现实的某些特点并隐藏其他特点的一个蕴涵的连贯网络来定义现实。这一隐喻迫使我们只关注它所凸显的我们经验中的某些方面,接受这一隐喻,就会促使我们相信这一隐喻的蕴涵为真。"这意味着,当认知主体在描述问题情境时接受了某个隐喻,那么其在方案选择时也将选择符合该隐喻所蕴涵的行动方案。在英国脱欧的过程中,很多人使用了"婚姻"这一隐喻,认为英国脱欧就是英国与欧盟之间解除"婚姻"关系,要"离婚"了。但当时的英国首相却强调:"我不喜欢用'离婚'一词来描述英国脱欧,因为当人们说离婚时,往往意味着他们以后就不可能有比较好的关系了。"这说明,即使是对某些问题求解方案的隐喻性描述也同样会带来重要的影响。

而在论证活动中,论证旨在通过提出一系列命题来证明或反驳观点中表达的命题,从而使理性的批评者相信观点的可接受性。[①] 这一过程中,说者引导听者进行的隐喻推理也能够实现以下特殊的论证效果。

首先,诱导听者搭建框架或进行对比。诱导对比时,论证者能够让听者将关注点集中在概念之间的抽象结构上,忽略两者在具体对象或性质上的不同。诱导框架时,论证者通过扩展性隐喻,不断补充源域的信息,直到凸显想要强调的性质。这样使得原本不属于该概念典型性质的属性成为典型,也可以用大量真实的相似掩盖了某些不相似的性质。

其次,隐喻的基本效果是突出一些属性而隐藏另一些属性,这种能力也会在论证中表达出来,形成对特定属性或结构的凸显,并转移到目标上。值得一提的是,隐喻所凸显的可能只是源域的典型性质,并不一定是目标域的,但映射会将这样的性质也强加到目标域上,由此产生的效果是,因为转移了关注点,使得本来不成立的结论显得似乎是合理的,即原本论证的目标是 A,通过隐喻,A 被映射到 B,而 B 中居于被凸显位置的是 B',论证人很容易将论证的对象转变为 B'。

此外,扩展隐喻利用的反复出现的隐喻蕴涵有助于建立所述内容认知保

①　VAN EEMEREN F H, Grootendorst R. A Systematic Theory of Argumentation: The Pragma-dialectical Approach[M]. Cambridge: Cambridge University Press, 2004: 1.

证,即通过隐喻内容整体充分性和相关性的合理性,构建对特定内容"真实性和相关性的保证";①如果有多个隐喻并列,也能将多个并列源域之间的相似转移到目标域上,让对潜在隐喻立场的攻击无效。

———————

　　① CHILTON P. Missing Links in Mainstream CDA: Modules, Blends and the Critical Instinct [M]//WODAK R, CHILTON P. A New Research Agenda in Critical Discourse Analysis: Theory and Interdisciplinarity. Amsterdam: John Benjamins, 2005: 41.

4　逻辑与动态语境

　　自蒙太格语法创立以来，围绕某一具体的语用学问题展开，诞生了一系列极富创造力的语用逻辑理论。如文本更新理论（file change theory，I. Heim 1982）能够处理有定无定名词短语的前指与所指，情境语义学（situation semantice，J. Barwise & J. Perry 1983）对信息交流时的"情境"及"情境"与某种对象的关联进行形式描述，逻辑学家加贝（D. Gabbay）和逻辑语言学家坎普森（R. Kempson）致力于构建有关话语解释的心理模型，合作创建了自然语言的加标演绎系统（labeled deductive system for natural language）。该系统把加标演绎系统（labeled deductive system）的运算方法运用到自然语言的语义研究之中，通过建立一种加标并行的推演结构或演绎模型去实现自然语言的语义刻画，以解决依赖语境的意义问题。话语表征理论（discourse representation theory，H. Kamp 1981）试图构建涵盖语义语用界面的模型，以动态描述如何通过给组合语义和词汇语义增补额外内容理解话语。动态谓词逻辑（dynamic predicate logic，J. Groenendijk & M. Stokhof 1991）则通过修改一阶逻辑的语义给出了一个能够记录语境，进而处理长距离回指、驴子句等问题。此外，邦特和布莱克（H. Bunt & W. Black）在分析狭义语境（对话动态语境）逻辑属性基础上，运用建构性类型论（constructive type theory）和模块化部分模型（modular partial models）刻画了狭义语境。这些理论都以不同的方式增加了对语境的考虑，密切了语言与逻辑的联系，为语义—语用界面的逻辑研究拓宽了思路。本章首先讨论语境问题研究的范围，然后主要关注动态语义学对语境的处理。特别地，非字面义表达在很多时候依赖于语境,我们仍然以隐喻为例,来看语境在其理解过程中发挥的作用,以及如何对这种信息更新过程进行刻画。

4.1　语　　境

4.1.1　语境的概念

语境是语用学的核心概念,很多学者都是从意义和语境之间的联系来定义语用学的,称语用学是"利用语境来推断意义的学问",[①]甚至认为可以把语用学直接地看成语境学。[②]

斯托内克尔认为,"语境"是语言和交流的基础要素,为理解和解释言论提供了重要的背景信息。语境可以分为物理语境和话语语境。物理语境又叫言谈现场,指话语的说话者和听话者、说话当时的时空及其这一时空中的所有存在,也包括了说话者和听话者的背景知识,语言知识之外的生活常识和社会历史文化知识。话语语境指一个连贯的言语事件中前面或后面的话语(如交谈双方前面说过的话,书面语中的上下文),其中会含有代词的指代对象、省略的内容等。

语境这个概念的提出并非偶然,它是人们对意义研究的必然产物。人们对意义的关注远远早于语境的研究,譬如古希腊苏格拉底在探索伦理问题时就专注于分析道德语词的意义问题;柏拉图在《克拉底鲁篇》中详细地讨论了名称的意义问题。[③] 而亚里士多德在《论辩篇》里就已经尝试着根据词语出现的不同语境来解释词义:"一个名词具有许多特殊意义或只有一种意义,这可以用下述方法加以考察。首先,察看它的相反者是否具有许多意义,它们之间的差别是属于种类的还是属于用语的。因为在若干情形下,即使从用语方面亦可以立即察觉。例如,如果是讲声音,'尖锐的'相反者是'平淡的',如果是讲坚韧,其相反者是'笨钝的'……"[④]亚氏之后,西方和中国的许多逻辑学家也都在不同程度上涉及了对语境问题的讨论。然而,直到 19 世纪,学者们才真正将语境当作一个逻辑

---

①　FASOLD R. The Sociolinguistics of Language[M]. Oxford: Blackwell, 1993: 119.
②　熊学亮.认知语用学概论[M]. 上海:上海外语教育出版社,1999: 162.
③　徐友渔,等.语言与哲学[M]. 三联书店,1996: 7.
④　亚里士多德.工具论[M]. 李匡武,译.广东人民出版社,1984: 280.

问题或语言学问题加以研究。

19 世纪初,美国哲学家和逻辑学家皮尔士(C. S. Peirce)第一次明确阐述了"索引词"的概念,正式拉开了语境研究的帷幕。皮尔士认为,人称代词、时间词、指示代词等一旦离开具体的语境,就无法确定其所指。这些索引词或者说指索词如果缺少相关的语境因素,话语就无从理解,因此,包含这种指索词的语句(即索引句:index sentence)便无真假,在逻辑上只是句子而非命题,这样的句子也就失去了存在的价值。1923 年,马林诺夫斯基(B. Malinowski)在《原始语言中的意义问题》中首次使用了"语境"(context)这个术语。①

20 世纪 80 年代中期,斯伯波(D. Sperber)和威尔逊(D. Wilson)在其著作《关联性:交际与认知》中明确提出"语境是一个心理建构体(psychological construct),是听者关于世界假设的子集。正是这些假设,而非实际的客观世界,制约了话语的解释。"②他们从认知的角度来研究语境,并且定义了"认知环境"(cognitive environment)的概念:"一个人总的认知环境是他所明白的一系列能感知并推断的事实构成的集合:这所有的事实对于他来说是显明的。一个人的总认知环境是由他的认知能力和其所处的物理环境所决定的。"③他们突破了传统的语境概念,提出了一个新的语境观,虽然他们在著作中并没有十分明确地提出认知语境的概念,但从这里可以看出,他们所说的认知环境和语境,在一定意义上来说,就是我们今天所认同的认知语境。

20 世纪 90 年代初,丹麦语言学家梅伊(J. L. May)立足于交际的事实提出了语境的动态性。他说:"语境是动态的,它不是静态的概念,从最广泛的意义上说,它是言语交际时不断变动着的环境。交际者在这样的环境里进行言语交际,并且从这样的环境中获得对交际言语的理解。"④这是一种以"语言使用者为指向"(user-oriented)的语境观。由于以语言使用者为指向,语境就会随着不同的

①　MALINOWSKI B. The Problem of Meaning in Primitive Languages[M]// VERSCHUEREN J. Understanding Pragmatics. Beijing:Foreign Language Teaching and Research Press,London:Edward Arnold. 1999/2000:75.

②　SPERBER D,WILSON D. Relevance:Communication and Cognition[M]. Beijing:Foreign Language Teaching and Research Press. Oxford:Blackwell Publishers Ltd. 1986/2000:15.

③　SPERBER D,WILSON D. Relevance:Communication and Cognition[M]. Beijing:Foreign Language Teaching and Research Press. Oxford:Blackwell Publishers Ltd. 1986/2000:39.

④　MEY J L. Pragmatics:An Introduction[M]. Beijing:Foreign Language Teaching and Research Press;Oxford:Blackwell Publishers Ltd. Second edition. 1993/2001:39.

使用者、不同的使用群体、不同的语言而不同。

可见，自然语言语义的动态性或语境依赖性使其不可能仅仅依靠静态语义描写来实现其充分完整的刻画，必须包含语言使用的语境因素。从抽象层面看，语境的动态性体现在上下文的信息影响、不同语境对参数有不同赋值等方面。这种对于动态性的关注也成了现代语言逻辑的发展最核心的线索，逻辑学者也尝试运用形式机制来对语境、动态环境中代词与先行词关联方式、由一类信息推出另一类信息的方式等等进行刻画。

蒙太格（1974）在《语用学》（*Pragmatics*）和《语用学与内涵逻辑》（*Pragmatics and Intensional Logic*）两篇论文中对语用推理进行了初步的形式化描述。他认为，语用学所研究的问题是与语境相关索引句的语义问题，语义解释引入语境因素的目的是便于确定索引句的真假。为此，他建立了一套语用形式化的自然语言语句系统。该系统扩充了语境参照的范围，涉及主体、时间、空间三因素，包括背景知识、信念期望等与人们使用语言的认知特征有关的内容，构建了更完善的包含索引表达式的形式系统及其语用解释模型。[①]

近年来，动态语语义学研究成为语言学和逻辑学交融的重点领域。动态语义学持一种内涵语义理解方式，认为语义是改变信息的方式。语义是一个关于如何用新信息更新一个现存语境的指令，通过这个指令，现有的文本（text）或话语（discourse）片段作为输入对现有语境进行更新，得到一个新的语境。海姆在1983年发表的《预设的投射问题》中，定义了"语境转化潜力"（context change potential，CCP）。[②] 语境转化潜力是一种对语境转化过程进行凸显的机制，语境是理解当前语句语义的前提，它为语义解释提供必要信息的信息状态，新语句把命题和语境结合，得到所有满足命题的可能世界的交集。从技术上看，一个语句的语义不是命题（或者说是可能世界集），而是将当前语境映射到语义作用后得到的新语境的函数 $f: \wp(\mathrm{W}) \to \wp(\mathrm{W})$。语句的 CCP 和该语句所表达的命题之间的关系为，假设 c 在 w 中为真，且 c 承认语句 S，则 S 相对于语境 c 在 w 上为真，当且仅当 c+S 在 w 上为真。如果当前语境 c 不承认语句 S，则 c 在最小改

---

① 邹崇理.自然语言逻辑研究[M]. 北京：北京大学出版社，2000：94.

② HEIM I. On the Projection Problem for Presuppositions[C]//BARLOW M, FLICKINGER D, WESCOAT M T. Proceedings of the Second West Coast Conference on Formal Linguistics. Stanford: CSLI, 1983：114-125.

变下转变为接受 S 的 c'。

诚然,语境被认为是语用学讨论的话题,因此的确可以说语用学在一定意义上是语境学。但语言使用是一个整体的互动过程,语用和语义的界限并不是明确清晰的,对一些语词或语句来说,脱离了语境,就会影响到意义的理解,因此语义理论也无法忽视表达在解释中语境的作用。冯友兰就曾讲过这样一个笑话,说是先生给学生讲《论语》,讲到"吾日三省吾身",先生说,"吾"就是我呀。学生放学回家,他父亲叫他回讲,问他"吾"是什么意思。学生说"吾"是先生。父亲大怒,说:"'吾'是我!"第二天去上学,先生又叫学生回讲,问"吾"是什么意思?学生说"吾"是我爸爸。先生没有办法叫学生明白"吾是我"。因为,这个"我"是抽象的"我",既不是他的先生,也不是他的爸爸。它的内涵是说话人的自称,它的外延则是具体语境中的那些说话人,当先生说话时,外延是先生,父亲说话时,外延就是父亲。

事实上,存在大量必须依赖于语境才能确定真值的语句,如"我""你""他""我们"这样的人称代词、"这里"与"那里"这样的地点表达式以及"这"与"那"这样的指示代词。这类词通常也被称为指索词。

例 4 - 1. 最近新上映了一部电影。

例 4 - 2. 他认真地对我说:"我有一个梦想。"

例 4 - 1 中"最近"指与说话发生时间相临近的时间点,对于不同的说话时间,"最近"所指向的时间点并不相同。类似地,例 4 - 2 中的"我"在不同的会话场景中指称不同的个体,且两次出现的"我"指代的也是不同的个体:第一个"我"指向说话人/描述发出者,而第二个"我"则和语句中的"他"指向相同对象。为了寻找统一的解释,给出这些代词自身的语义,就需要回到内涵语义上,指索词的意义取决于说者、听者,说话时的具体时间和地点等等相关的语境因素。如"我"的内涵是说话人,"此时""这里"的内涵是会话发生的时间和地点。

但经典逻辑是一种外延逻辑,它的命题是独立于时间和空间的,逻辑语言不反映主体、时间和空间这类语境敏感的要素,命题最后的真假赋值也与语境无关,呈静态特点。

4.1.2　语境的认知构建①

认知语用学的基础是关联理论，而"关联是一个依赖语境的概念"，因此，关联理论的语境观便成了认知语用学研究的焦点。这种语境观有别于传统的语境概念，是一种认知语境（cognitive context）观。它从认知的角度来研究语境，是"语境研究的新思路"（彭建武，2000）。② 王建华等提出"对语境性质的探讨，实际上便是语境理论研究深化的一个表征"，③他们把语境的性质归纳为：现实性、整体性、动态性、差异性和规律性。认知语境作为语境研究的特殊视角，理应具有自身的特性。

1. 认知语境是心理建构体

斯珀波和威尔逊在其著作《关联：交际与认知》中明确提出从认知的角度来研究语境，并且定义了"认知环境"（cognitive environment）的概念。他们认为："一个人总的认知环境是他所明白的一系列能感知并推断的事实构成的集合：这所有的事实对于他来说是显明的。一个人的总认知环境是由他的认知能力和其所处的物理环境所决定的。"④他们突破了传统的语境概念，提出了一个新的语境观，他们说："语境是一个心理建构体（psychological construct），是听者关于世界假设的子集。正是这些假设，而非实际的客观世界，制约了话语的解释。"⑤虽然他们在著作中并没有十分明确地提出认知语境的概念，但从这里可以看出，他们所说的认知环境和语境，在一定意义上来说，就是我们今天所认同的认知语境。这一语境观受到了国内外众多学者的广泛关注。如尤斯（Y. R. Franscico）在"A Decade of Relevance Theory"一文中阐述"语境的重要性"时说："斯珀波和威尔逊反对把语境描述成在交际过程中预先进入对话双方的独立实体，他们提出了一个更为动态的语境观，在交际过程中，为了选择正确的解释，语境必须作

---

① 原载黄华新，胡霞.认知语境的建构性探讨[J]. 现代外语，2004(3)：248 - 254。
② 彭建武.语境研究的新思路——认知语境[J]. 山东科技大学学报（社会科学版），2000(1)：69 - 71.
③ 王建华，周明强，盛爱萍.现代汉语语境研究[M]. 杭州.浙江大学出版社，2002：65.
④ SPERBER D & WILSON D. Relevance：Communication and Cognition[M]. Beijing：Foreign Language Teaching and Research Press，2001：39.
⑤ SPERBER D & WILSON D. Relevance：Communication and Cognition[M]. Beijing：Foreign Language Teaching and Research Press，2001：15.

为一个建构体被建构和发展。"①何自然等也认为"关联理论的语境观不同于人们对语境的传统认识,语境被视为一个心理结构体"。② 传统语境被认为是给定的,但从认知的角度来看,"语境不是,至少不完全是说话人通过话语而预先设定的,而是听话人的一个重新构建"。③ 所谓建构体或结构体(construct),心理学上又称构念,阿瑟·S. 雷伯说:"每当一个人在几个物体和事件之间建立起关系时,实质上他在推断一个构念。在通常的用法中,它的含义是一种假设的构念,即该过程不是事实上可观察的或客观上可测量的,而是假定存在着的。"④认知语境植根于人类的心理,作为一个心理建构体,它与心理学上所说的建构有诸多相似。完形心理学(格式塔心理学)认为,客观世界的任何事物都需经过人的知觉活动的积极建构而成为经验中的整体。例如,面对长城,我们知觉到的不是一块砖,一抓土,也不是砖土的简单堆砌,而是中国人民用智慧和汗水构筑起来的一个统一整体象征中华民族的伟大建筑。这个整体的完形不仅仅是指客观的形,它还是经验中的结构对客观之形进行组织建构的一种动态过程和结果。所有建构主义者的理论要点是把知觉经验看作不只是对刺激的直接反应,而是以假设的认知和情感的操作为基础的精炼和"构造"。⑤ 随着认知心理学的兴起,知觉被看作一种主动的和富有选择性的构造过程,过去的知识经验主要是以假设期望或图式的形式在知觉中起作用的。……知觉因而是以假设为纽带的现实刺激信息和记忆信息相结合的再造。⑥ 认知语境作为一个心理建构体与心理学上的建构一样,都强调了主体基于原有的知识和经验对新信息的意义的建构,它是新输入的环境信息与大脑中的已有信息相互作用、相互整合而"凸显"的结果。从外部世界输入的或可感知的当前信息,从记忆中所提出的经验信息,以及两种信息中所推导出来的新信息,它们以语境假设的形式构成了话语理解的潜在认知语境。因此,认知语境并非凭空自生,也非交际双方大脑中所固有,而是交际者基于生活的经验,在对当前外部信息的感知、整理与记忆的基础上形成的。记

① FRANSCICO Y R. A decade of relevance theory[J]. Journal of Pragmatics. 1998,30:307.
② 何自然,冉永平.语用与认知——关联理论研究[M]. 北京:外语教学与研究出版社,2001:53.
③ 刘家荣.话语相关与认知语境[M]. 北京:外语教学与研究出版社,2001:150.
④ 雷伯.心理学词典[M]. 李伯黍,等译.上海:上海译文出版社,1996:172.
⑤ 雷伯.心理学词典[M]. 李伯黍,等译.上海:上海译文出版社,1996:172-173.
⑥ 王甦、汪安圣.认知心理学[M]. 北京:北京大学出版社,2001:35-36.

忆中的经验信息与当前的外部输入信息（或可感知信息）是认知语境的外在源泉，正是因为这两种信息的存在，保证了主体对客体的主观建构具有了一定的客观性，离开了这二者，认知语境也就成了无源之水，无本之木。

2. 认知语境的建构基础

认知语境作为一个心理建构体，其构成因素自然也是众多学者研究的对象，而这些构成因素则是认知语境得以建构的基础。从目前的研究来看，对认知语境构成因素的分析比较典型的包括斯珀波、威尔逊以及何自然，他们均认为认知语境由三种信息组成：逻辑信息、百科信息和词语信息；[①]熊学亮在其单向语境推导模式中所分析的认知语境则涉及情景知识（具体场合）、语言上下文（工作记忆）和背景知识（知识结构）。[②] 根据斯珀波和威尔逊当初对认知环境的定义以及有关学者对其构成因素的分析，我们认为认知语境建构的基础是交际话语的物理环境、交际者的经验知识以及个人的认知能力。其中物理环境和经验知识是认知语境建构的物质基础，它们犹如建造一座大厦所需的砖瓦和钢筋等建筑材料。物理环境包括当前的输入信息"抽象语句"和当前可感知的时空因素等，这些来自外界的刺激组合而成某种刺激结构即模式，诸如物体、图像、字符、语音等，它具有一定的客观性；而经验知识带有一定的主观性，它是以图式的方式存在于大脑中的认知结构和知识单位，它们一旦被当前的物理环境所激活，就形成了理解当前话语的语境假设，能否被激活则取决于个人的认知能力，取决于个人对当前模式的识别，"模式识别是人的一种基本的认知能力或智能"。[③] 当个人能够确认他所识别的模式时，就会从经验知识中寻找与其相匹配的图式，建构一系列语境假设作为推理的前提，从这一点来说，逻辑推理也是个人必需的认知能力。因此，认知能力主要表现为模式识别和逻辑推理，它们是从客观物理环境通向主观经验知识的一座桥梁。我们试引用莱文森的一个例子作分析：[④]

---

① SPERBER D, WILSON D. Relevance：Communication and Cognition［M］. Beijing：Foreign Language Teaching and Research Press, 2001：39；何自然.语用学与英语学习［M］. 上海：上海外语教育出版社,1998：126.

② 熊学亮.认知语用学［M］. 上海：上海外语教育出版社,2001：177.

③ 王甦、汪安圣.认知心理学［M］. 北京：北京大学出版社,2001：47.

④ LEVINSON S C. Pragmatics［M］. Beijing：Foreign Language Teaching and Research Press, 2001：104.

例 4 - 3. A：Let's get the kids something.

B：Okay，but I veto I-C-E-C-R-E-A-M-S.

在 A、B 的对话中，来自物理环境的可感知信息为"孩子在场"和对话者所发出的抽象语句即语音模式，因此要建构一个理解 B 所说的"but I veto I-C-E-C-R-E-A-M-S"认知语境，就必须识别当前"孩子在场"这一场景模式和语音模式"but I veto I-C-E-C-R-E-A-M-S"，尤其是"I-C-E-C-R-E-A-M-S"的识别在此非常关键。通过对场景模式和语音模式的识别，激活了听者大脑中关于"孩子吃冰激凌"的图式结构：如孩子拿起小勺，把冰激凌一半送到嘴里，同时一半滴在地板上，如此反复，直到孩子吃得肚子疼痛，等等，从而推理得出 B 向 A 传达的意思是 B 避免在孩子在场时直接提及 ice cream，以免孩子听到后会向父母提出关于 ice cream 的要求。B 所说的话也正是利用了孩子在此不能识别 I-C-E-C-R-E-A-M-S 这一语音模式，从而不具备建构所需认知语境的认知能力。因此说，物理环境如果不能被识别，不能激活交际者的图式结构，就会永远游离于交际者的认知语境之外，交际者也就无从建构其认知语境。

交际话语的物理环境、交际者的经验知识与个人的认知能力三个方面共同决定着认知语境的最终建构。正如斯珀波和威尔逊所说："我们并不能建构同样的心理表征，因为一方面我们狭义上的物理环境不同，另一方面，我们的认知能力不同……人们说不同的语言，掌握了不同的概念，结果，人们能够建构不同的心理表征并做出不同的推理。他们也有不同的记忆，不同的推测以不同的方式与他们的经验相关。因此，即使他们都共享同样的狭义上的物理环境，但我们所称之的'认知环境'，仍然是不同的。"①

尽管我们对认知语境建构的基础作了分析，但在话语交际中，我们最终所建构的认知语境是以语境整体的形式在交际中发挥作用的，这个语境整体是其各部分的有机组合，而非简单相加。认知语境与世界上的其他每一事物一样，固然有其组成部分，但我们又必须看到，这些组成部分是依赖于认知语境这个整体而存在的。没有游离于整体的部分，也没有失去部分的整体。由于受原子主义方

---

① SPERBER D，WILSON D. Relevance：Communication and Cognition[M]. Foreign Language Teaching and Research Press，2001：38.

法论的影响，以前的语境研究大多采取分析的方法，语境被分割为若干相互独立的部分，以致造成了只见树木，不见森林的状况。单独的分析与综合无益于科学的研究，只有通过分析与综合的统一才能达到对事物正确而全面的认识。对认知语境的认识尤为如此。分析与综合的统一一直是辩证思维的重要方法，分析离不开综合，综合也离不开分析。分析是整体的分析，整体是分析的整体；分析必须以综合为指导和归宿，而综合则必须以分析为基础。我们应用分析—综合的方法，在对认知语境的建构基础进行分析的前提下，通过综合把其中各个组成部分的知识联结起来，以获得关于认知语境的全面而深刻的整体性知识，从而最终认识认知语境的内在本质。正如郭贵春所说，我们应当"从整体论的视角出发，在多元性因素的相互关系中展示和把握意义的运动"。①

3. 认知语境的建构视角

认知语境的建构必须由认知主体来完成，所谓认知主体包括听者和说者。语用学的"主体"是一个具有构造性的概念，或者说是一个被构造出来的东西（盛晓明，2000：12），这里所说的"构造"就是指认知主体对语境的建构，只有这样，才能实现说者和听者之间的交往和理解。人在认知语境的建构过程中居于核心地位，很多学者在研究语境的时候也看到了这一点。例如，梅伊提出了以"语言使用者为指向"（user-oriented）的语境观；维索尔伦（J. Verschueren）把语言的表达者和解释者置于语境框架的中心。人们开始把目光聚集在符号的使用者身上，语用学最终回到了莫里斯所下的初始定义："关于指号和它的解释者（即使用者）之间的关系的研究。"②由于人在认知语境的建构过程中起着核心作用，那么以人为视点，就形成了三个不同的建构视角：主体性、主体间性、主客体间性。

认知语境建构的主体性是指认知主体从自己的信念、态度、知识等出发建构认知语境。例如当 Thatcher 说出"I always treat other people's money as if it were my own"，③可能被解释为隐含非常细心或粗心，这要取决于认知主体Thatcher 对待自己金钱的方式。认知语境因人而异，作为人们所明白的一系列能感知并推断的事实或假设的集合，话语会随着听话人的假设朝不同的方向扩

---

① 郭贵春.语境与后现代科学哲学的发展[M]. 北京：科学出版社，2002：149.
② 周礼全.逻辑——正确思维与有效交际的理论[M]. 北京：人民出版社，1994：22.
③ WILSON D. Relevance and understanding[M]//BROWN G, MALMAKJAER K, POLLITT A, WILLIAMS J. Language and Understanding. Oxford：Oxford University Press，1994：39.

充。面对郑板桥的"难得糊涂",豁达者作与世无争的注解,精明者为偶有失误解嘲,治国者监大事而略小节,治家者和家庭而息事端,涉世者知人至察则无徒,无世者哺糟啜粕随波逐流,皆为之"难得糊涂";①正所谓"骋无穷之路,饮不竭之泉"! 人具有认知的潜能,不同的认知主体,具有不同的身份、阅历、信念、态度、知识等等,这使得每个人所建构的认知语境极富个性,在现实生活中产生了一句话百样说的多彩局面。相传有几位不同身份的人在开封相国寺分别写下了几首不同的"酒、色、财、气"诗。宋朝佛印和尚曾即兴挥毫:

例4-4. 酒色财气四堵墙,人人都往墙里藏;若能跳出墙垛外,不活百岁寿也长。

后来时任宋朝宰相的王安石则从另一个角度尽情发挥:

例4-5. 世上无酒不成礼,人间无色路人稀;民为富财才发奋,国有朝气方生机。

佛印和尚身为出家人,根据自己的知识、经验及信仰,从佛家的清规戒律出发,对"酒色财气"的消极面作出描绘,从而对之持否定态度;而王安石作为一位推行新法的宋朝宰相,赋予"酒色财气"以积极色彩,从而对之持肯定态度,显示了一个政治家积极进取的思想境界。② 不同的认知主体立足于当下的建构基础,对同一客观对象进行了不同的分析,从而建构了不同的认知语境。

认知语境建构的主体间性是指认知主体从主体之间的关系即听者与说者之间的关系出发建构认知语境。主体间性在话语交际中具体表现为说者和听者之间的关系,每一个说者都隐含着一个或多个听者,这样一来,"语用学所谓的'主体性'一开始就意味着一种'主体间性'"。③ 认知主体如果从不同的主体间性出发,则会建构不同的认知语境,例如下面是一位母亲和其六岁女儿的对话:④

---

① 冯文华,张俊芳.理解生成方法析[J].社会科学战线,2003(6):248-250.
② 彭漪涟.古诗词逻辑趣谈[M].上海:上海人民出版社,2001:360-361.
③ 盛晓明.话语规则与知识基础[M].上海:学林出版社,2000:12.
④ 杨吉春.言语和角色不协调的效果[J].语文建设,2001(5):39.

例 4 - 6. 母亲：(下班回到家，躺倒在沙发上)吴洋，倒杯水给我。

女儿：(正在看电视)自己倒。

母亲：唉，小宝宝口渴了，也没人倒点水来喝喝。

女儿：(马上站起来拿杯子)噢，小宝宝，你口渴啦！妈妈马上倒水给你喝啊！

在第一话轮中，当母亲从恒定的、传统的母女关系出发，以母亲的身份命令女儿倒水时，激活了女儿大脑中原有的"母亲倒水"图式，由此女儿所建构的认知语境是：母亲是大人，母亲应该自己倒水；在第二话轮中，母亲一反传统的、恒定的母女关系，建构了一个临时的、新型的母女关系。母亲以"小宝宝"自称，恳求"母亲"(女儿)倒水，这同样激活了女儿大脑中的"母亲倒水"图式，但此时所建构的认知语境则为：母亲是"小宝宝"，小宝宝应该由"母亲"倒水，这时女儿义不容辞地充当了"母亲"的角色。

主体之间的关系制约着主体之间对认知语境的建构，从而影响交际效果。为了建构一个新型的有利于交际的认知语境，说者有必要设计好自己的发话，积极主动地为听者创造一个建构认知语境的条件，以形成一个良好的主体间性。例如著名教育工作者曲啸先生曾应邀为某市的少管所犯人演说，面对我们与犯人这样一种尴尬的关系，他确定了一个别开生面的称呼："触犯了国家法律的年轻朋友们"，这样一来，改变了主体之间的尴尬关系，激活了听者的"朋友图式"，从而使得听者得以建构新型的认知语境。

认知语境建构的主客体间性是指认知主体从主体自身与当前客观的物理环境之间的关系出发建构认知语境。尽管我们说认知语境是一种已经内在化了的语用知识，熊学亮的"暗室实验"已经说明了此问题，[①]但主体对自身与当前环境之间关系的识别是其客观环境内在化的前提，没有对这一关系的识别，或对这一关系的识别产生了误差，那么主体的内在化语用知识就无从激活或激活错误，从而导致所建构的认知语境产生巨大的差异，甚至相悖，以致酿成悲剧。例如有名的"曹操杀吕伯奢家"便是一例。

---

① 熊学亮.认知语用学[M].上海：上海外语教育出版社，2001：114.

例 4 - 7. 二人(操与宫)潜步入草堂后,但闻人语曰:"缚而杀之,何如?"操曰:"是矣! 今若不先下手,必遭擒获。"遂与宫拔剑直入,不问男女,皆杀之,一连杀死八口。搜至厨下,却见缚一猪欲杀。

(《三国演义》第四回)

说者所建构的认知语境是基于这样一个事实关系:在当前家中良好的氛围里,来者便是客,在有客人到来的客观环境里,自己则是主人。有朋自远方来,应当盛情款待,杀猪待客便是一种较好的方式,"之"代指猪,因此"缚而杀之";而听者是逃亡之人,如惊弓之鸟,当听到"缚而杀之",他从自己在当前的客观环境中是逃犯出发来建构认知语境,从而推理得出"之"代指本人。由于主体对自己与所置身的客观环境之间的关系识别不同,从而导致各自所建构的认知语境不同。客观环境时时刻刻都在变动之中,如时间、场景等等,随时都会改变主体与客观环境之间的关系。例如学生 A 和 B 在自习课上的谈话:

例 4 - 8. A:昨晚的《笑傲江湖》演到哪儿了,我家后来停电了。
　　　　　B:这道题怎么做啊?

原来,老师突然来到了他们面前,学生 B 即刻识别了当前客观环境中的新输入刺激,从自己在当前的场景中是一名学生出发,重新调整并建构了新的认知语境,而 B 如果没有重新识别这种关系,则会对 A 的话无从理解,即使他有关于在老师面前不能谈论电视剧的语用知识也无法建构新的认知语境。因此,尽管我们强调已经认知化了的语用知识,但主体还是不能忽略自己当前所处的客观环境,必须考虑到主客体间的关系来建构认知语境。如果完全撇开变化的客观环境,上述对话是无法理解的。

4. 认知语境的建构过程

认知语境的建构过程是指认知主体通过自己的认知能力,根据对当前物理环境的模式识别,运用已有图式结构中的知识形成语境假设的过程,它包括模式识别、图式激活、知识选择和假设形成四个阶段。例如 2024 年元宵节前夜,A、C 为 B 的学生,其中 C 已毕业在某一高校当教师,回老家一直未归。A 和 B 的对话如下:

例4-9. A：C什么时候回来啊？

B：可能过了中秋节回来吧。

A：噢。

A明白B(本来)是说，C可能过了元宵节(并非七八个月之后的中秋节)回来，但A没有纠正B的话，因为B是A的老师，而且A确信自己的理解是正确的。A能够识别B话语的语音模式、当前的时间模式(元宵节将至，元宵过后不久将开学)和C的工作模式，由此激活A大脑中的相关图式结构有：C的角色图式、元宵节图式、回来图式。"我们把图式概括为过去经验的知识集合，这些经验被组织成有关的知识块并且在熟悉的情境中被用来指导我们的行为。"[①]A所激活的图式结构有如下知识内容：

C的角色图式，C是教师，C有寒暑假，C开学后要按时上班……

元宵节图式：元宵节是正月十五，元宵节要吃汤圆，元宵节要舞龙灯……

回来图式：从另一地到说话地，出发时间，到达时间，路上使用的交通工具……

一个图式包含很多知识，每次参与建构认知语境的知识并形成语境假设的并非一个人知识或经验的全部，"一切有可能形成语境的主客观因素，若失去了和言语交际的联系，便丧失了充当语境的条件"。[②]主体在建构认知语境的过程中，根据相关性来选择与话语有关的知识作为语境假设，无关的知识则被忽略。理解话语实际上就是对该话语的认知过程，吉恩奇利亚(Giunchiglia)说："就某种意义上而言，人们广泛地认同许多认知过程是由语境决定的，认知过程取决于一个由环境或语境组成的变量集合。推理通常是基于全部知识库的子集而完成的，我们决不会考虑我们知道的所有知识，而仅仅是一个非常小的子集，这是我们基本的直觉知识。"[③]A在对图式激活后的知识进行选择后，形成了自己的语境假设：

---

① NISHIDA H. A Cognitive Approach to Intercultural Communication Based on Schema Theory [J]. Intercultural Relations. 1999, 23(5)：755.

② 刘焕辉.语境与语言交际[C]//西槙光正,主编.语境研究论文集.北京：北京语言学院出版社，1992：441.

③ 转引自 BOUQUET P, et al. Theories and Uses of Context in Knowledge Representation and Reasoning[J]. Journal of Pragmatics. 2003,35：455-484。

元宵节将至，

快开学了，

C 必须回来上班，

C 不可能在老家直到中秋节。

由此而建构的认知语境作为推理的前提，便可得出结论：并非 C 可能过了中秋节回来，而是 C 过了元宵节回来。

对于认知语境的建构过程，我们可以用下图来表示：

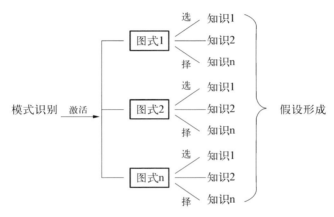

图 4-1　认知语境的建构过程

模式识别激活了 n 个图式之后，有可能不会马上进行知识选择，而是由这 n 个图式又激活 n' 个图式再进行知识选择。因此，从认知语境的建构过程来看，日常交际中的每一次简单对话似乎都需要涉及许多认知运作程序，而事实上，交际双方对这些复杂的过程却没有直接的知觉，认知语境实际上是一种"缺省语境"，这种缺省是人们通常情况下的默认与规约。"当有人叫我们思考一个句子，其语境未受到具体说明时，我们将会自动地在我们经常遇到的这种语境中听这个句子。"[1]这是一种自觉的无意识的行为。"拉可夫认为，在对话的瞬间时刻，我们不可能这么快地通过意识知觉来接受并处理这样复杂的程序。因此，这样的处理程序是隐藏在认知意识之下的，我们的思维依赖于这种无意识的模型。"[2]

---

① 　转引自 VAROL A. Rethinking Context as a Social Construct[J]. Journal of Pragmatics，2000，32：743-759。

② 　蔡曙山.经验在认知中的作用[J]. 科学中国人，2003(12)：37-39.

然而这种无意识并非从天而降,它是人们在多次甚至是无数次重复某一意识过程之后形成的心理行为模式,如有经验的驾驶员看见红灯紧急刹车。也就是说,无意识之前有一个有意识的过程,正是存在这样一个有意识的过程,为我们对认知语境的建构和解构提供了可能。

4.1.3　语境的逻辑结构

广义的语境是对语言使用环境各种要素的统称,其构成随着言语发生的背景和主体变化而变化,难以用统一的形式来描写。但它又在方方面面影响着语句基本语义的确定,因此长期以来,许多语言逻辑学家对语境的表示问题有过专门的研究。斯托内克尔提出了一种基于言语行为和动态视角的方法来理解语境,[①]通过理解言语行为和语境的一般结构,为语义分析提供更简单的解释。他认为,言语是一种行为,而这种行为实施的效果就是它们是如何影响它们被执行的情境的。语境在这一过程中扮演了两个不同角色:它既是言语行为所依赖的对象,也是解释言语行为所依赖的相对信息的来源。为了解释这两个角色的相互作用,我们需要一个单一的语境概念,它将代表关于情境的信息,这些信息既与语境在决定内容方面的作用有关,也与解释被决定的内容如何在情境中起作用有关。也就是说,在他的观点中,语境不仅承载了话语的预设内容,还包括了说话者想要表达的陈述。斯托内克尔将语境描述为"可能世界"的集合,这些可能的世界与我们假设或预设的事实是一致的。这个观点成为他的语境理论的核心。

在前一章中讨论的预设就可以视为一种语境。斯托内克尔把预设处理为一个克里普克模型,并指出模型中的关系要满足持续性(serial)、传递性(transitive)和欧性(euclidean),但不一定满足自反性(reflexive)。要求传递和欧性,是因为预设是透明的:如果人们在预设,则预设他们在预设,如果不在预设,则预设了他们不预设,相当于认知中的内省和负内省。要求持续性是因为语境集非空,语句总会存在最基本的一些预设。而没有自反性则是因为话语发生的实际世界不必与该话语的语境相容(预设可以是假的),说话者可能仅仅因为他对话语的主题或话语本身有错误的信念,就预设了一些错误的东西,也可能是为了欺骗,或

① STALNAKER R. On the Representation of Context[C]// GALLOWAY T, SPENCE J. SALT VI, Ithaca, NY: Cornell University, 1996: 279 - 294.

者因为某种双方都认可的伪装而预设了一些虚假的东西。

当然，预设的东西不一定是交际主体共同的信念，可以只是说话人认为它是共同信念，即使说话者和听话者的实际预设是不同的，说话者预设思想的一部分是，它预设了话语中不同参与者的预设是相同的。话语语境可以用一组可能情境/可能世界来表示，这些可能的情况与说话者所假定的信息是共同的基础，或者是所有参与者所共享和认可的信息相兼容。因此，一个成功的陈述会以两种不同的方式改变语境：一种是它提出的事实改变先前的语境，另一种是当它作为断言被接受，这一行为被添加到语境中。

在代词（pronouns）和非限定性指称（indefinite reference）的问题上，斯托内克尔认为，代词和先行词的对应取决于每个语境中是否有唯一突出的对象能满足陈述。比如坎普提到过这样一个例子：①

例 4 - 10.（a）十个球中正好有一个不在袋子里。它在沙发下面。
　　　　　　（b）十个球中正好有九个在袋子里。它在沙发下面。

（a）中我们倾向于认为"它"指的是那个不在袋子里的球，（b）中则倾向于理解为指装球的袋子。（a）和（b）中前一句话在真值条件上是等价的，但第二句话虽然是完全相同的语句，但含义却不同，在某些可能的世界中，它们可能满足不同的真值条件。这是因为，像"它"这样的代词需要一个语境，在这个语境中，某个适当类型的个体是唯一突出的，或者在某种程度上是可参考的。抽象框架本身并没有说明哪些特定的事实是突出的，它的指称取决于特定的可能世界中的满足唯一性这一性质的个体。这里，前一句话对先前的语境做出了不同的改变，使得不同的个体被突出，（a）中是那个唯一的球，（b）中是唯一的袋子。

语境对于非限定指称而言也类似。比如说"一个有趣的女人"，而不是"这个有趣的女人"，就没有指定特定的女人，所以说话人在语境中的每个可能世界中遇到的不一定是同一个有趣的女人，也不排除说话人在与信息兼容的一些可能世界中遇到几个有趣女人的可能性。真正需要的是，在每一种与上下文相容的

① KAMP H. Comments[C]//Grim R & Merrill D (eds.). Contents of Thought. Tucson: University of Arizona Press, 1988: 156 - 181.

可能情况下,都有一个唯一的可用的"指示对象"。

斯特劳森也举过一个著名的例子:①

例4-11. A:一个人从悬崖边上掉了下去。

　　　　　B:他没有掉下去,他是跳下去的。

在这段对话中,A 成功地在语境中提供了一个特定的人作为参考,B 能够索引到一个特定对象,这样对于听话人 B 而言,A 提出的是一个完整的陈述。然后 B 提出了异议,表示该陈述不被他接受,对话可能会发生这样的转折:在 B 说"他没有摔倒;他跳了"的时候,A 纠正了这个错误,说:"不,我不是指那个人。我同意他跳下去了,但我说的那个人他真的掉下去了。"尽管 B 心中有一个特定的人,他认为这个人是他的"他"的指涉者,但 A 心中指的是他所指的那个人,这就是 B 可以被纠正的原因。但是,即使 Y 的反驳被拒绝了,他还是通过这句话改变了先前的语境,由此让 A 可以参考新的语境锁定到他所指的那个对象。

可见,这种语境突出的功能是普遍存在的,听话人的反驳也是在通过这种突出作用锁定特定主体后才能提出的,说话人进一步对这一反馈做出反驳,则是遵循听话人的索引确定到同一对象后进行的。

对语境的另一种常见的处理是,将语境视为一个"开放"概念。卡普兰(D. Kaplan)将语境定义为一系列参数构成的一个有序 n 元组:一个可能世界 w、一个时间中的时刻 t、一个说话者 s、一个听话者 a 和一个地点 p。② 当然,根据需要也允许其他参数加入此列表。说话者、听话者和地点这些参数常常在某时刻的某个可能世界框架内进行处理。那么,可以把处于时间时刻上的世界标记与为指定说话者、听话者和地点而使用的语境区别开来,从而有可能在解释随着标记的变化而变化的表达式与依赖于使用语境的表达式之间画出相对清晰的界线。根据这样的说法,这些可能的参数是无限的。因此,他们更倾向于把语境作为一个不加分析,却可以有某些性质的概念。他们更愿意说,存在包含说话者 a 和听话者

---

① STRAWSON P F. Introduction to Logical Theory[M]. London: Methuen & Co.1952: 187.

② KAPLAN D. Demonstratives[M]//ALMOG J, et al. Themes from Kaplan. Oxford: Oxford University Press, 1989: 481 - 563.

b 这种性质的语境,而不是把语境限定为一个说话者 a 与一个听话者 b。那么,语境中的真值状况不再依赖于语境中的任何参数,而是依赖于那个语境的性质。

在第二章中我们提到过有从言和从物两种解读方式的模态辖域歧义,比如:"美国总统本可以是共和党人。"可以取从物模态的解释,美国总统指拜登,他本也有成为共和党的可能,这句话是说"拜登本可以是共和党人"。逻辑表达式为 $\exists x[x = \text{the president} \wedge \Diamond Rx]$;也可以取从言模态的解释:总统只是一个属性,共和党人本来应该当总统,也就是有个人可能满足共和党和总统两个属性。这句话是说"一个共和党人(可能是特朗普)本可以赢得上次选举",逻辑表达式为 $\Diamond \exists x[x = \text{the president} \wedge Rx]$。这里,我们把限定性短语换成代词:

例 4 – 12. 我本可以是共和党人。

对应的从言和从物模态:

（a）从物:$\exists x[x=说话者 \wedge \Diamond Rx]$

（b）♯从言:$\Diamond \exists x[x=说话者 \wedge Rx]$

其中(a)说的是当前的美国总统(拜登)本可以是共和党人,(b)说的是本可以是一个共和党人在说话。在自然语言的理解中,只有解读(a)能被接受。模态词只能取广域,不能得到从言模态的解释,也就是说,代词只能解释为指代的对象,而不能取说话人这个描述。

为此,卡普兰提出了一种二维分析方式(A Kaplanian two-dimensional analysis 2DK)。在这个二维语义中,表达式是关于两个参数来解释的:上下文 c 和求值世界 w。假设一个量化模态逻辑 L 的语言(具有两个特殊的项"you"和"I"),L 的标准 Kripke 模型 $M=<W,R,D,I>$,基于 M 的上下文是一个包含实际说话人,实际听话人,实际世界和更多可能世界组成的元组。

定义(2DK 的语境)

给定一个模型 $M=<W,R,D,I>$,基于 M 的语境 c 是一个 n 元组 $<s_c, a_c, \cdots w_c>$,其中:

(i) $s_c, a_c \in D, w_c \in W$;

(ii) $s_c = \| 说话者 \|_{M,c,w_c,g}, a_c = \| 听话者 \|_{M,c,w_c,g}$。

表达式 $\|\alpha\|_{M,c,w,g}$ 表示 α 在上下文 c 中使用时的语义值,并相对于世界 w (和赋值 g)进行评估。虽然对非索引表达式的解释在不同的语境中是稳定的,但对索引表达式的解释可以根据语境参数而变化:"我"指的是语境 c 中的说话者 s_c,"你"指的是语境 c 中的听话者 a_c,如下定义所示:

定义(2DK 的指索词)

$\|我\|_{M,c,w,g} = s_c$(语境 c 中的说话者)

$\|你\|_{M,c,w,g} = a_c$(语境 c 中的听话者)

很容易看出,这种分析为我们提供了一个关于指索词的基本属性(它们的语境依赖性和它们在先验条件陈述中的出现)的现成说明,它也基于歧义这一现象解释了指索词并不提供真实依据的原因。

拜登说:"我本可以是个共和党。"说的是拜登自己本可能是共和党。两种表达式分别为:

(a) 从物:$\exists x[x = 我 \wedge \Diamond Rx]$

(b) 从言:$\Diamond \exists x[x = 我 \wedge Rx]$

由于指索词"我"是根据上下文参数来解释的,所以即使我们从一个世界转移到另一个世界,它的语义值也保持稳定,因此逻辑表示(a)和(b)都表达相同的含义。卡普兰分析的这一预测依赖于至少三个假设:

(1) 模态不能改变上下文参数;

(2) 索引是直接参考的,因此是刚性的指示符;

(3) 变量是严格的指示符("直接引用的范例")。

进一步地,阿洛尼(M. Aloni)认为,假设(2)和假设(3)其实并不是必然的,反对将指数和变量作为刚性指示符来处理。[①] 她假设了这样一个具体语境中的场景:

例 4 - 13. 拜登通过 WhatsApp 请求他的秘书允许访问描述民主党战略的机密文件。他的秘书答应了他的要求,但后来,在一次安全意识会议上,拜登走近他:你为什么给予我访问文件的权限? 你应该更小心点! 我可以是共和党人。

---

① ALONI M. Individual Concepts in Modal Predicate Logic[J]. Journal of Philosophical Logic. 2005,34(1):1-64.

　　此时"我可以是共和党人"的语义不是通常的从物解释"拜登可以是共和党人"，应该取通常不允许的从言解释"共和党人也可能有这些行为"。

例 4-14. 假设小明班上来了一位新的班主任，他并不认识小明的父亲，只在他接小明时见到过，但他认为小明的父亲是一名医生，于是小明父亲对妻子说："小明班主任认为我是个医生。"

　　这句话有两种含义：一种含义是从物解释 $\exists x[x=$我$\wedge\Diamond Dx]$，此时"我"指的是从物解释下班主任所见到的对象，那个人是医生；另一种是（b）从言解释 $\Diamond\exists x[x=$我$\wedge Dx]$，"我"是指小明的父亲，班主任认为小明的父亲是医生。这两种解释都可以被接受，但在卡普兰的分析中只有第一种可以被接受。

　　对此，阿洛尼给出了一种灵活的非刚性指示（non-rigid designators）来修正卡普兰的分析。在语义方面，指称表达（变量，索引）的解释将相对于上下文选择的识别方法。如果基于感知的确定方法是上下文操作的，则例 4-14 中的从物和从言表示都表达含义（a）。如果描述的确定方法是上下文可操作的，则两个表示式都可以表达含义（b）。基于感知的方法是默认的选择，而描述性方法只有在某些条件下才能起作用。

　　形式定义上的做法是，在经典的二维模态逻辑中将索引建模为非刚性指示符。

　　定义（2DR 中的语境）

　　给定一个模型 $M=<W,R,D,I>$，M 上的一个语境 c 是一个元组 $<s_c, a_c, \cdots w_c>$，其中：

　　（i）$s_c, a_c \in D_W$；

　　（ii）$s_c(w_c)=\parallel$说话者$\parallel_{M,c,w_c,g}$，$a_c(w_c)=\parallel$听话者$\parallel_{M,c,w_c,g}$。

　　在这种分析中，s_c 和 a_c 是从可能世界到个体的函数[(i)]，它必须满足额外的条件，即 s_c 赋予 w_c 的值是 w_c 中的说话者，a_c 赋予 w_c 的值是 w_c 中的受话者[(ii)]。因此，$s_c(w_c)=\parallel$说话者$\parallel_{M,c,w_c,g}$。$s_c(w_c)=\parallel$说话者$\parallel_{M,c,w_c,g}$，$a_c(w_c)=\parallel$听话者$\parallel_{M,c,w_c,g}$，但关键的是，s_c 不需要与把每个可能世界映射到该世界的说话人的函数 $\lambda w.\parallel$说话者$\parallel_w$ 等价，a_c 也无须与 $\lambda w.\parallel$听话者$\parallel_w$ 等价。

定义（2DR 的指索词）

$\| 我 \|_{M,c,w,g} = s_c(w)$

$\| 你 \|_{M,c,w,g} = a_c(w)$

当根据世界 w 和语境 c 解释指索词时，语境 c 提供了个体函数 s_c 和 a_c，世界 w 提供了函数的自变量。当相对于评价世界 w 和上下文 c 解释时，索引 I 表示个体 $s_c(w) \in D$，这是（由语境提供的）函数 s_c 分配给 w（赋值世界）的值。注意，如果 $w = w_c$，则 $s_c(w)$ 不需要说在 w 世界上。

在上述模型中，之所以称语义是两体的，是因为最终的赋值，也就是指称到哪个对象，既取决于 s_c, a_c 两个函数，又取决于 w 这个可能世界。通过这种方式，可以将现实世界的听者、说者，拓展到通过某个可能世界定位的那个世界的听者和说者，用一种内涵语义的处理方式，同时表达了存在歧义的两种情况。

4.2　动 态 语 义 学

4.2.1　静态语义的组合困境

随着逻辑语义学研究的深入，动态语义学应运而生。动态语义学的发展对于推动语言学和逻辑学的发展都有重要意义，代表了对自然语言含义理解的一种新颖方法。它在解决代词回指等问题上给出了更具系统性的新方案，同时也是对经典谓词逻辑的重要发展。下文将介绍动态语义学的观念动机、理论建设以及在自然语言处理中的实际应用。

首先，我们需要理解动态语义学的核心观点。与传统语义学不同，在动态语义学中，语言的含义并非视为静态的概念，而是一个随语境改变而动态发展的过程。它关注的不只是单一句子的含义，而是一连串句子如何构建并改变话语的含义。

动态语义学的发展对于推动语言学和逻辑学的发展都有重要意义。以其代表性理论动态谓词逻辑为例，它在解决代词回指等问题上给出了更具系统性的新方案，同时也是对经典谓词逻辑的重要发展。来看下面的例子：

例 4‑15. 小明走进了一家咖啡馆。他点了一杯咖啡。

在这两句话中,"他"显然指的是"小明"。然而,如果遵循传统的组合性原则,每一个句子的含义都是独立的。那么,"他"指代"小明"这一含义从何而来呢?

例 4 - 16. 有个人在公园里走着。他吹着口哨。

例 4 - 16 表达的语义翻译成谓词逻辑公式为:$\exists x(man(x) \wedge walk(x) \wedge whistle(x))$,而如果按照组合性原则进行翻译,我们得到的是:$\exists x(man(x) \wedge walk(x)) \wedge whistle(x)$,跨语句的 x 不受存在量词的约束成为自由变元,显然不能实现"他"回指"有个人"的表意效果。

例 4 - 17. 每个有驴的农夫都打它。

这句话中的情况更为复杂,它希望表达的语义为:$\forall x \forall y((farmer(x) \wedge donkey(y) \wedge own(x,y)) \rightarrow beat(x,y))$,如果按照组合性原则进行翻译,得到的是:$\forall x((farmer(x) \wedge \exists y(donkey(y) \wedge own(x,y))) \rightarrow beat(x,y))$,由于 beat(x, y)中的 y 成了自由变元,无法表示每个农夫所打的是属于他本人的驴。

在这个问题上,语言逻辑学家提出了一系列解决的理论。它们共同的出发点是一种动态的观念,将语词的意义视为一个关于如何用新信息更新一个现存语境(context)的指令,通过这个指令,现有的文本(text)或话语(discourse)片段作为输入对现有语境进行更新,得到一个新的语境。这一具有动态性的语义定义,使得由组合性原则得到的公式与真实语义的公式有相同的真值。它在句子以及超句(supra-sentential)层面对意义提供一个完全组合性的分析方式,描述这种语境改变潜力。

在实际操作中,动态语义学的理论对自然语言处理有着显著的影响。例如,在自动问答系统和对话系统中,动态语义学理论的应用,可以帮助理解和生成更自然、更符合人类交流习惯的语言。然而,动态语义学理论的应用并不止步于此。它还在信息检索、情感分析和文本生成等领域发挥了重要作用,较好地对接了理论研究与实际应用。到此,我们对动态语义学的理论与实践有了一个初步的了解。但动态语义学的世界远不止于此,这个领域仍然有丰富的理论资源等待我们去发掘并应用。

4.2.2 话语表征理论

尽管蒙太格已经关注到了语用问题,比如他的"Pragmatics"和"Pragmatics and Intensional Logic"中,语言解释设立了语境参照点,语义的语境依赖仍然使得语义解释存在许多问题。话语表征理论从蒙太格语法发展而来,是动态语义学的代表性理论,其理论框架最初由汉斯·坎普(H. Kamp)于1980年代提出。[①] 该理论是继蒙太格语法之后又一种极具代表性的动态地描述自然语言意义的形式语义理论,其特色在于将传统形式语义学对句子的分析扩大到句子系列,乃至语篇层面,通过对句子所在的上下文的分析,展示其中名词与代词的照应关系以及动词在时间方面的复杂联系和影响。[②] 为实现这一扩展,DRT参照自然语言理解的心理特征,通过对句子上下文的分析,刻画句子语义信息的不断积累和递增,新句子的处理依赖于前面已经处理过的语句,从而循序渐进地处理篇章中的每个句子。它不仅具有通常形式语义学那样的句法规则和模型语义解释,还在句法结构分析树与语义模型之间增设了一个语义表现的中间层面,借以表现句子信息的不断递增及人们理解分析语言的认知特征。

DRT的产生正是注意到了形式语义学在刻画自然语言时存在明显缺陷,传统一阶逻辑刻画在很多情况下会产生错误。逻辑表达式翻译自然语言中普通名词和代词的惯常处理是首先引入命题变元,再由量词对变量约束。但这样的量化式中,会产生大量的指代不明。如:"那个人哭了。他很伤心。"这个句子系列如果用一阶逻辑刻画:R表示"……是人",K表示"……哭",S表示"……伤心",得到 $\exists x[R(x) \wedge K(x)] \wedge S(x)$。但此时 $S(x)$ 不受存在量词的约束,这个 x 是自由变量,按一阶逻辑的规定含有自由变量的不能成为语句;而如果把 $S(x)$ 纳入存在量词的辖域内,变成 $\exists x[R(x) \wedge K(x) \wedge S(x)]$,也只是解决了该句的语义,不能普遍适用于该类例句。例如句子变为:"所有人都受伤了。他很难过。"如果

---

① KAMP H. Discourse Representation Theory: What it is and Where it Ought to Go[C]// Scientific Symposium on Syntax & Semantics on Natural Language at the Computer. Springer-Verlag New York, Inc. 1988.

② 邹崇理.话语表现理论DRT述评[J].自然辩证法研究,1998(14)增刊:45-47.

按存在量词的辖域是整句话来刻画：R 表示"……是人"，S 表示"……哭"，N 表示"……难过"，表达式为 $\forall x[R(x) \wedge S(x) \rightarrow N(x)]$，但这里的他不是指前述的"所有受伤的人"，而是另一个特定个体，因此不能被前面的全称量词约束。还有一种更难修正的情况，如句子是："班上有一个学生，他是北京人。"如果按存在量词的辖域是整句话来刻画：S 表示"……是学生"C 表示"……在（某个特定的）班上"，B 表示"……是北京人"，表达式为 $\exists x(S(x) \wedge C(x) \wedge B(x))$。这一翻译存在明显的不对等，按照这个表达式写出的自然语言是"存在一个班上的北京学生"。可以发现，原句是对一个特定学生的描述，指定的那个学生满足北京人这一条件，而逻辑表达式表达的语句是在全班范围内只要任何一个人满足北京人的条件即可。

因此这样的规则不具有普遍性。如果每个句子都需要另外的转换机制，显然这套理论的可操作性是不强的。为克服这种指代照应的混乱，使得语言的含义并不仅仅局限于描述诸如"实体"和"事件"的单个句子，而能展示整体话语的逻辑结构和总体信息。话语表征理论使用了特殊的处理方式，在自然语言和语义模型中间插入一个中间过程，它以一种图式化的方法来表示和追踪整个对话的含义，即话语表征结构（Discourse Representation Structure，DRS）。DRS 给出英语句子的语义表征框图，承担部分语义解释。

DRT 的构成可以简单分为三个部分：句法生成、DRS 结构、模型论语义解释。首先，仍然是从句法生成规则开始。DRT 主要继承乔姆斯基开创的生成语法，用"生成树"刻画，但将转化语法的相关规则改造为各个句法范畴的下标，句法范畴组合的限制，而通过给各个句法范畴添加相应的下标起到注释作用，服务于之后的照应关系的匹配。以下列出的是这里主要使用到的一些规则：[1]

$S[num=\alpha] \Rightarrow NP[num=\alpha, gen=\beta, case=+nom] + VP'$

$VP' \Rightarrow 不 + VP$

$VP' \Rightarrow VP$

$VP \Rightarrow V + NP[num=\alpha, gen=\beta, case=-nom]$

① 邹崇理.自然语言逻辑研究[M]. 北京：北京大学出版社，2000：100 - 107.

$$\text{NP[num}=\alpha,\text{gen}=\beta,\text{case}=\gamma]\Rightarrow\text{DET[num}=\alpha]+\text{N[num}=\alpha,\text{gen}=\beta]$$

$$\text{NP[num}=\alpha,\text{gen}=\beta,\text{case}=\gamma]\Rightarrow\text{PN[num}=\alpha,\text{gen}=\beta]$$

$$\text{NP[num}=\alpha,\text{gen}=\beta,\text{case}=\gamma]\Rightarrow\text{PRO[num}=\alpha,\text{gen}=\beta,\text{case}=\gamma]$$

其中 S 为句子,NP 为名词短语,VP' 为包含肯定和否定形式的动词短语,VP 为肯定形式的动词短语,V 为动词,DET 为限定词,在汉语中一般有指示代词和数量词,N 为名词,PN 为专有名词,PRO 为代词。num 表示"数"的特性,区分单复数;gen 表示"性"的特性,区分阳性、阴性、非人;case 表示"格"的特性,区分主格(+nom)、宾格(-nom)。

因为 DRT 面对的语言对象是英语,语句生成和范畴标记都依照英语语法构造。而我们借此构建汉语的 DRS 则是基于汉语的特征。汉语作为孤立语,形态变化很不明显,部分规则可以省略,主要改动有:动词(V)和动词短语(VP)没有人称、时态的变化,不做标记;汉语无法通过词语本身显示格的变化,只依赖于其句中的位置区分主宾语;"性"的特征在代词(PRO)上体现明显,在名词(N)和名词短语(NP)上则基本不体现。

第二部分是 DRS 框架结构,一个 DRS 同样由两部分组成:全局变量和条件。全局变量通常代表句子中的名词短语,如"一只猫""一个男人"或"张三"。条件则是对全局变量的断言,通常体现在动词、形容词或其他谓语中。考虑这样一段话语:"小明走进了一家咖啡馆。他点了一杯咖啡。"在 DRT 中,我们可以构建一个 DRS 来表示这段话语的意义,使得第二句话"他点了一杯咖啡"的"他",可以明确地与第一句提到的"小明"相联系。DRS 的构造在"生成树"的基础上产生。对于一个句子系列,先将第一句话生成树按照构造规则化至最简,再依次加入下文的句子并化简。这里提到的"构造规则"有很多,这里列出几条下文会用到的基本规则:①

(1) CR.ID(不定描述语):在该名词短语所属的 DRS 中引入一个新的话语所指;根据触发结构(即 DET+NP 结构)表达该话语所指的谓词逻辑内容,作为一个新的条件;用该话语所指取代 NP 以下的树结构。

(2) CR.PN(专有名词):在该名词短语所属的 DRS 中引入一个新的话语所

---

① 邹崇理.自然语言逻辑研究[M]. 北京:北京大学出版社,2000:109-125.

指;根据触发结构(即 NP 到 PN 的结构)表达该话语所指的谓词逻辑内容,作为一个新的条件;用该话语所指取代 NP 以下的树结构。

(3) CR.PRO(代词):在该名词短语所属的 DRS 中引入一个新的话语所指;根据触发结构(即 NP 到 PRO 的结构)中代词的语法特征在可及的论域内找到一个可作为先行词的话语所指,用"="连接这两个话语所指,作为一个新的条件;如果找不到这样的先行词,则进入下一步;用该话语所指取代 NP 以下的树结构。

(4) CR.NEG(否定词):根据否定词的触发结构(即出现"不"的结构)引入否定联结词¬;用¬取代该触发结构所在的 NP 以下的相应结构。

第三部分是依据模型论的语义解释,即把形式表达对应到外部世界。和经典一阶逻辑类似,话语表征理论的语义解释也是在给定的模型 M 中实现的。模型 M 是一个二元组<U,F>。其中 U 为论域,或者说个体集,F 是解释函数,满足以下条件:

(1) 对于每个篇章所指对象 a,函数 F 将其映射到 U 中的某个个体,以此作为 a 的解释,即 $F(a) \in U$;

(2) 对于每个不及物动词和通名 a,函数 F 将其映射到 U 的一个子集作为语义解释,即 $F(a) \subseteq U$;

(3) 对于每个及物动词 a,F 把一个有序二元组组成的集合赋给 a,有 $F(a) \subseteq UxU$。

如果说篇章结构 K 在模型 M=<U,F>中为真,就是说存在着一个函数 f 能使 K 中的所有篇章所指对象都在 U 中有一个对应的值,同时 K 中的所有条件都可以在 M 中得到满足。[①] 当然,在模型语义解释之前,DRS 本身已承担了部分语义解释,代词与名词依赖语境的照应关系主要通过 DRS 处理。

下面我们简要介绍 DRT 对有效的句子系列的刻画,来看该理论是如何正确模拟代词对照应的名词词组的寻找过程的。

例4‑18. 张三有一头驴子。他打它。

---

① 潘海华.篇章表述理论概说[J]. 国外语言学,1996(3):17‑26.

先对第一句话处理,构造"生成树":

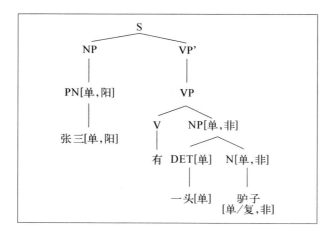

使用规则 CR.PN,得到:

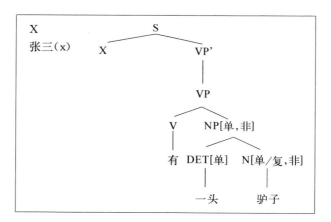

使用 CR.ID,得到:

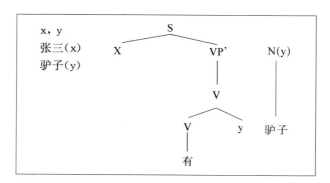

最后将框图划归为：

$$
\begin{array}{|c|}
\hline
x,y \\
x=张三 \\
驴子(y) \\
x 有 y \\
\hline
\end{array}
$$

再加入第二句，构造"生成树"：

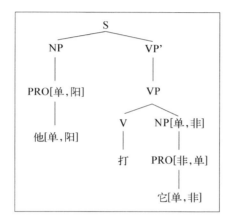

依次使用 CR.PN、CR.PRO，最终得到：

$$
\begin{array}{|c|}
\hline
x \quad y \quad u \quad v \\
x=张三 \\
驴子(y) \\
x 有 y \\
u=? \\
v=? \\
u 打 v \\
\hline
\end{array}
$$

新的所指对象 u,v 引入并形成了新的条件"u 打 v"，此时要做的就是正确找到 u,v 分别对应的所指。DRS 中的寻找规则主要有三条：(1) 同一层级框架内寻找；(2) 向上级框架寻找；(3) 用 ⟹ 联结的条件句中，右边的框架可以在左边框架中寻找。

因为此处所有条件都处于同一级 DRS 中，所以可以寻找框内合适的所指对象。根据范畴标记沿路径寻找，可以发现 u 的范畴标记是［单,阳］，v 是［单,非］，分别与 x,y 对应，因此把 x 赋给 u,y 赋给 v，得到：

$$
\boxed{\begin{array}{c} x \quad y \quad u \quad v \\ x＝张三 \\ 驴子(y) \\ x\ 有\ y \\ u＝x \\ v＝y \\ u\ 打\ v \end{array}}
$$

可见,如果"他打它"是一个孤句,那么我们就无从获知句中代词的指称,也就无法理解该句子。指示词的问题是语义—语用界面过渡地带的问题,也是最直接体现语境依赖性的情况之一。句子虽然简单,但刻画的是人们处理人称代词一般思维。

DRS 除了可以处理简单句,也对否定句和条件句给出了相应的处理,如:

例 4‐19. 张三有一头驴子。他不打它。

省略生成树和 DRS 构建的中间过程,代词的前指完成前得到:

$$
\boxed{\begin{array}{c} x \quad y \quad u \quad v \\ x＝张三 \\ 驴子(y) \\ x\ 有\ y \end{array}} \quad ¬ \quad \boxed{\begin{array}{c} u \quad v \\ u＝? \\ v＝? \\ u\ 打\ v \end{array}}
$$

子 DRS 可以向上寻找,u、v 在所处层级的 DRS 中没有可对应的所指对象,于是搜索范围扩大到上一层级,也就是最外层。该层中可以找到 x 的范畴标记与 u 一致,y 的范畴标记与 v 一致,因此,最终形成的 DRS 为:

$$
\boxed{\begin{array}{c} x \quad y \quad u \quad v \\ x＝张三 \\ 驴子(y) \\ x\ 有\ y \end{array}} \quad ¬ \quad \boxed{\begin{array}{c} u \quad v \\ u＝x \\ v＝y \\ u\ 打\ v \end{array}}
$$

条件句的处理也类似:

例 4 – 20. 如果张三有一头驴子。他会打它。

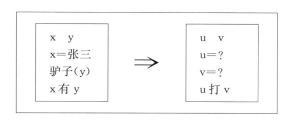

规定用⇒联结的条件句中,⇒右边的框架可以在左边框架中寻找。同样可以得到 u＝x,v＝y。

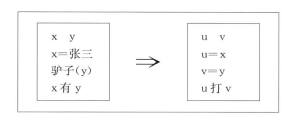

由上述自然语句转化为 DRS 框架的过程可见,DRS 可以构造符合自然语言语法和使用习惯的语句。进而,也可以尝试用相同的规则刻画不符合话语习惯的语句,由此回溯这些语句中代词与名词词组对应失效的原因。

例 4 – 21. 张三没有驴子,他打它。

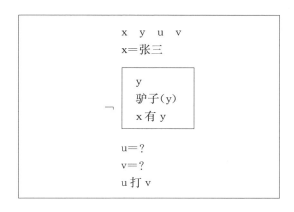

u,v 都出于最外层的框架中,在该层中寻找,u 可以找到与之范畴一致的所指对象 x,而没有与 v 匹配的所指对象。因此只有 u 前指有效,而 v 无效。在自然语言中,"它"唯一可能照应的是"驴子",但"张三没有驴子"是否定了"驴子"的存在,也就否定了"它"与"驴子"共指的可能性。DRS 的处理方式是将否定放在次一级的子框架内,用规则限制了代词从被否定了的对象中寻找所指。

更复杂的例子是对量化句的刻画,这也是之前的理论最难处理的问题。DRT 中规定,存在量词不引进结构,全称量词引入两个子结构,且两结构之间为蕴含关系。例如,"Every farmer who owns a donkey beats it."因为汉语中缺乏从句的表达,与(b)对应的翻译会将从句前置为先行词的定语,得到例 4 – 22。

例 4 – 22. 每个拥有一头驴子的农民会打它。

对应的 DRS 框架为:

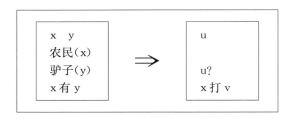

这里的 u 可以向左寻找,找到匹配的所指对象 y,得到"u＝y",该框架完整,也与语感一致。但如果我们扩展这个句子变成例 4 – 23:

例 4 – 23. 每个拥有一头驴子的农民会打它。它很愤怒。

对应的 DRS 框架则变为:

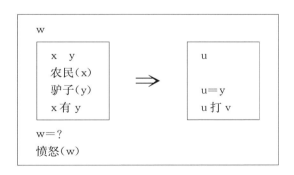

从 DRS 结构角度看,引入的 w 在最外层框架中,前指的名词词组也应该在该层框架中。但除了 w,该层中不再有其他话语所指,因此 w 语义无法确定。从自然语言的语句角度看,这句话显然也不可理解。"他们打了它"中的"它"是每个农民对应的驴子,这里类似存在一个函项,"(特定的一头)驴子"是函数值,它随"农民"这一主目的改变而改变。后一话语片段中的单数"它"就无法确定所指。

不难发现,DRT 与自然语言思维模式具有同一性,凭借语感,我们使用自然语言交流时能很容易地找到与代词照应的那个名词词组。为什么我们能在语境中正确地找到先行词,保证这一前指的正确性? DRS 作为自然语言与模型语义解释中插入的中介环节,目的是展现人们在语言运用过程中的心理认知特征。其构建过程实际上模拟了被忽略的寻找机制,将人脑中瞬间的匹配以范畴对应的形式显现出来。

我们在日常交流中遇到人称代词,首先也是判断其表示第几人称,代指男性、女性,还是非人的无属性等基本特征,然后回到上文寻找最符合的名词词组。只是因为正常人的这一处理过程是瞬间完成的,所以照应机制就被理所当然地忽略了。

DRS 的几条特殊构造规则体现了更精细的思维模拟,因此,DRS 和自然语言可以相互转换、DRS 和逻辑表达式可以相互转换,但自然语言和逻辑表达式的转换存在问题。如全称量词引入两个蕴含关系的子结构,允许右边结构向左寻找对应的所指对象。这样,真正受全称量词约束的所指对象和条件会出现在右边的子结构中,而不受全称量词约束的所指对象和条件出现在上一层 DRS 中,避免了辖域的混乱。

同时,从反面来看,DRT 不能处理的句子很大程度上表明了指称不明的原因。DRS 是恰当的,当且仅当其中不存在自由的话语所指。无效代词的大部分情况是其自由,自由的话语所指使得 DRS 的命题内容无法确定,也使对 DRS 的语义解释无法进行。

另外,不同语言的思维模式存在显著差异,适应于英语语言的 DRT 在模拟汉语理解时也相应地存在隔阂。如汉语性数格变化不明显将导致范畴标记的匹配失效,如:"家里养了猫,它们很可爱。"我们凭语感可以知道"它们"指的是前面的"猫",但 DRT 中前指判断凭借的是范畴标记,"它们"的数标记是复数,但"猫"没有明确的复数标记。就算标记"猫"是单复数皆可,在上述例句中可以寻找最优解实现正确匹配,但如果句子改为,"那几家养了猫,它们很可爱。"寻找最优解的方法也会失效。因此,如果要实现对汉语构造 DRS,至少需要比英语多得多的范畴。又如,DRT 将条件句和全称量词处理为同一种 DRS 框架是基于英语特点。著名的驴子句就是这样两种形式:(1) If a farmer owns a donkey, he beats it.(2) Every farmer who owns a donkey beats it.但汉语中与(2)相应的驴子句的表达是不一样的,一般会把从句放在名词前作定语,还常常有"……都……""谁……就……"等结构。如果完全依照 DRS 现有规则,则无法刻画这些区别。

坎普说:"DRT 从以蒙太格语法为首的关于自然语言语义学的模型论方法那里发展起来。"DRT 实则是将形式语义研究转向形式语用的重要探索。它把传统形式语义学对自然语言句子的分析扩大到句子系列,通过对句子上下文的分析,充分展示名词和代词的照应关系。其中最具特色的 DRS 运用框架结构突破了以往线性表达式的种种局限,对自然语言更准确也更符合思维模式。但是,不同语言中这种照应关系的实现是多样的,DRS 所能刻画的寻找机制也是有限的,而人在处理语言时会迅速综合一切有助于判断的因素,这一过程或许难以一一分解。随着动态语义学的进一步发展,许多分支理论如 DPL、SDRT 等也应运而生。这些理论都更进一步地突出了语境在语义理解中的重要性,并在此基础上,提出了各具特点的理论模型和预测机制,在处理指代一致性问题、时态和遣词问题等问题上精确、灵活,可扩展性好,在自然语言处理等领域具有广阔的应用前景。

4.2.3　动态谓词逻辑

在动态语义学的诸多理论中,对一阶逻辑框架改动最小的是胡能迪克

(J. Groenendijk)和斯托克霍夫(M. Stokhof)的动态谓词逻辑,它在语言上完全使用一阶语言,我们来看它的语义定义。① 动态谓词逻辑的语义模型是一个元组<D,I>,其中 D 为个体集,I 为常元和谓词的解释函数。此外,g,h,k 为变元的指派函数:

$$\| Rt_1 \cdots t_n \|_M = \{\langle g,h \rangle | h = g \& \langle h(\| t_1 \|), \cdots h(\| t_n \|) \rangle \in I_M(R)\}$$

$$\| \exists xPx \|_M = \{\langle g,h \rangle | h[x]g \& h(x) \in I(P)\}$$

$$\| \exists x\varphi \|_M = \{\langle g,h \rangle | \exists k: k[x]g \& \langle k,h \rangle \in \| \varphi \|\}$$

$$\| \varphi \wedge \psi \|_M = \{\langle g,h \rangle | \exists k: \langle g,k \rangle \in \| \varphi \| \& \langle k,h \rangle \in \| \psi \|\}$$

$$\| Rx_1 \cdots x_n \|_M = \{\langle h,g \rangle | h = g \& \langle h(x_1), \cdots h(x_n) \rangle \in I_M(R)\}$$

$$\| \varphi \wedge \psi \|_M = \{\langle h,g \rangle | \exists k: \langle h,k \rangle \in \| \varphi \|_M \& \langle k,g \rangle \in \| \psi \|_M\}$$

$$\| \neg \varphi \|_M = \{\langle h,g \rangle | h = g \& \neg \exists k: \langle h,k \rangle \in \| \varphi \|_M\}$$

$$\| \exists x\varphi \|_M = \{\langle h,g \rangle | \exists k: h[x]k \& \langle k,g \rangle \in \| \varphi \|_M\}$$

其中 g[x]h 表示 g 至多只在对 x 的赋值上与 h 不同。

与经典的一阶逻辑不同,由于语义不再是真值条件,是信息改变的过程,因此公式的语义也不再是状态的集合,而是由输入和输出解释函数构成的有序对的集合。对象变元的赋值是动态的,且这种动态赋值可以被记忆。因此在 DPL 中,能够得到 $\exists x(\varphi \wedge \psi)$ 当且仅当 $\exists x\varphi \wedge \psi$ 这类在经典一阶逻辑中不成立的结论。

$$\| \exists x\varphi \wedge \psi \| = \{\langle g,h \rangle | \exists l: \langle g,l \rangle \in \| \exists x\varphi \| \& \langle l,h \rangle \in \| \psi \|\} \quad （由 \wedge$$
的语义定义得到)

$$= \{\langle g,h \rangle | \exists k: \exists l: g[x]k \& \langle k,l \rangle \in \| \varphi \| \& \langle l,h \rangle \in \| \psi \|\} \quad （由 \exists x$$
的语义定义得到)

$$\| \exists x(\varphi \wedge \psi) \| = \{\langle g,h \rangle | \exists k: g[x]k \& \langle k,h \rangle \in \| \varphi \wedge \psi \|\} \quad （由 \exists x 的$$
语义定义得到)

$$= \{\langle g,h \rangle | \exists k: \exists l: g[x]k \& \langle k,l \rangle \in [\varphi] \& \langle l,h \rangle \in \| \psi \|\} \quad （由 \wedge 的语$$

① GROENENDIJK J, STOKHOF M. Dynamic Predicate Logic[J]. Linguistics and Philosophy, 1991, 14: 39 - 100.

义定义得到）

所以，$\parallel \exists x \varphi \wedge \psi \parallel = \parallel \exists x(\varphi \wedge \psi)\parallel$。

综上可见，语言在处理语境问题时，更多关注的是主体、时间、空间这些明确的语境要素与指索词之间的映射关系，即使强调语境改变带来的影响，也主要是对指称关系的影响，而非语境改变。对于语境改变影响语言含义的推理，这似乎是一个更复杂的过程，对于这一类型的刻画往往会淡化语形在推理中的地位，直接描写认知或信念的变化，比如动态认知逻辑和动态信念逻辑。

4.3　隐喻语义的动态理解[①]

在上文中，我们介绍了代词和非限定词的语境依赖问题，涉及的主要是语境对这类语词的意义填充。这一节中，我们将关注点转向语境的另一个作用——对意义转变的影响。仍然以隐喻这一典型的语言现象为例。在我们看来，首先，隐喻认知与使用通常依赖多种语境因素，隐喻的表达与理解具有高度的语境依存性，语境适配决定了隐喻表达的适切性、有效性和隐喻理解的准确性。可以说，语境依存性是隐喻表达与理解最重要的基本特征之一。其次，影响隐喻生成与理解的语境是一种动态语境。从整体上看，言语交际的语境是动态生成的，而非恒定不变。纵观四十多年来的隐喻认知研究，尽管有诸多学者探究过影响隐喻理解的语境因素，但鲜有研究聚焦隐喻表达的语境依存性。我们在综观制约隐喻使用的各类语境因素的基础上，提出一种认知语境、交际语境和具身语境（embodied context）交互作用的动态隐喻语境论，并借助日常交际中的隐喻使用实例来论证隐喻表达，尤其是创新性隐喻表达的语境依存性，从而深化学界对语境因素在隐喻认知与交际过程中重要作用的认识。

4.3.1　隐喻使用的语境影响因素

语言学家普遍认为，语境对语言意义的表达与理解具有很强的制约作用。如果说语词的字面意义表述对语境有某种程度的相对独立性，那么隐喻语言对语

---

①　原载黄华新，周祥.隐喻表达的语境依存性探究［J］.山西大学学报（哲学社会科学版），2024（2）：74－80。

境的依赖性要强得多。① 从施喻者角度而言,只有在综合考虑与受喻者的共有知识及假设、情境语境、话语语境的基础上方能做出适切的隐喻表达。从受喻者的视角看,隐喻语言的有效理解也无不建立在与施喻者的共有知识和假设的基础之上。目前,几乎没有语言学家否认语境因素在语言交际及语义分析中的重要作用。哈同(F. Hartung)等人的研究表明,隐喻使用的语境能够影响隐喻加工。② 我们认为,日常交际中的隐喻使用是多种语境因素交互作用的结果,脱离了语境,隐喻的适切表达和准确理解无法实现。概言之,语境依存性是隐喻表达与理解的一个根本属性。首先,我们来看下面这个例子:

例 4 - 24. 孩子是一张白纸。

场景 1:果果是一个在家娇生惯养的孩子,上学以后总是在班级里调皮捣蛋。一天,班主任老师找到果果妈妈谈话,说:"孩子是一张白纸……"

场景 2:新学期初,在某希望小学的全体教工大会上,校长说:"孩子是一张白纸……"

场景 3:假设在场景 1 中,果果听到了老师跟妈妈说的话,回家后在白纸上画了一个小孩,妈妈问他画的是什么,他答道:"是我呀,'孩子是一张白纸',老师说的。"

形式相同的一个隐喻语句,其含义在三个不同场景中迥然而异。场景 1 中老师通过白纸未加书写和修饰的特征来隐喻小孩的行为习惯尚未养成、需要家长的塑造和培养,使用该隐喻的焦点用意是强调家长在家庭教育中的重要作用,传达一种"父母在家庭教育中应负起责任"的焦点信息。相反,如果听到老师对自己孩子在校期间的表现表达不满,这位家长说:"孩子还是一张白纸。"家长的焦点用意在这里截然不同,传达的推理信息为"不必苛责孩子"。场景 2 中校长通过白纸未加书写和修饰的特点来隐喻刚入学的孩子未受过正式教育的现实特征,传递"教师在学校教育中应承担起'立德树人'之重任"的焦点信息,其语用功

① 郭贵春,安军.隐喻的语境分析[J].江海学刊,2002(5):36 - 43.
② HARTUNG F, et al. Context Matters:Novel Metaphors in Supportive and Non-supportive Contexts[J]. NeuroImage, 2020,212:1 - 9.

能是对教师提出一种要求。而场景 3 里的这位小朋友是转述老师的话,他显然没有理解老师所用的隐喻。这三个不同场景的例子表明,隐喻的适切使用受到物理环境、个体特征、认知能力等多种语境因素的影响,隐喻的表达与理解具有显见而广泛的语境依存性。

那么,究竟有哪些语境因素影响隐喻使用呢?就隐喻语境研究而言,最具影响力者当推科韦切什(Z. Kövecses)的广义隐喻语境论(简称"Kövecses 语境论")。①这种隐喻语境论的贡献可以概括为以下三个方面:(1)强调语境在隐喻交际中的核心作用,把影响隐喻表达的语境因素归为四类,将其视为隐喻产出的来源,即情景语境、话语语境、概念—认知语境和具身语境。情景语境包括物理情境、社会情境和文化情境等因素,话语语境包含上下文、所谈话题的已述话语等,概念—认知语境由概念系统、话语成分知识、已发生事件知识等组成,具身语境则指影响人们的隐喻概念化、进而影响隐喻使用的特定身体状态或特征。在科韦切什看来,当我们在特定情景中理解隐喻时,实际上既具有具身压力,也具有语境压力,但身体和语境对隐喻构建的影响并非对立,而是隐喻产生的共同来源。(2)与诸多隐喻理解的语境敏感性研究不同,广义隐喻语境论聚焦隐喻产出的语境依存性,并提出隐喻使用源于语境启动。(3)该理论既强调隐喻表达与理解的语境依存性,又不否认概念隐喻和语言隐喻的认知基础,相比其他隐喻认知理论具有更强的解释力。然而,我们也不难发现科韦切什隐喻语境论存在的不足之处:首先,语境因素的归类在概念上有部分重叠,"话语语境"和"概念认知语境"都包含话语因素,"具身语境"也关涉"情景语境"成分,而且,各类语境的作用机制也没有得到清晰详尽的分析。这就使得该隐喻语境论的语境分析显得颇为宽泛而模糊。其次,广义隐喻语境论是一种激进隐喻语境论,强调隐喻之语境影响因素的多样性和可变性,但忽视了部分语境因素的恒定性。譬如,由于人类具有普遍相同的体验基础,具身语境在很大程度上恒定不变,表明关涉隐喻使用的语境体验之差异性与相似性并存。与科韦切什的隐喻语境论类似,戴维森(D. Davidson)的隐喻假说也强调隐喻的语境意,主张隐喻字面意义的唯一性和隐喻识解的多元性,认为脱离了使用语境,隐喻意义无从揭晓。因此,戴维森的

---

　　①　KÖVECSES Z. Where Metaphors Come from:Reconsidering Context in Metaphor[M]. Oxford:Oxford University Press. 2015.

隐喻理论也是一种激进隐喻语境论。① 曲卫国通过分析戴维森假说指出认知学派隐喻研究的局限，认为隐喻认知功能的关键在于根据新的感官体验重构概念的认知过程，提出隐喻传递的是程序意义而非概念意义。② 此外，魏在江通过综述相关研究，也阐释了语境在隐喻表达和理解中的核心作用。③

我们认为，隐喻使用受到三类不同语境因素的影响和制约，即认知语境、交际语境和具身语境（bodily context）。它们在语言使用中密切相关、互动协同，以不同程度共同制约隐喻的表达和理解。斯珀波和威尔逊将"认知环境"定义为，"一个人的认知环境是他所明白的一系列能感知并推断的事实构成的集合：这所有的事实对于他来说是显明的。一个人的总认知环境是由他的认知能力和所处的物理环境所决定的。"④认知语境是一个心理建构体，具有很强的建构性。交际话语的物理环境、交际者的经验知识和个人的认知能力是认知语境的建构基础。由于物理环境、经验知识和认知能力皆为动态变化的语境因素，因此认知语境也始终处于动态变化中。对于作为非字面语言使用的隐喻而言，隐喻的构建与使用必然在更大程度上受制于物理环境、交际者的经验知识及其认知能力。缺乏相关经验知识和认知能力的幼儿或丧失相关能力的病人都很难理解日常交际中的诸多隐喻，遑论构建隐喻了。除上述语境因素，隐喻使用的认知语境还应涵盖交际者的个体特征、交际能力和意识形态，其中个体特征包括职业、教育背景、性格、情绪、视角及信念等，因为不同认知主体的个体特征和交际能力迥然而异，交际者个体特征的独特性必然决定认知语境的主体间差异。斯珀波和威尔逊曾强调认知语境在交际中的重要作用，"人类交际的目的就是要改变对方的认知，为此不但需要说话人提供的信息是新的，而且要能改变听话人的语境假设。"⑤当然，会话双方或各方共同享有的认知环境是话语理解的基础。换言之，一方面，交际过程中会话双方在多语境因素协同作用的基础上共同建构新的认知

① DAVIDSON D. What Metaphor Mean[J]. Critical Inquiry. 1978，5(1)：31-47.

② 曲卫国.隐喻表达的是程序意义还是概念意义？——关于认知学派隐喻研究局限性的思考[J].现代外语，2018(5)：585-595.

③ 魏在江.语境与隐喻的产生与理解——认知语言学中的语境研究之三[J]. 中国外语，2018(6)：33-38.

④ SPERBER D，WILSON D. Relevance：Communication and Cognition[M]. Beijing：Foreign Language Teaching and Research Press. 2001：15.

⑤ SPERBER D，WILSON D. Relevance：Communication and Cognition[M]. Beijing：Foreign Language Teaching and Research Press. 2001：88.

环境,双方的认知语境也因此处于动态发展变化中。另一方面,认知语境的作用还在于引导交际者通过分析若干种潜在意义后,选取其中最适切的一种(隐喻)表达。

隐喻使用的认知语境之动态性表现为它随着交际语境和交际者的具身语境的变化动态发展。语言表达与理解是一个动态的认知交互过程。交际是言者与听者的双向互动,交际与认知密不可分,这主要表现为交际双方的认知状态在交际中得到改变或增强。同样,交际语境也与认知语境紧密相关。交际语境因素至少应涵盖社会文化背景、交际成分知识(言者、听者、话题、话语形式)、语言环境、会话目的、交际者的利益与关切及其共有知识和假设。在言语交际过程中,言者的隐喻使用受到这些语境因素不同程度的影响,而从听者角度而言,准确高效的隐喻理解也必然依赖于共有知识与假设、交际成分知识等交际语境因素。此外,从扩展概念隐喻理论视角看,身体——尤其在当前交际情境中得到激活的那些方面,也能够影响自然话语中的隐喻选择。有实验表明,身体不仅能通过主观体验和感觉运动体验之间的相似性解释众多概念隐喻,而且能在即时交际语境中激活特定隐喻的使用。① 具身认知观认为,隐喻的本质是通过熟悉的事物来理解相对陌生的事物,而这类熟悉的事物究其根本就是人类的身体体验。因此,"具身语境"理应被看作制约隐喻使用的一类根本性语境因素。卡萨桑托(D. Casasanto)研究发现,左利手和右利手在左右方位的道德隐喻判断上具有显著差异。但这项问卷研究没有运用真实的交际场景,没能融入物理环境、社会文化背景、话题等语境变量。②

我们以为,一方面,隐喻交际的认知语境、交际语境和具身语境彼此相关、密不可分,共同制约语言交际中隐喻的表达与理解。另一方面,隐喻使用也通过认知增强等方式反作用于施喻者的概念系统、认知能力、交际能力及具身体验。一言以蔽之,隐喻使用既受制于语境因素,又与这三类语境互动协同,隐喻使用与各类语境具有交互性。可以说,隐喻取效的成功与否取决于综合三

---

① 参见 GIBBS R W, COLSTON H. Interpreting Figurative Meaning[M]. New York: Cambridge University Press, 2012; KÖVECSES Z. Extended Conceptual Metaphor Theory[M]. Cambridge: Cambridge University Press,2020。

② CASASANTO D. Embodiment of Abstract Concepts: Good and Bad in Right- and Left-Handers [J]. Journal of Experimental Psychology: General, 2009,138(3): 351 - 367.

大语境的整体语境之适切性。我们对隐喻使用的认知语境、交际语境和具身语境三分既克服了科韦切什隐喻语境论四分法的概念重叠问题,又完全涵盖了后者的各语境因素。基于此,我们尝试构建并阐释一个"语境驱动的隐喻交际表征模型"。

4.3.2 语境启动与隐喻交际

"启动"(priming)是一个心理学概念,指一种刺激影响我们对随后出现的刺激的反应方式和提取方式的现象或认知过程。[①] 前后两种刺激通常在概念上相关。所谓"语境启动",即指语境信息,作为刺激源,对言语反应及使用或其他类型信息反应的激活。在交际过程中,语境启动是隐喻表达与理解的直接触发机制,语境启动效应既存在于规约隐喻,也存在于新奇隐喻使用之中。早在 20 世纪 80 年代,就有研究证实隐喻理解过程中的语境启动效应。吉尔迪亚(P. Gildea)和格勒克斯堡(S. Glucksberg)研究表明,激活与隐喻话题信息有关的谓词特征的语境能促进即时、自动的隐喻理解。[②] 坎伯(S. Kemper)证实,先前的隐喻和喻体使用(语言语境)也能够促进隐喻理解。[③]

此外,前后隐喻的共域激活对隐喻理解的语境启动效应也得到近年来实验研究的证实。然而,与隐喻理解相比,隐喻产出的语境效应研究尚不多见。科韦切什(Z. Kövecses)阐释了隐喻构建过程中的语境因素,开创性地将"语境启动"这一概念应用于对隐喻产出的解释。实际上,语境效应贯穿隐喻认知与交际的全过程,因为"语境是图式建构的素材,离开语境就不能建构起丰富多彩的图式。图式具体化过程中语境首先起着刺激作用,激活处于休眠状态的图式"。

在参照科韦切什语境论的基础上,我们尝试构建语境驱动的隐喻交际表征模型。图 4-1 呈现的即时隐喻交际过程始于认知语境、交际语境和具身语境构成的多语境因素的启动程序,在隐喻表达与理解的双向过程中皆存在语境启动效应。

---

① PICKERING M, FERREIRA V. Structural priming: A critical review[J]. Psychological Bulletin, 134(3): 427-459.

② GILDEA P, GLUCKSBERG S. On Understanding Metaphor: The Role of Context[J]. Journal of Verbal Learning and Verbal Behavior. 1983, 22(5): 577-590.

③ KEMPER S. Priming the Comprehension of Metaphors[J]. Metaphor and Symbolic Activity. 1989, 4(1): 1-17.

语境启动效应通过图式或框架激活作为中介在言者大脑中产生。一方面,图式的激活可以是有意识的,也可以是无意识的(I. A. James)。^① 另一方面,语境既是图式建构的素材,也是激活图式的触发器。心理学家卡尼曼(D. Kahneman)强调启动机制在人们概念化过程中的重要作用,以及双系统理论中"系统1"的重要性。^② 双系统理论认为,人类大脑活动存在两种模式:"系统1"具有潜意识、处理速度快、不费力等特点,"系统2"则具有有意识、处理速度慢、费力等特点。根据双系统模式,隐喻使用的语境启动效应主要依赖于系统1,多数情况下语境启动是一个无意识的图式激活过程。首先,当言者注意到目标域时,语境成分启动言者大脑中相关的概念图式和意象图式,使其从中选择适切的源域,从而用源域概念隐喻地概念化目标域。譬如,小璐说:"小美是个男人。"从关联理论视角看,语词编码的概念只是听者激活概念图式的"入口",听者在语境启动下直接加工"男人"的隐喻意义,以获得符合最佳关联期待的理解,如"能干""野蛮"抑或"有格局"等等。当然,在隐喻表达构建时言者必须考虑会话双方的共有知识和假设,双方也必须共同关注目标域概念方能实现有效交际。从听者角度而言,隐喻表达通过图式激活的方式启动听者的概念框架,在听者语境中建立关联、实现语境启动效应,从而理解言者使用的隐喻。由于言语交际是一个双向互动过程,言者和听者的角色随交际的发展不断转换。需注意,交际过程中言者和听者的认知语境、交际语境和具身语境既有诸多交集,也存在差异,但双方的整体语境必须高度协同才能实现有效的隐喻交际。有效交际要求会话参与者由多语境因素构成的整体语境既相互协同,又具有一定差异。

另一方面,各类语境(认知、交际和具身语境以及言者语境、听者语境)既相互关联,又动态变化。从关联理论视角看,动态语境有助于交际者获取认知上的最佳关联,从而在交际过程中只需付出较少的努力就能达到最大的认知效果。就隐喻交际而言,会话双方的隐喻概念化通过隐喻使用而重构,隐喻概念化在认知上逐步增强或改变,交际者的认知语境、交际语境及具身语境也因此随之改变。

概言之,在特定语境中言者在语境启动作用下生成特定的隐喻表达,听者在

① JAMES I. A. Working with Older People: Implications for Schema Theory[J]. Clinical Psychology and Psychotherapy. 2003, 10(3): 133-143.

② KAHNEMAN D. Thinking, Fast and Slow[M]. New York: Farrar, Straus, and Giroux. 2011: 13.

接收到语言信号后也通过(听者语境的)语境启动效应成功实现隐喻理解。因此,从隐喻产出、隐喻理解到隐喻再产出的双向互动过程始终与语境启动效应相伴相随。

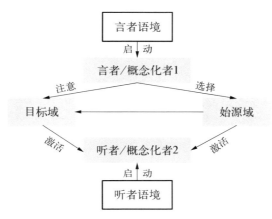

图 4‒2　语境驱动的隐喻交际表征模型

4.3.3　语境驱动的隐喻创新

学界普遍认为,隐喻本身就是一种创新语言表达,而隐喻使用的适切性与创新性在很大程度上由语境决定。科韦切什将"隐喻创新"(metaphorical creativity)定义为"新颖或非传统的概念隐喻产出和使用及其语言表达"。① 创新性隐喻在日常交际、新闻报道、政治话语等语类中比比皆是,如"今年我国发展面临的风险挑战明显增多,必须爬坡过坎"(《2022 年政府工作报告》)、"跨越 12 年的爱心接力"(《人民日报》2020 年 2 月 21 日)、"内卷""躺平"等。所谓"语境驱动的隐喻创新"(context-induced creativity),就是建立在隐喻概念化之语境基础上的创新性。我们可将受到语境对概念化之影响的隐喻称为"语境驱动的隐喻"(context-induced metaphors)。本部分重点探讨语境驱动的隐喻创新,通过日常语言使用中的隐喻实例论析创新性隐喻的认知、交际和具身语境效应。

(1)认知语境的制约

认知语境作为心理建构体,是人们概念化世界的重要基础,因此在隐喻的构

① 　KÖVECSES Z. Where Metaphors Come from：Reconsidering Context in Metaphor[M]. Oxford：Oxford University Press. 2015：97.

建、表达与理解的过程中都存在认知语境的启动效应和制约作用。所谓"制约作用",是指语境条件仅激活交际者大脑中相关的概念图式或意象图式,促使交际者构建语境适切的隐喻表达。认知语境不仅能启动规约隐喻的表达和理解,也能够启动交际者构建新奇隐喻。作为一种基本的认知模式,隐喻促进了诸多创新性语言表达和语词新义的产生。我们以一段医患对话文本为例。

> **例 4-25.** 本身脑梗导致的精神障碍,它是怎么引起的? 就是因为岁数大,机器都老化了,功能 性的一些问题,器质性的一些问题导致的病变。你只能说倒点水,降一降温度,只能说有啥症状治啥症状。……她这个岁数随着岁数的增长,机器的马力都用光了,本来能拉八马力的现在拉二十马力的货物,她能受得了吗?

这段话的物理环境是医生在跟高龄患者的儿子解释病情。在交际过程中,医生的经验知识、物理环境、交际成分知识(如交际对象、话题)等语境因素共同激活了大脑中的机器图式,从而医生自发地使用了"人是机器"("机器都老化了")和"生命历程是耗能过程"("机器的马力都用光了")的隐喻来解释病情。除此之外,上例中的"倒水降温"隐喻更能说明隐喻使用的语境依存性。孤立地看,我们既不能判断出这个表达是字面用法还是隐喻用法,也无法确定"倒点水、降降温"的隐喻对象。在上例的医患对话中,"倒水降温"用来隐喻治病。在夫妻吵架的情境中,"倒水降温"可用来隐喻"缓和矛盾或紧张氛围"。《南方＋》曾在2019 年的新闻报道中用了这样一个标题"广州疯狂倒水,为酷热天气降温解暑",这里的"倒水"显然是用于隐喻人工降雨。如果没有充分的经验知识和足够的认知能力,交际者无法在特定语境中适切地使用这些创新性隐喻。

科韦切什以匈牙利人和美国人的人生隐喻为例说明认知语境驱动的隐喻使用差异。匈牙利人主要用"人生是战争"和"人生就是妥协"来隐喻人生,而美国人最普遍使用的人生隐喻则为"人生是宝贵财富"和"人生是一场游戏"。究其原因,与美国人的美好记忆不同,匈牙利人可能因为历史上充满战争和政治动荡而多具战争和妥协等记忆。因此,匈牙利人在认知语境启动下更多地选择"战争"和"妥协"来隐喻人生。当听到匈牙利人的人生隐喻时,听者只有与匈牙利人共享相关经验知识和概念系统,才能快速有效地理解其人生隐喻。由此可见,认知语境在很大程度上制约言者对特定隐喻的选择和使用。

（2）交际语境之功用

在言语交际活动中,交际语境决定语词的选择、表达的适切性和理解的准确性。交际语境是适切的隐喻表达的另一决定性要素。它不仅包括语言语境,还涵盖社会文化背景、交际成分知识、会话目的、交际者的共有知识和假设等非语言语境因素,这些因素和交际者的认知语境共同制约其语言使用,激活交际者大脑中最为相关的概念图式和意象图式,使其能够选择适切的语言表达。譬如,小明刚考上离浙江大学不远的高中,爸爸鼓励他说,"好好读书,浙大就在门口。"小明爸爸使用的隐喻("可预见的未来就在眼前")是由话题（读书升学）、交际对象（儿子）、交际目的（鼓励儿子）、共有知识和假设（浙江大学是名校而且离家不远）等交际语境因素共同驱动的结果。以上任一语境因素的缺失都会影响语词的选择及其适切性,如选择字面表达抑或隐喻表达、选择何种隐喻形式等。前文"倒水降温"隐喻("广州疯狂倒水,为酷热天气降温解暑")也是交际语境驱动的隐喻表达。首先,交际者需考虑交际成分知识,如读者对象及其期待、话题知识、南方夏季酷热的自然环境以及话语形式的选择等。此外,"疯狂倒水"和"降温解暑"共同构成了听者的语言语境,两个成分缺一不可,否则语境成分缺位,难以准确有效地启动听者的概念域,听者难以准确理解隐喻意义。在另一个语境中,医生所说的"倒点水,降降温（只能说有啥症状治啥症状）"表达的隐喻意义截然不同,但同样是由认知语境和交际语境共同驱动的结果。可以说,离开了认知语境和交际语境,隐喻的有效表达与准确理解都将无法实现。

（3）具身语境基础

隐喻产生的"具身语境",是指在具体情境中特定的身体状态有助于产生特定的隐喻概念化。具身认知观认为,认知是具身的,作为一种基本认知方式和认知加工过程的隐喻也是具身的。具身认知观强调身体体验对认知的影响。"最初的心智和认知是基于身体和涉及身体的,心智始终是具身的心智,而最初的认知则始终与具身结构和活动图式内在关联。"[①]从该视角看,个体的具身体验是

---

① 李恒威、盛晓明.认知的具身化[J]. 科学学研究,2006(2)：184－190.

隐喻认知与交际的基础,换言之,隐喻的表达与理解以我们的身体经验为基础。因此,可以合理地将具身语境看作隐喻认知与交际的语境基础。不同语言社区成员不仅使用不同的语言,他们所处的社会文化环境也截然不同,因此对世界的概念化方式不尽相同。"虽然诸如'上下''内外'等对立方位词在本质上是物理的,但基于这些方位概念的方位隐喻具有文化差异性。比如说,在某些文化中未来在前,而在其他一些文化中未来在后。"①在上文例子中,小明爸爸"浙大就在门口"的隐喻使用不仅受到了认知语境和交际语境的影响,而且源于具身语境基础。在中国文化中,"未来在前""理想在高处"等隐喻早已在人们的认知中根深蒂固。再如,味觉方面的"香味"、触觉方面的"疼痛",随着人们经历生活世界并把生活语境能动地投射到大脑中,形成比概念图式更加丰富的意象图式以及隐喻扩展,从而能在特定语境中启动人们的隐喻使用。近年来的网络流行语"×××它不香吗?"就是用"香"的具身体验来隐喻某物"好"的价值评判。

目前,身体经验与隐喻认知之间的紧密联系已得到认知神经科学研究的证实。② 因此,可以说,隐喻认知与使用以具身语境为基础,隐喻的构建和表达部分地由具身语境所决定。

总之,我们借鉴科韦切什广义隐喻语境论思想,从动态语境论视角论析制约隐喻表达的语境因素,并尝试建构语境驱动的隐喻交际表征模型;同时,我们借助日常隐喻使用实例揭示隐喻表达与理解过程中的语境启动效应,阐明语境驱动的隐喻生成机制,借此论述隐喻构建与表达过程中普遍存在的语境依存性,从而为深化隐喻认知与隐喻交际的研究提供一种新的视角。

---

① LAKOFF G, JOHNSON M. Metaphors we Live by[M]. Chicago: The University of Chicago Press.1980: 14.

② 参见 LAKOFF G. Mapping the Brain's Metaphor Circuitry: Metaphorical Thought in Everyday Reason[J]. Frontiers in Human Neuroscience, 2014(8): 1-14; BORG J S, LIEBERMAN D, KIEHL K A. Infection, Incest, and Iniquity: Investigating the Neural Correlates of Disgust and Morality[J]. Journal of Cognitive Neuroscience, 2008, 20(9): 1529-1546。

5 逻辑与信息传递

5.1 信息与信息流

从结绳记事到人机交互,信息传递始终作为一种最基本的功能贯穿于各种形态的语言之中。语言可以携带信息,但信息是先于语言的实体,如果信息传递发生在不同的语言共同体里,主体就需要用不同的语言来传递相同的信息。传递信息的活动取决于对内容的理解,不同的主体间就一个明确和一致的方式达成一致才能实现理解。

在现实主义和认知主义的区分中,现实主义语义学认为,表达的意义存在于世界中,因此独立于个人如何理解它们。而在认知主义语义学中,意义是心理实体,概念结构本身涉及真实的世界,意义是从表达式到概念结构的映射。不难发现,现实主义的语义学方法面临着许多困难,最突出的是它在处理那些现实世界中没有直接对应关系的心理构建对象以及概念含义经常随语境变化的情况时会产生许多问题。在语言哲学和逻辑学中,现实主义和认知主义的不同取向导致了外延语义和内涵语义的区分。外延语义学将句子的语义视为真值,内涵语言学是可能世界到真值的函数,即使真值一致,违反相应规则限制表达的语义就会存在区别。

如果我们认可语言的功能是信息传递,在信息传递的视角下,外延与内涵、字面义和非字面义都可以被统一整合在一起。进而通过逻辑对这一过程形式化,能更好地对接自然语言和机器语言,创建更好的人机交互模式。

5.1.1 信息流理论

对信息流的系统研究始于香农的量化通信理论,该模型首次给出了信息源、信息通道、信息接收者、噪声等影响信息传递的基本要素,被认为是第一个现代意义上的信息流模型。[①] 香农的这一模型从量化角度讨论了信息的传递,而后德雷斯克(F. Dretske)从信息关联的角度分析了信息传递的基本要求,提出了信息内容理论,该理论主要从语义角度说明了知识、信念与信息之间的关系。[②] 他认为信息是知识与信念之间的联结,主体知道 p 当且仅当他相信 p,且该信念是由 p 的信息引起的。这两个研究方向构成了信息流研究的两条主要路径。在信息内容理论的思想基础上,巴威斯和佩里发展出情境理论及情境语义学,并由德夫林(K. Devlin)进一步给出数学分析框架,成为在一定程度上为信息科学提供所需要的数学理论。但由于情境理论重点描述的是抽象的情境类型之间的关系,而没有关注具体情境之间的关系,无法有效解释信息流中的可错性以及基于信息流的推理,巴威斯和塞利格曼(J. Seligman)构建了早期的通道理论作为改进,即狭义的信息流理论。巴威斯还分别研究了通道理论与模态逻辑的联系及其在非单调推理研究中的应用。塞利格曼则反过来尝试将信道理论与香农的信号传输与编码统计理论进行了融合,都对信息流研究的新方向进行了有益的探索。[③] 近年来,越来越多的学者拓展了信息流逻辑的应用场景,如计算机本体语义结构,[④]国内学者李娜、娄永强等也对该理论进行了介绍和研究。[⑤] 但情境语义学之后,对自然语言理解的信息流研究成果较少。

此外,认知逻辑作为认知科学与逻辑学交叉的一个新兴学科,它关注知识获取、表达、扩展和修正的认知模型,动态认知逻辑给出了语义模型的更新方式及公理系统的表达方法,为认知改变和信息更新提供了全新的研究范式,也成为逻

---

① SHANNON C E. A Mathematical Theory of Communication[J]. The Bell System Technical Journal. 1948,27: 379-423.

② DRETSKE F. Knowledge and the Flow of Information[M]. Massachusetts: MIT Press,1981.

③ SELIGMAN J. Channels: From Logic to Probability[M]//SOMMARUGA G. Formal Theories of Information: From Shannon to Semantic Information Theory[M]. Berlin: Springer, 2009: 193-233.

④ KENT R E. Semantic Integration in the Information Flow Framework[J]. Semantic Interoperability and Integration, 2005, 4391: 1-12.

⑤ 李娜,娄永强.信息流逻辑研究述评[J],贵州社会科学,2009(8): 27-32.

辑为工具进行信息流研究的一个重要分支。

5.1.2　限度信息与关联信息

20 世纪 90 年代,范本瑟姆(J. van Benthem)在对主流的信息流理论研究进行整合和梳理后,区分了两种不同的信息概念理解视角:一种是作为限度的信息(information as range)。该观点认为导致信息流动的是认知的状态空间的改变。当信息增加时,认知状态空间逐渐收缩,原本认知范围内的可能世界可能被排除,一些可能世界间的不可辨别随之不再存在。认知限度内的可能世界越少,则信息越充分。[①]

这一信息观的代表是动态认知逻辑(dynamic epistemic logic,DEL)。它是静态认知逻辑的扩充,将动态逻辑与认知逻辑相结合,研究知识随着主体所处的信息环境的不同而产生的变化。以奠定了动态认知逻辑研究基本范式的公开宣告逻辑系统(public announcement logic,PAL)为例,它在基本模态逻辑的语言上,增加了动态算子[　],$[\varphi]\psi$ 表示宣告 φ 后 ψ 为真。

$[\varphi]\psi$ 的语义定义体现了动态认知逻辑关于动态性处理的基本构想。给定一个模型 $M=(S,R,V)$ 和状态 $s\in S$,对于主体集 A 和原子命题集 P,公式类型 $[\varphi]\psi$ 在 s 上为真如下:

$M,s\models[\varphi]\psi$ 当且仅当 $M,s\models\varphi\Rightarrow M|\varphi,s\models\psi$

其中 $M|\varphi=(S',R',V')$,

$S'=\|\varphi\|_M$,$R'a=Ra\bigcap(\|\varphi\|_M\times\|\varphi\|_M)$,$V'(p)=V(p)\bigcap\|\varphi\|_M$

可见,经典的动态认知逻辑中,实现信息流动效果的是模型更新。信息更新过程中,主体会优先接受新信息,而将不满足新信息的认知状态(即可能世界)以及与该状态有关的关系从原有认知中删除。它将信息处理为客观存在的不同认知状态,信息传递过程由其所带来的认知效果替代,体现为对可能存在的认知状态的限制。这一处理充分利用了可能世界语义学的优势,有利于构造严格的形式系统。

另一种是作为关联的信息(information as correlation)。该观点认为导致信

① VAN BENTHEM J. Information as Correlation vs. Information as Range[M]//MOSS L. Thinking Logically:A Memorial Volume for Jon Barwise. Indiana:Indiana University Press,2005:1-23.

息流动的是情境和情境之间的制约关系,一个信号的发出,实际上是为了传达与之有关的另一个信息。通过在状态空间中限制一些情境序列的可能情况,使得情境之间产生某种关联,实现信息的传递。如山上有烟作为信号,传递山上有火的信息;X线片传递病人骨头的信息,等等。情境理论与情境语义学是这一信息观的典型代表。相较于动态认知逻辑,该理论对一些具体的语境依赖性语义理解问题有更好的解释能力。关于情境语义学的内容我们将在下一节中进一步说明。

通过对以上两种对信息流的基本观念进行融合,范本瑟姆提出了一种新的信息观。他认为,信息流的实现方式是状态空间中对情境组的制约。没有任何制约的情况下,各情境上的赋值具有相对独立性,所有赋值情况等可能出现,即没有提供信息。如果给出一定的制约,则如果部分赋值不可能出现,存在的情境间会因此建立联系,也同样反映了认知状态空间的收缩。这是一种精巧的信息还原方式,通过将制约作为情境组合情况的限制,可以建立情境理论和模态逻辑之间的联系。基于这一直观,范本瑟姆尝试将这两种意义在模态逻辑的框架下结合,构造了认知约束逻辑。

定义(认知约束语言)认知约束语言的字母表包括:情境符号: $x, y, \cdots$;情境序列: $\boldsymbol{x}, \boldsymbol{y}, \cdots$;谓词: $P, Q, R, \cdots$;布尔运算符: $\neg, \vee$;全局模态算子: U。

认知约束逻辑的公式以如下方式递归定义:

$$\varphi ::= Px \mid \neg \varphi \mid (\varphi \wedge \varphi) \mid U\varphi$$

定义(认知约束模型)一个认知约束模型 $M = (Sit, State, C, Pred)$,其中 Sit 为一个初始情境集;$State$ 是由情境组成的局部状态(local state)的集合,每个局部状态都包含了一定数量的情境;从 Sit 到 $State$ 的映射称为系统的一个全局状态(global state);

C 为全局状态的一个子集,称为制约;$Pred$ 为局部状态或局部状态序列可以满足的谓词集。特别地,对于 Px, $M, s \models Px$ 当且仅当由全局状态 s 为情境(组)赋值得到的状态(组)满足谓词 P。

范本瑟姆的模型区分了全局状态和局部状态两个层面,一个情境组类似于一组可能世界。不同的局部状态包含对情境组的不同赋值情况,而全局状态是情境到局部状态的函数,即每个全局状态唯一确定一个局部状态。全局状态相当于描述了制约的外延,而局部状态描述了制约的内涵。在此基础上,定义了一个全局状态之间的等价关系:

$s\sim_x t$ 当且仅当 $s(x)=t(x)$

$s\sim_x t$ 当且仅当 $x\in\mathbf{x}, s(x)=t(x)$

这样,从语义上看,全局状态自身也可以构成一个模型 $M=(W,R,V)$。它本质上是一个多主体 S5 模型,其中 W 为所有全局状态的集合;R 为两个映射的等价关系的集合,

如果相对于情境 x 或情境序列 $\mathbf{x}$,两个状态的赋值一致(即两种赋值对于该情境序列不可辨别),则称两个状态相对于该情境(序列)等价,记作 $s\sim_x s'$ 或 $s\sim_x s'$;V 为该赋值下的局部状态。

局部状态是对情境所包含信息的判定,一个局部状态可以隐含地给出情境组的各情境之间的关系,这种关系就是该状态所传递的信息。制约 C 是全局状态的子集,要求制约 C 中的全局状态所映射满足两个条件:(1)现实情境中的命题为真;(2)如果源域情境满足某信息,则目标域情境中存在对应信息成立。即挑选出部分全局关系,对模型进行更新。

5.2　情境中的信息

5.2.1　情境语义学

情境语义学的最初构想最早由巴威斯和佩里提出。1983 年,他们合著了《情境与态度》一书,比较完整地呈现了情境理论和情境语义学的体系,成为情境语义学最重要的代表性著作。[①] 该理论的核心是,主体将其认知到的现实场景个体化为"情境",即个体化为主体设法挑选出来的有结构的现实世界部分。[②] 现实世界中,不同的具体事件可能有相同的性质,为描述这种事件之间的联系,情境中的要素可以被抽象为自由变元,含有变元的情境称为情境类型(situation

---

① BARWISE J, PERRY J. Situations and Attitudes[M]. Stanford: CSLI, 1983.

② DEVLIN K. Logic and Information[M]. Cambridge: Cambridge University Press, 1991: 31.

type)。"制约"是情境类型之间的二元关系,情境类型之间的系统性制约允许一个情境类型包含另一个情境类型的信息,使得信息从一类情境向另一类情境流动。借由这种信息传递,我们可以从一个情境中得到关于其他情境的信息。1989 年,巴威斯又出版了论文集《逻辑中的情境》(*The Situation in Logic*),全面整理了他与合作者近十年间对于情境理论与情境语义学的探索。1991 年,德夫林在《逻辑与信息》(*Logic and Information*)中将情境理论作为以数学为基础的分析工具,用以分析语境影响信息生成和信息传递的方式,从信息处理角度阐释了情境语义学的数学分析框架,希望通过情境语义学"为信息科学提供所需要的数学理论"。在这一时期举办的三次情境理论与情境语义学的国际会议对该理论进行了拓展和应用。

在与逻辑的对接上,芬斯塔德(J. E. Fenstad)等人基于情境理论建立了命题逻辑、一阶逻辑和模态逻辑的情境系统。[①] 1995 年,巴威斯与盖贝(D. Gabbay)等人认为信息流逻辑是依赖于制约关系的,并且这种制约关系把各个分类间的信息通道联系起来。给出的语义结构包括信息框架和信息网络,并探讨了在理想化的情况下进行的信息流逻辑的模型推理。[②] 这些尝试为情境语义学和可能世界语义学比较与联通提供了路径。

和传统的真值条件语义学相比,情境语义学弱化了命题真值的重要性,信息元本身无所谓真假,只能判定它是否被某一情境所支持。在信息元中,真假极性也只是和关系、个体、时空等并列的一个要素,传递关于个体是否具有某性质的信息。相对地,它突出了语言信息在信息传递方面的作用,认为一个情境包含关于另一个情境的信息,而语句的意义就是从一个情境类型推出另一个情境类型所实现的信息流动。从这一角度看,字面义为假并不意味着就是异常表达,一些非字面的表达方式和一般的字面义表达并没有本质差别。

情境理论认为,话语的解释被认为是若干信息元(infons)的汇集。构成一个信息元的基本要素包括:个体(individuals),用 $a_1, \cdots, a_n$ 表示;关系(relations),用 r 表示;时空场点(space-time locations),其中时间用 $t, t' \cdots$ 表示,空间用 ℓ,

---

① FENSTAD J, et al. Situation, Language and Logic. D. Reidel Publishing Company, 1987.

② BARWISE J, GABBAY D, HARTONAS C. On the Logic of Information Flow[J]. Bull of the IGPL, 1995,3(1): 7–49.

$\ell'\cdots$表示，时空的序列体现信息的动态性；极性（polarity），用 i 表示，$i \in \{0,1\}$，区别肯定信息和否定信息。这就是说，一个某时某地某个体（或某些个体）具有/不具有某性质（或某关系）的事实就构成一个基本信息单位，基本信息单位的合取或析取构成复合信息元（compound infons）。主体将其认知到的现实场景个体化为"情境"，即个体化为主体设法挑选出来的有结构的现实世界部分。情境和信息都是独立的实体，给定一个情境 s 和信息元 σ，s 支持 σ 说的是该信息元在情境中被满足，记作 s ⊨σ，s ⊨σ 当且仅当 σ∈s。

不同的具体事件中可能具有相同的性质，为实现对事件相似性的刻画，情境语义学引入了类型（type）的概念，起到类似于语义学中常见的 λ-抽象的效果。类型是对具体情境进行简单扩充，允许信息元中的一些要素被抽象为自由变元（一般用 $\dot{a}_1,\cdots,\dot{a}_n$ 表示个体未定量，$\dot{r}$ 表示关系未定量，$\dot{i}$ 和 $\dot{\ell}$ 表示时空场点未定量），即类型中既可以包括真实的个体、场点和关系，也允许个体未定量、场点未定量和关系未定量的存在。具体可以将类型分为两类，一类是满足抽象了其中某些要素的信息元的情境的集合，称为情境类型，记作 $[\dot{s} \mid \dot{s} \models \sigma]$；一类是情境满足的信息元中抽象出的某些要素的集合，称为对象类型，给定一个情境 s 和未定量 $\dot{x}$，令 σ 为一个包含 $\dot{x}$ 的信息元，一个对象类型 $[\dot{x} \mid s \models \sigma]$ 为所有在 s 中被锚定的 $\dot{x}$ 的集合。相应地也可以为信息元中的自由变元赋值，对情境类型进行还原。给定抽象信息 σ，其中包含 $\dot{a},\cdots,\dot{r},\cdots,\dot{\ell},\cdots$ 未定量，若函数 f 给其中的某些未定量指派个体、关系、场点，则称 f 为 σ 的锚（anchor）。如果 f 定义在 σ 中所有未定量上，那么结果中就不再有未定量要素，称这样的锚为 σ 的总锚（total anchor），[①]锚定后的结果支持新的信息元 σ[f]。可以认为，作为隐喻理解基础的相似性是情境的相似性，即两个情境存在某些共同满足的信息元。但这些相同的信息元不是任意的。

情境语义学认为，语言表达式的语言意义是话语的规约制约，也就是通过给出情境类型到另一个情境类型的信息传递，语句才获得了意义。因此，"制约"（constraints）是该理论的核心概念。"制约"是定义在情境类型上的二元关系，情境类型之间允许存在包含关系，如果适应了该制约，就能从当前情境跳转到另

---

① BARWISE J，PERRY J. Situations and Attitudes[M]. Stanford：CSLI，1983：73.

一情境,实现信息的流动。因此当我们说一个对象有什么意义时,实际上我们是在讨论涉及该对象的情境所属的情境类与另一情境类之间的制约关系,即由一个类型 S 可以得到另一类型 S',记为 C=[S⇒S']。① SA 中,巴威斯和佩里将制约分为必然制约、惯常制约、规约制约和条件制约,其中必然制约是由必然关系产生的制约,惯常制约是自然规律形成的制约,规约制约产生于生物群内显式或隐式的规约,仅在一定的条件下成立的制约都为条件制约。②

提取字面表达的信息元,我们得到了关于话语本身的被描述情境,基于一定的制约关系对情境类型进行转化,就可以对现实情境与话语内部信息之间的关系进行判定,比如,当前时空场点中,主体 a 喝水的事件 e 可以由如下情境表达:

$$\text{in e, at } \ell: \text{thirsty, a; 1}$$

$$\text{at } \ell: \text{drinking, a; 1}$$

但是,在日常的语言使用中,还存在大量依赖于语境的描述。对一句话的理解,除了语句本身提供的信息,可能还需要联系来自语境的外部信息,匹配话语和它所描述的对象。为此,情境语义学在被描述情境之外还引入了说话情境和说者链接。说者链接专门处理代词的照应回指问题,它是一个从指称词 α 到其指称 c(α) 的部分函数;说话情境用于描述说话发生时的基本信息,包括说话人、听话者、说话时空和所说语词。

为准确定义说话情境,SA 中先引入了另一个相关概念"角色"(role)。③

定义(角色)

(1)每个基本未定量都是未定量;

(2)如果ẋ是未定量,E(ẋ,⋯)是情境类型,那么<ẋ,E>也是未定量。

由(2)得到的这种未定量就称为角色。

相应地,通过对锚的概念进行扩充,得到定义在角色上的锚:从未定量到个体、场点和关系的部分函数 f 是一个锚,如果:

(1)对于 f 的定义域中的每个基本个体、场点或关系未定量ẋ,f(ẋ)分别是个体、场点和关系;

① Devlin K. Logic and Information[M]. Cambridge: Cambridge University Press, 1991: 94.
② BARWISE J, PERRY J. Situations and Attitudes[M]. Stanford: CSLI, 1983: 97-99.
③ BARWISE J, PERRY J. Situations and Attitudes[M]. Stanford: CSLI, 1983: 80.

（2）对于 f 的定义域中的每个角色 $\dot{r}=<\dot{y},E>$，f 是 E 中的每个未定量的锚，并且 $f(\dot{r})=f(\dot{y})$。

角色是个体（或场点）和个体所处事件的通量，所以把角色定义为"事件和个体组成的有序对"，直观上表达某个体在某事件中充当某种语义角色。依赖于"角色"这一概念，可以定义说话情境：对于情境类型 S_d，$S_d \models <speaking,\dot{a},\dot{\ell};1>\wedge<addressing,\dot{a},\dot{b},\dot{\ell};1>\wedge<saying,\dot{a},\dot{\alpha},\dot{\ell};1>$。其中包含四个角色：speaker$=<\dot{a},S_d>$；addressee$=<\dot{b},S_d>$；disc-loc$=<\dot{\ell},S_d>$；expression$=<\dot{\alpha},S_d>$。

唯一锚定这些角色的情境叫作说话情境。如果在一个交际情境 S 中，A 对 B 说语句 C，则说话人 A 和听话人 B 与 S 构成的有序对分别为角色 speaker 和 addressee，说话发生的时空与 S、所说话语 C 与 S 构成的有序对分别为角色 disc-loc 和 expression。简单来说，被描述情境描述的是话语本身，而说话情境描述的是语境。

5.2.2　在自然语言理解中的应用

情境语义学可以自然地描述代词等语境依赖性表达的意义。比如"我的妻子"，这一短语指称的是哪个对象取决于说话人是谁。它的语义被处理为一个四元关系 R(d,c,b,e)，记作 d,c‖我的妻子‖b,e。

事件过程表达为：in e：at l：……是……的妻子，b,a_d；1

仅当说话者 a_d 在 l 时段内的妻子是 b，d,c‖我的妻子‖b,e 才成立。当说话者就现在的情况进行描述，说"我的妻子"时，说话情境就是现在，ℓ 被锚定为当前时空 ℓ_0。假设两个不同的说话场景 d_1 和 d_2，d_1 的说话者是 A，d_2 的说话者是 B，根据实际情形，A 的妻子是 A'，B 的妻子是 B'，因此 e 满足

in e：at l：……是……的妻子，A',A；1

……是……的妻子，B',B；1

如果 d_1 是说话情境，那么满足 d_1,c‖我的妻子‖b,e 的唯一的 b 就是 A，听到这个描述的人就会将这个短语指称性地解释为 A'。同样地，如果知道这个短语是指称 B' 的，听者就会得出说话情境是 d_2，说者是 B。

一个表达式中的信息可能随着听者的环境或资源情况（如上下文、听说者、时间空间、背景知识等）而变化。这样的语境敏感性可以通过区分对话语的说明

和话语中的信息来解释,这是情境语义学中的思想之一。因此,除了指称问题,情境语义学后来又被拓展到解决许多其他与语境相关的意义解释问题上,比如以隐喻为代表的非字面义理解的描述。

以信息传递为视角,在最一般的意义上,映射关系可以被定义为映射到的情境与当前情境存在相同信息元。但显然,隐喻并不是建立在任意的相同性质上的,根据认知隐喻理论的说法,这一认知偏好产生于源域概念的认知图式投射到目标域上后与目标域的整合和推理,也就是建立在相对稳定的认知习惯所形成的认知链上。虽然偏好的传递性可以保证表达与最可能的目标性质能够建立关联,但这只是形式上的约定,主体具有特定偏好的原因尚无法直接体现在语义模型中。

为了说明隐喻关联性的建立不是任意的,一种简单的想法是将这一认知链对象化。情境理论中,一个重要的创新是利用被描述情境和会话情境的区分,实现以统一的方式对句内语义和语境进行对象化处理。借由这一语言上的优势,我们考虑在当前给出的语言的基础上区分被描述情境和会话情境。定义信息元集合 $INF=INF_e \cup INF_d$,包含一个被描述信息的集合 $INF_e=\{infon_e \mid infon_e=<r,a,t,i>\}$,和一个会话信息的集合 $INF_d=\{infon_d \mid infon_d=<c, speaker, addressee, \ell, i>\}$。其中,$INF_e$ 中的元素就是标准形式的信息元,描述语句提供的信息;INF_d 中的元素为关于语句所处的广义语境信息,其所包含的要素具有特殊性。其中 c 为一个概念,包括关系、性质、个体等。INF_d 就是一个描述"某说话人在向某听话人传递某些消息"的信息。但由于认知图式是基于人们长期经验形成的共识性的知识,具有一定的普遍性,因此制约在不同语境下能保持相对稳定,为表达制约关系,约定 INF_e 和 INF_d 都可以包含抽象信息元。

对于任意隐喻表达,其生成和理解都需要主体接受特定的制约,而针对日常隐喻表达而言,多数映射的建立都是基于常识性的推理,也就是情境理论中的惯常制约。在这一意义上,该模型可以视为一个特殊的多主体模型,制约集为主体集,制约成为可通达关系的标签。这样,上述模型可以被简化为 $\mathfrak{M}=(C,S,R,V)$。其中,S 为情境集,每个情境 $s \in S$ 是一个(抽象)信息元的集合;C 是一个情境类型上的制约集;$R: C \times S \to S$ 是一个关系集;V 为赋值函数,每个信息元 σ 的赋值 $V(\sigma)$ 为 S 中支持该信息元的那部分情境。

定义(隐喻判定的真值条件)给定模型 $\mathfrak{M}=(C,S,R,V)$ 和情境 $s\in S,M\varphi$ 在情境 s 中的真值条件定义如下：

$\mathfrak{M},s\models M\varphi$ 当且仅当 $\exists s':sR_{c_i}s'$，使得 $\mathfrak{M},s'\models\varphi|c_i$

其中 $c_i\in C=[S\Rightarrow S']$，$S=<R,t,1>$，$S'=<R',t,1>$，$\varphi|c_i$ 表示 φ 中所有 R 遵循制约 c_i 替换为 R'。

该定义说的是，如果一个情境支持信息 φ 是隐喻的，则存在一些可通达的情境支持特定的制约，使得 φ 可以转换为 φ'，且 φ' 能被当前情境所支持。新的模型将制约关系加入模型中作为关系标签，用以解释偏好形成的原因。用一个例子来做简要的说明：

例 5-1.（在谈论人生的情境中某人说：）我们现在正站在（人生的）十字路口。

用 Cro 表示"站在十字路口"，Con 表示"迷茫"。说话人为 a_1，听话人为 a_2。表达中提取的信息元包括：被描述信息 $<Cro,\{a_1,a_2\},life,1>$，即语句的主题为人生，其字面信息为"说话者 a_1 和听话者 a_2 站在十字路口"；会话信息 $<Cro,speaker\ a_1,addressee\ a_2,\ell,1>$，即语句所在的语境中，焦点概念为 Cro，说话者为 a_1，听话者为 a_2，说出语句是所处时空为 ℓ。

由于日常隐喻的使用具有相对稳定性，即本体和喻体形成的关联被广泛接受后，将自然地在多种场景中被使用。因此对听说主体和时空场点进行抽象，得到抽象信息 $<Cro,life,speaker,addressee,\ell,1>$。

假设主体信念中存在制约 $c_1\in C=[S\Rightarrow S']$，其中 $S=<Cro,speaker,addressee,\ell,1>$，$S'=<Con,speaker,addressee,\ell,1>$，即主体的认知支持他从"十字路口"联系到"迷茫"。

由于 a_1,a_2 在某一情形中处于迷茫状态是可能的，所以可以假设 $s'=\{<Con,speaker\ a_1,addressee\ a_2,\ell,1>,<Con,\{a_1,a_2\},life,1>\}$。又因为当前情境中，原语句被说话者表达是一个事实，所以 $<Cro,speaker\ a_1,addressee\ a_2,\ell,1>\in s$。根据 R 的定义，可得 $sR_{c_1}s'$。再由 $\varphi|c_i$ 的定义，可得 $\varphi|c_1=<Con,life,1>$。所以，$\mathfrak{M},s'\models\varphi|c_i,M,s\models M<Cro,\{a_1,a_2\},life,1>$。

　　这样,就将制约关系直接纳入模型中,实现了用制约来说明隐喻所依赖的联想,使得隐喻的条件进一步清晰化。

　　在使用隐喻时,隐喻的含义与字面表达提取的信息不同,听者从一个隐喻性的表达中得到的东西取决于表达表达的上下文。针对不同语境中同一个隐喻可以有不同解释的情况,日本学者森和中川(T. Mori & H. Nakagawa)提供一种新的方案,用情境语义学描述会话中的隐喻理解。他们使用了一种类似语用推理的方式给出了语义理解的步骤:首先由语句本身给出满足它的情境,如果该情境与现实情境无矛盾,则不是隐喻表达;如果产生了矛盾,则听话者会将满足字面信息的情境作为并列语境成分融入实际语境中。根据该情境所支持的制约关系,可以构建源域和目标域之间的推导关系,消除对相关论元的不合适指派,将字面信息描述的源域中的相关对象联系到实际被描述的目标域中的对象。①

　　例 5-2. 我用了一种新的策略消灭了他。

　　这句话嵌入不同的上下文时,可以传达一些不同的信息:

　　情形 1　这是一个关于战争的描述:一个获胜国家的首脑用这句话来说明自己的胜利,"他"指被击败国家的元首。

　　情形 2　这是一个对论辩的描述:说出了这句话的一方成功驳斥了对手的论点。

　　情形 3　这是一个关于比赛的描述:一个足球队的经理说的关于比赛结果的句子,他指的是对手队。

　　不同的语境使得表达有不同的含义,但这些内涵也并非截然不同,它们之间依然存在一些共同的结构。

　　基于情境语义的形式化方法,即根据听者的资源分别处理对隐喻表达的说明和表达中的信息,从而实现对隐喻的理解。也就是说,一个词或一个短语在表达中所隐含的实际意义可能与其通常意义不同,因此隐喻表达可以覆盖其他的一些新信息。将这种变化描述为引入新资源的过程,即在源域和目标域之间建

　　①　MORI T, NAKAGAWA H. A Formalization of Metaphor Understanding in Situation Semantics [M]// BARWISE J, et al. Situation Theory and Its Applications: vol. 2. Stanford: CSLI, 1991: 449－467.

立对应关系，从而听者可以将源域的信息投射到目标域。具体而言，用情境语义学的语言来表示隐喻理解的过程可以拆分为以下这些步骤：

步骤 1：听到一个话语片段 uf^i，并根据语言使用的惯例构建与之相对应的时间状态，然后得到与 uf^i 相对应的描述情况 s_{uf}^i。

步骤 2：假设 uf^i 描述的情况与当前上下文 s_d^{i-1} 描述的情况相同，我们得到的情境 s_d^{new} 使得：$s_d^{new} = s_{uf}^i = s_d^{i-1}$，然后判断情境 s_d^{new} 是否满足以下要求：

（1）s_d^{new} 中的所有关系满足论元的合理代入。

（2）情境 s_d^{new} 是连贯的。

（3）情境 s_d^{new} 中的所有制约被满足。

步骤 3：如果满足步骤 2 的要求，则令新上下文 s_d^i 为 s_d^{new}，并令 i＝i+1 后转到步骤 1。

步骤 4：如果不满足步骤 2 中的要求，则引入一个新的资源来消除当前的不适当性，得到有意义的解释。在隐喻理解中，新资源实际上是一些制约构成的集合，这些制约表示源域和目标域之间的对应关系。因此满足这些制约的新情境 s_r^i 可以视为新的资源情境。

现在，来关注基于被描述情境 s_{uf}^i 的与资源情境 s_r^i 相关的事态，在隐喻中，这是一种与源域相关的情境。由于支持这些事态的情境 s_{uf}^{it} 对应于与目标域相关的情境，因此将所描述的情况 s_{uf}^i 替换为 s_{uf}^{it}，然后跳转步骤 2。

研究表明，隐喻理解和普通理解类似，都不是在听完一句话后才开始解释。如步骤 1 所示，每当听者听到一个话语片段（如一个名词短语、动词短语），都会在当前语境中进行理解。

5.3　非字面义的信息传递

5.3.1　信息通道理论

1997 年，巴威斯和塞利格曼在《信息流：分布系统的逻辑》（*Information Flow: The Logic of Distributed Systems*）一书中，提出了信息通道理论，用于解释在一个分布式系统中，通过信息在各个部分之间的流动来获得新信息的手段与方法。

该理论作为较为系统成熟的理论体系，成为信息流逻辑后期的代表理论。通过使用信息通道的概念，该理论可以形式化地表述出条件句所描述的制约关系的背景条件。同时，信息源、接收方以及它们之间的关系，都可以使用信息通道的概念来描述，其核心思想是，决策是在主体的分布式系统中进行的，局部逻辑和信息射使得信息在主体间流动。此外，他们的理论还借鉴了德雷斯克的信息流理论，将信息的传输过程与概率之间的关系纳入考虑。例如，一个信息源发送的信息与接收方接收的信息之间可能存在一定的偏差，这种偏差往往与信息在传输过程中的条件概率有关。这种做法不仅可以反映出信息的传输过程，同时还能反映出信息的形成和变化过程，理解信息在分布式系统中流动的原理。由此，该理论为理解和研究信息如何在分布式系统中流动提供了一种强有力的工具。

为了描述不同语境对意义理解的影响，信息通道理论通过在不同的情况和背景下创建特定的视角（perspectives），提供了对信息流动更深入、更敏感的理解。它通过预测规律来对分布式系统中的对象进行划分，并在这些视角中观察它们的性质变化，提供了一种理解信息如何过渡、传输和接收的框架，并突出了信息流的动态性特征。下面介绍一些信息通道理论的基本定义。[①]

定义（分类 classification）。分类 A 是一个三元组 $A = <tok(A), typ(A),$ $\models_A>$。其中，$tok(A)$ 是被分类的要素的集合，称为 A 的对象（token）；$typ(A)$ 是对对象进行分类的属性的集合，称为 A 的类型（type）；$\models_A$ 是 $tok(A)$ 和 $typ(A)$ 上的二元关系，如果 $a \models_A \alpha$，则称 a 在 A 中的类型为 α。

简单来说，分类说明的是对象与性质的归属关系。对于隐喻而言，源域和目标域分别是一个分类，在该分类上，每个对象都是一个情境，类型说明情境满足的性质，给出情境的归属。如果分类 A 是（日常认知中的）时间的概念域，则其中的对象是仅包含时间概念的情境，类型是这些情境的归属，即一些关于时间的性质，如抽象性、连绵性、单向性。在这里，如果时间情境 a 具有性质 α，则说 $\models_A$ 关系对 a 和 α 成立。

事实上，现实情境总是包含着各种概念，即使对一个概念域中的事物进行描述，涉及的背景信息也往往超出这一概念范围。即使从情境理论本身看，每个信

---

① BARWISE J, SELIGMAN J. Information Flow: The Logic of Distributed Systems[M]. Cambridge: Cambridge University Press, 1997.

息元都包含了时间和空间的要素,它们自身也难以成为一个情境中唯一的存在。但信息流理论强调信息的部分性,我们可以将被认知到的信息限制在一个概念域内,得到仅存在于认知中的单一概念情境。

定义(信息射 infomorphism)。令 $A=<\mathrm{tok}(A),\mathrm{typ}(A),\vDash_A>$,$B=<\mathrm{tok}(B),\mathrm{typ}(B),\vDash_B>$ 为两个分类,一个从 A 到 B 的信息射 $f:A\rightleftarrows B$ 是一个反变对函数 $f=(f^\wedge,f^\vee)$ 使得 $f^\wedge:\mathrm{typ}(A)\rightarrow\mathrm{typ}(B)$ 和 $f^\vee:\mathrm{tok}(B)\rightarrow\mathrm{tok}(A)$ 满足对任意 $b\in\mathrm{tok}(B),\alpha\in\mathrm{typ}(A),f^\vee(b)\vDash_A\alpha$ 当且仅当 $b\vDash_Bf^\wedge(\alpha)$。

信息射描述了两个分类之间的对象和类型之间的对应关系。由于信息流的方向和推理方向是相反的,所以信息射所包含的两个函数在映射方向上也是相反的。以一个测量体温的情境为例来说明,一个病人使用体温计测量体温后,温度计显示了一个水银柱的高度,它反映的是这个病人的体温。这里存在两个分类,分类 A 以体温计为对象,水银柱高度(即示数)是它的性质,体温计可能具有或不具有该示数。分类 B 以病人个体为对象,体温为人所具有的性质,该病人可能是或不是这个体温。此时,$f^\vee$ 从病人个体映射到体温计,病人的一些情况关联到体温计上,$f^\wedge$ 从水银柱高度映射到体温上,建立了高度与温度时间的关系。这组反变对函数就描写了测量体温这一活动的信息传递情况。

定义(信息通道 channel)。信息通道 $\mathbb{C}$ 是一个加标信息射的集合族 $\mathbb{C}=\{f_i:A\rightleftarrows C\}_{i\in I}$,其中 C 称为信息通道的核(core),C 中的 token 称为关联(connection)。称 $A_i(i\in I)$ 中的 a 与 $A_j(j\in I)$ 中的 b 相连,如果存在 C 中的 token c 使得 $f^\vee(c)=a$ 且 $g^\vee(c)=b$,称有加标集 $\{0,1,\cdots,n-1\}$ 的通道为一个 n 元通道。

信息通道的作用是,关联不同的分类,实现不同分类间的信息传递。可见,存在一个共有的概念域 C 将分布式系统中的内容联系在一起,这是信息得以传递的基础,因此在信息通道理论中,信息通道是描述这种关系的重要概念。

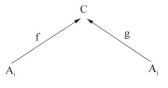

图 5-1　基本信息通道模型

定义(制约 constraint)。$\Sigma_1,\Sigma_2\subseteq\mathrm{typ}(A)$,如果对于 A 中任意对象 a,若 $a\vDash_A\wedge\Sigma_1$,则 $a\vDash_A\vee\Sigma_2$,则称 Σ_1 和 Σ_2 在分类 A 上有制约关系,记作 $\Sigma_1\vdash\Sigma_2$。

该定义说的是,对于分类中的任意对象,如果它满足 A 中的全部性质,则满足 B 中的某些性质,那么 A 制约 B。"制约"在信息流的研究中一直是一个核心概念。早期,巴威斯和佩里在建立情境理论时就重点探讨了"制约",他们将其定义为情境类型之间的二元关系,是不同类型之间信息得以传递的关键。在信息通道理论中,这种信息传递的表达得到了进一步的完善。根据定义,信息通道同时映射了情境本身及其类属的性质,它不仅反映了情境类型之间的信息传递也反映了情境之间的这一关系。在制约概念的基础上,我们可以进一步定义携带信息,以此谈论信息的流动情况。

定义(信息携带 carry)。称 a ⊨$_A$T 关于C携带信息 b ⊨$_B$T',如果a和b在C中相连(connect),且 f^(T)⊢g^(T')是 C 的一个制约。称 A 中的对象a 和 B 中的对象 b 在信息通道 C 中相连,如果存在对象 c∈C,使得 f^V(c)=a 且 g^V(c)=b。

通过对熟悉事物的描述来说明不熟悉的事物是隐喻最主要的认知功能。语句表达的是源域中对象满足某性质,想要传达的信息是目标域中对象满足的性质。信息传达得以实现的保证就是源域相关的描述携带了目标域相关的信息。

5.3.2 在自然语言理解中的应用

隐喻理解过程涉及不同概念域中信息的关联和交互,在很多时候有较强的含混性。接下来我们尝试使用信息通道模型来解释隐喻这一复杂的自然语言现象,这一语义理解过程就是借助信道的信息传递行为。

除此之外,信息通道理论提供了局部知识之间的关系的形式化。局部语境(local context)指一个知识表达的不同子结构,在不同视角下,聚焦于事物的不同部分,得到的信息也是该情境的一个特殊的切面。信息通道模型的这种能力使其只处理可用知识的子集,大大降低了计算复杂性,并使系统能够在实时约束下与环境交互。

古贺(M. Guhe)等使用信息流理论来形式化基本的算术隐喻,[①]他们遵循莱考夫和努涅斯(R. E. Núñez)对算术的认识,认为人类的数学能力是由两个主要因素带来的:一是具体认知、二是创造和使用隐喻。在隐喻部分,又区分了基础隐喻(grounding metaphors)和连接隐喻(linking metaphors)。[②] 基础隐喻

---

① GUHE M, SMAILL A, PEASE A. A Formal Cognitive Model of Mathematical Metaphors[C]// MERTSCHING B, HUND M, AZIZ Z. KI 2009, LNAI 5803, 2009: 323-330.

② LAKOFF G, Núñez R E. Where Mathematics Comes from: How the Embodied Mind Brings Mathematics into Being[M]. New York: Basic Books, 2000: 53.

的一个域是具体的,一个域是抽象的,例如我们下面描述的算术的四个基础隐喻;而连接隐喻的两个域都是抽象的,这允许创建更抽象的数学概念,例如,在建立了基于隐喻的算术基础知识之后,这些知识被用来创建空间和函数中的概念点。

人类通过四种不同的基础隐喻创造算术,这些隐喻从具体的经验中创造了一个抽象的概念空间,即与真实的世界的互动:

（1）对象集合（Object Collection）。算术是对象集合,描述了数学对象可以像实体一样从集合中删除,组合集合等。加法就是将个体集中起来。

（2）对象构造（Object Construction）。数学对象可以像实体一样组合成新的对象。

（3）测量棒（Measuring Stick）。测量棒的比喻抓住了使用测量棒来确定物理对象的大小的目的,例如用于建造建筑物。比如说数值更高或更低,加法可以视为将分段拼在一起会形成更长的分段。

表 5-1 "算术作为测量棒"隐喻

测量棒	算术
分段	数字
最短的棒	一
分段的长度	数值
更长	数值更大
更短	数值更小
对短棒做出的行动（如拼接、移除）	运算
拼接短棒	加法
从长棒中移除部分短棒	减法

（4）沿路径的运动（Motion Along A Path）。该隐喻为我们在沿着直线运动时所经历的算术增加了概念。例如,数字是路径上的点位置,加法是从一点移动到另一点。

表 5 - 2　"算术作为沿路径的运动"隐喻

沿路径的运动	算术
行动	运算
路径上的点	数字
起点	零
单位长度	一
离起点更远	更多
离起点更近	更少
离开起点一段距离	加法
向起点靠近一段距离	减法

　　四种算术理解模式(对象收集、对象构造、测量棒、沿路径的运动)分别构成一个概念域,视为一个分类,源域到目标域的映射是信息射。由于四个分类都与作为目标域的算术概念域存在信息射,因此算术概念域是所有通道的核。

　　然后对隐喻概念框架形式化。以路径隐喻为例,类记为 MP。其中的 token (即路径)可按照其长度分类,因此相应的类型集是自然数 N。

　　我们可以用序列来表示路径,起点对应空序列,路径为点的序列$<\cdot_1,\cdot_2,...>$,命名为 pathA、pathB 等,路径上的点位置用特定长度的序列以及对序列的操作的结果表示。序列的长度由函数 $\text{length}_{\text{MP}}$ 给出,该函数返回序列中元素的数量。沿路径移动对应于序列的运算操作。

　　比原点更远表达为:

$$\text{further}_{\text{MP}}(\text{pathA},\text{pathB})\begin{cases}1,\text{if length}_{\text{MP}}(\text{pathA})>\text{length}_{\text{MP}}(\text{pathB})\\0,\text{if length}_{\text{MP}}(\text{pathA})\leqslant\text{length}_{\text{MP}}(\text{pathB})\end{cases}$$

　　还可以描述一些相对复杂的运动,如将路径上的点 A 向远离原点移动原点到点 B 的距离,就可以表达为原点到 A 的路径与原点到 B 的路径序列的串联:

$$\text{moveAway}_{\text{MP}}(\text{pathA},\text{pathB})=\text{pathA}\circ\text{pathB}$$

　　其中$<\cdot_1,\cdot_2,\cdots>\circ<\cdot_I,\cdot_{II},\cdots>=<\cdot_1,\cdot_2,\cdots\cdot_I,\cdot_{II},\cdots>$对应的

类型是两个长度的相加。

A 比 B 距原点远时,从 A 向原点移动原点到 B 的距离:

$towardOrigin_{MP}(pathA, pathB) = pathC$,其中 $pathA = pathB \circ pathC$ 对应的类型是两个长度之差。

从"沿路径的运动"这一源域(MP)到"算术"这一目标域(AR)的信息射:f_{MP}:MP⇌AR 对类型和对象进行了关联,$f_{MP}^{\wedge}(n) = length_{MP}(pathA)$($n \in N$ 且 $length_{MP}(pathA) = n$),$f_{MP}^{\vee}(n) = pathA$($n \in N$ 且 $pathA$ 表示数字对应的路径)。

其他属性定义为:$f_{MP}^{\wedge}(bigger_{MP}) = >$,$f_{MP}^{\wedge}(smaller_{MP}) = <$,$f_{MP}^{\wedge}(+) = +$,$f_{MP}^{\wedge}(-) = -$。如上所述,对于 $putTogether_{MP}$ 和 $takeSmaller_{MP}$,对应的类型是表示对象的序列的长度的和/差。

当然,算术隐喻在形式化上有天然的优势,而事实上,信息通道理论可以作为框架对更一般隐喻的表达模式进行形式化。

我们知道,隐喻作为一种基本的思维方式,在日常生活中无处不在。《我们赖以生存的隐喻》中,莱考夫和约翰逊从认知角度将概念隐喻分为三类:结构隐喻、方位隐喻和本体隐喻。结构隐喻指一个概念以另一个概念来进行隐喻建构;[1]方位隐喻不是通过一个概念来构建隐喻,而是组织一个互相关联的概念的完整系统;[2]本体隐喻指以物质和物体来理解我们的经验,使得我们可以挑选出部分经验,并把它们当成一个同一种类中的离散实体或者物质,以对物体和物质的经验为理解另一个概念的基础。[3]

在一个结构隐喻中,通常可以观察到源域中的对象、性质、关系与目标域中相应的对象、性质、关系表达出良好的映射关系。但是建立映射关系所依据的相似性有很强的选择性,比如"社会是大海"这样的表述中,海里的大鱼小鱼与社会中的不同主体分别建立映射关系,可以说明社会竞争的残酷性,也可以说明社会机遇的丰富性。对于方位隐喻,空间化更多地表达为一种约定俗成的用法。比

---

① LAKOFF G, JOHNSON M. Metaphors We Live By[M]. Chicago:University of Chicago press,1980:11.

② LAKOFF G, JOHNSON M. Metaphors We Live By[M]. Chicago:University of Chicago press,1980:11.

③ LAKOFF G, JOHNSON M. Metaphors We Live By[M]. Chicago:University of Chicago press,1980:23.

如时间空间化的使用中,时间顺序与空间方位的对应关系并不固定,在不同的表达中借用的方位可能彼此冲突。同样基于"时间是空间"的隐喻概念,"从前""往后""前不见古人,后不见来者"等表达所基于的是"过去为前,未来为后",而"回顾""展望""过去""将来"所基于的是"过去为后,未来为前"。另外,一些隐喻表达所要描述的特性并不独立存在于源域和目标域中,而是由隐喻创造。当一个对象 A 经由隐喻与另一个对象 B 连接,可以从 B 的既有性质出发形成新的推论。如经典的"这个外科医生是屠夫"[①]这一隐喻中,可以得到"这个外科医生水平不好",但"水平不好"并不是屠夫本身的性质,而是通过将屠夫的性质迁移到外科医生身上进一步推出的信息。

可见,概念隐喻理论的映射关系缺乏对一些复杂隐喻的解释力。之后,概念整合理论主要从认知心理学的角度提供了一种解释路径。20 世纪 90 年代,福科尼耶(G. Fauconnier)等人提出了"心理空间"概念。心理空间是我们思考和交谈时构造的用于支持局部理解和行动的小概念包,它由框架和认知模型组成,只包含主体认知范围内的部分元素,[②]因此它可以用结构化、可递增的集合来表达,包括元素$(a, b, c, \cdots)$和要素之间的关系$(R_{1a}, R_{2ab}, R_{3cbf}, \cdots)$,随着交流或思考的展开,集合中允许加入新的元素并建立新的联系。[③] 概念整合是心理空间的整合,存在两个输入空间(input mental space),每个输入空间都是一个情境的部分结构;由一个跨空间的部分映射将这两个输入空间中相联系的部分分别进行匹配;两个空间中共有要素组成类属空间(generic mental space);由两个输入空间的选择性投射则得到合成空间(blended mental space),在合成空间内可以得到动态解释。这四个心理空间由投射链彼此连接,构成一个概念整合网络(conceptual integration network)。[④]

这一理论认为概念合成是一种极其普遍的认知过程,它在自然语言的意义建构过程中起着惯常而至关重要的作用,由于隐喻现象中同样包含着概念合成

---

① FAUCONNIER G, TURNER M. The Way We Think: Conceptual Blending and the Mind's Hidden Complexities[M]. New York: Basic Books, 2002: 297.

② FAUCONNIER G, TURNER M. The Way We Think: Conceptual Blending and the Mind's Hidden Complexities[M]. New York: Basic Books, 2002: 137.

③ FAUCONNIER G. Mental Spaces[M]. Massachusetts: The MIT press, 1985: 16.

④ FAUCONNIER G, TURNER M. Conceptual Integration Network[J]. Cognitive Science. 1998, 22(2): 137-138.

这种认知过程,该理论同样适用于分析和阐释隐喻现象。其中,源域提供了一个认知框架,而目标域相当于说明了填充内容。依靠所建立的合成空间和随后从合成空间到输入空间的投射,两个概念域的信息被整合到一个新的认知域中,得到隐喻表达的合理解释。通过把所有种类映射看作在某个层次上的形式上的等同,我们就能够把隐喻里结构的转移和在非隐喻例子里结构的转移理解为在本质上的相似。[①] 概念整合理论不仅仅建立关联对象之间的映射关系,还进一步将关联和共通的部分提取出来放在独立的空间中,允许一些认知上成立的非对应关系在模型中存在,使一些特殊隐喻表达的解释得以可能。因为这些优势,概念整合理论成为隐喻研究的一个焦点。包括对概念隐喻理论与概念整合理论的对比研究、语境在概念整合理论解释字面义与非字面义时所起的作用、概念整合理论的修正和扩充。

总体来说,在对隐喻认知机制的解释上,概念隐喻理论的跨域映射和概念整合理论的空间投射有着相似之处。但两个理论也有很多不同,概念整合理论认为,合成空间是由组合、完善、精演等心理操作实现的,这些操作使得不同输入空间的要素重组为一个整体,因此,它不假设离散的隐喻含义,而认为意义产生于集成的语义网络;在新的合成空间里,语义解释可以调用不同输入空间及其交互形成的知识,需要心理机制层层向下进行组合与完善。因此,它在解释隐喻现象时比概念映射理论具有更强的整体性、动态性和开放性。但也正是由于空间的整合过程在解释上诉诸心理层面的整合,它对操作过程的描述仍然较为含混,使得该理论的解释力似乎过于强大,几乎无所不包,无法体现不同概念整合网络中表征信息的差异性。[②] 进一步,在隐喻认知的概念整合过程中,相关隐喻信息首先进入输入空间,那么哪些隐喻信息会进入输入空间,哪些隐喻信息不会进入?隐喻信息筛选的标准是什么?进入输入空间的隐喻信息成分又是如何相互映射、协调运作的?这些问题也都需要经由一个更明确的表达模型来回答。

福科尼耶指出,心理空间是指人们在思维和说话时,为了局部的话语理解和行为而构建的部分信息集合。[③] 可见,概念整合的核心是信息的关联重组,信息

① 王勤玲.概念隐喻理论与概念整合理论的对比研究[J].外语学刊,2005(1):42-46.

② 王文斌.隐喻的认知构建与解读[M].上海:上海外语教育出版社,2007:30.

③ FAUCONNIER G. Mental Spaces[M]//GEERAERTS D, CUYCKENS H. The Oxford Handbook of Cognitive Linguistics. 2007:351-376.

是认知的基本要素,认知的实现离不开信息的获取、交换和转化。心理空间理论认为,自然语言的句子是一些未完全标明的信息,这些信息与语境信息、背景知识的结合引导我们进行认知的意义建构,这与情境理论"语句不是表达真值,而是传递关于外部世界的信息"①的观点是一致的,都强调了"信息"这一并不完全依赖语言的实体的重要性。

隐喻认知过程的关键是如何实现两个概念域之间的关联,使得人们可以通过对源域相关信息的把握得到关于目标域的信息。我们将隐喻视为源域信息向目标域传递的过程,在信息通道理论的框架下给出一种刻画隐喻表达信息传递的方式。首先,在一个隐喻表达中,区分关于源域的信息和关于目标域的信息,分别将其归于不同的分类中。两个域的信息在一个共有空间中实现整合,也就是,源域和目标域分别与混合域构成信息传递关系。

上一节介绍了分类、信息射、信息通道、分布式系统、制约等信息通道理论的基本概念。联系到隐喻理解中,这些概念分别有不同的角色。

简单来说,分类说明的是对象与性质的归属关系。对于隐喻而言,源域和目标域分别是一个分类,在该分类上,每个对象都是一个情境,类型说明情境满足的性质,给出情境的归属。如果分类 A 是(日常认知中的)时间的概念域,则其中的对象是仅包含时间概念的情境,类型是这些情境的归属,即一些关于时间的性质,如抽象性、连绵性、单向性。在这里,如果时间情境 a 具有性质 α,则说 $\models_A$ 关系对 a 和 α 成立。

事实上,现实情境总是包含着各种概念,即使对一个概念域中的事物进行描述,涉及的背景信息也往往超出这一概念范围。即使从情境理论本身看,每个信息元都包含了时间和空间的要素,它们自身也难以成为一个情境中唯一的存在。但信息流理论强调信息的部分性,我们可以将被认知到的信息限制在一个概念域内,得到仅存在于认知中的单一概念情境。

在概念整合理论中,源域和目标域各自形成一个输入空间,这两个输入空间之间还存在一个合成空间,正是在这个空间中,源域提供的认知框架和目标域提供的认知内容被有选择地整合在一起。这里,我们可以借助信息射的映射,更准

① 　BARWISE J, PERRY J. Situations and Attitudes[M]. Stanford:CSLI, 1983:28.

确地说明这一整合过程是如何进行的。在源域和目标域之外,还存在一个包含了源域和目标域信息的混合域,它同时拥有源域和目标域信息,是现实情境的集合。源域和混合域、目标域和混合域之间分别存在一个信息射。将源域记作 S,目标域记作 T,混合域记作 C,有 f_1:S$\rightleftarrows$C 和 f_2:T$\rightleftarrows$C。根据信息射的定义,f_1:S$\rightleftarrows$C,存在 $f=(f^\wedge,f^\vee)$ 使得对任意 $c\in tok(C),\alpha\in typ(S),f^\vee(b)\models_A\alpha$ 当且仅当 $b\models_B f^\wedge(\alpha)$。$f_2$同理。$f^\vee$ 是从混合域对象到源域对象的函数,实现的效果是从混合的认知情境中分离出属于某一单一概念的概念域;$f^\wedge$ 是从源域类型到混合域类型的函数,实现的效果是将单一的性质放到一个更大的情境中去,性质本身保持不变。对于所有源域中的情境类型和混合域中的情境,这一关系都成立。目标域相关的信息射 f_2 与 f_1 的结构类似。信息射保证了源域(目标域)情境支持源域(目标域)性质当且仅当混合域中的对应情境支持对应性质,也就保证了输入空间里的成分与从输入空间投射到合成空间里的成分匹配。但信息射的映射关系本身不具有选择功能,只是将源域和目标域的所有要素集中到一个新的域中。

　　由 f_1:S$\rightleftarrows$C 和 f_2:T$\rightleftarrows$C 可见,存在一个共有的概念域 C 将源域和目标域联系在一起。

　　由共享一个分类的两个信息射构成信息通道,其作用是,关联不同的分类,实现不同分类间的信息传递。隐喻概念整合中的两个信息射可以构成一个分布式系统,其中,A_i 和 A_j 分别是源域和目标域,核 C 是混合域,它与源域和目标域联系,成为一个信息通道,完成源域到目标域的信息传递。

　　至此,我们还只是将源域和目标域的所有要素映射到一个同一的域中,这样并没有实现隐喻表达的目的。隐喻表达实现的效果是对一部分性质的凸显和对一部分性质的隐藏。进一步的选择需要由制约来实现。

　　概念隐喻理论一个重要的创见是认为,我们进行认知所基于的概念体系是通过隐喻构建的,日常的隐喻表达都具有体系性,一个具体表达的背后存在着相应的隐喻概念。理解一个具体隐喻表达的关键是对隐喻概念的接受,主体只有接受了该隐喻概念,才能恰当地理解它所派生出的具体含义。比如我们说生活中"遇到坎坷""走了弯路"都是基于"人生是旅行"的隐喻概念。这里,隐喻概念提供的是该隐喻可以被理解的一个基本的制约,而在当前语境中,突出的是概念域中的哪些对象的哪些性质,则依赖于更多的规约制约。

通过对熟悉事物的描述来说明不熟悉的事物是隐喻最主要的认知功能。语句表达的是源域中对象满足某性质,想要传达的信息是目标域中对象满足的性质。信息传达得以实现的保证就是源域相关的描述携带了目标域相关的信息。

根据信息携带的定义,隐喻表达携带隐喻含义的信息,要求满足:

(1) 对象 a 和 b 在 C 中相连,即源域情境和目标域情境是由同一个现实情境分离出来的;

(2) a 满足的类型 T 的混合域对应性质 Tc 与 b 满足的性质 T' 的混合域对应类型 T'c 之间存在制约关系,即在相同环境中,如果现实情境满足源域情境中凸显的性质,则能推出存在目标域中的对应性质能被该情境满足。

对于隐喻概念"A 是 B",听话人基于对 B 的了解,得到一个关于源域的性质集,如果情境满足这些性质,则也要满足对应的目标域性质集的一个子集。如果听话人对源域一无所知,则前提集为空,制约关系平凡成立。如果制约关系无法携带新信息,交际也因此失败。显然,隐喻概念提供的制约很弱,它只能保证目标域的对象也能满足源域中的某些性质,而不能进一步说明满足的是什么性质。因此在实际的交际中,听话人需要从公共的背景知识或交际的上下文中得到更明确的制约,才能正确理解说话人的表达意图。

对人来说,对信息的重组和扩展固然可以由基本的认知能力保证,但如果希望实现机器对自然语言的语义的处理,进而接近对隐喻等非字面表达的理解,则需要对人的认知过程进行进一步的明确化,需要从中抽象出更基本的信息传递模型。如上文所述,信息通道模型和概念整合网络有着很高的相容性。一方面,概念整合理论与概念隐喻理论一样承认映射在认知中的重要作用,它认为各个心理空间之间都是由映射连接的。而因为概念整合理论描述的是认知层面的信息加工,它允许输入空间的信息可以是部分的,选取进入复合空间的信息也是部分的,这种非完全信息的要求恰恰是情境理论的基本设想。另一方面,输入空间与复合空间的关系可以构成了一个基本的信息通道模型。因此,可以尝试基于信息射建立隐喻得以实现的映射关系,描述一个完整的隐喻理解中的概念整合过程。

以信息流动来理解隐喻,这其中包含了两个层面的信息传递:一是源域信息经由信息通道传递到目标域,对应于概念间映射的部分;二是分布式信息(关于源域和目标域的知识)在通道中汇集,并依据制约进行推理,对应于概念间整合的部分。

福科尼耶曾以"自掘坟墓"为例来说明概念整合理论在解释隐喻认知上的优势。不难发现,在这个隐喻表达中,死亡对应失败、掘墓对应错误决策,但是错误决策和坏的行动导致失败,而掘墓并不导致死亡;掘墓是自觉行为,而终将导致失败的行为是不自知的。概念隐喻理论难以解释这种对象之间的对应成立,而建立在这些对象之间的对应关系无法成立的情况,概念整合理论就有更广的解释空间,在合成空间里,两个概念域的要素可以有选择地整合在一起,甚至可以构成"坟墓挖得越深,掘墓越接近完成,也越接近失败的结局"这样的联系。进一步地,我们尝试以信息流框架为基本工具,构建该隐喻的信息流模型,在保留概念整合理论优势的基础上,对其不足之处进行改进。

在信息通道理论的框架中,整个认知过程得以进行,主要依靠的是两种对应关系:一是信息射规定的两个分类中对象和类型的对应、一是携带信息规定的两个满足关系之间的对应。概念整合涉及四个空间,在解释隐喻机制的过程中,不需要考虑类属结构。它考虑的只是合成空间。当合成空间被构造的时候,类属空间也一并形成。因此我们先不考虑类属空间,而将其他三个空间对应到信息通道模型中。

定义一个分类 K＝<tok(K),typ(K),$\models_K$>,其中 tok(K)为主体认知能力范围的情境的集合,typ(K)为主体认知能力范围内的情境类型,把这样定义的混合概念域称为知识域,表示该主体的知识库。隐喻概念"S 是 T"给出了源域概念 S 和目标域概念 T,令 S 和 T 分别为源域分类和目标域分类,概念域所包含的信息是主体已知的,因此 S 和 T 的范围都以主体知识为限度,即 tok(S),tok(T)⊆tok(K),typ(S),typ(T)⊆typ(K)。由此,我们首先建立知识域、源域、目标域的信息通道。核 K 与分量 S 和 T 之间分别存在信息射 f_S 和 f_T,信息射函数中的 f_S^ 和 f_T^ 将概念域的性质对应到 K 中同样的性质上;f_S^∨ 和 f_T^∨ 则将混合域中的情境对应到概念域中含有该信息元的情境上。且根据定义,需要满足:

(1) $f^\vee(k) \models_S \alpha$ iff $k \models_K f^\wedge(\alpha)$

(2) $g^\vee(k) \models_T \beta$ iff $k \models_K g^\wedge(\beta)$

在 K 中取当前语境下主体认知到的情境及类型,构成分类 C＝<tok(C),

$typ(C)$,$\models_c$>,其中 $tok(C)\subseteq tok(K)$,$typ(C)\subseteq typ(K)$。通常,又将情境定义为它所满足的信息元的集合,因此 $tok(C)$ 就是认知到的极大信息集及其子集的集合,即对任意 $c,c'\in tok(C)$,如果 $c'\subseteq c$,则 $c'\in tok(C)$。称这样定义的混合域 C 为认知域。

源域中的情境必然在 K 中,即 $s\in tok(K)$,因为隐喻要求以熟悉的概念来理解和解释陌生概念,在遵循合作原则的前提下,说话人使用的源域概念应该在听话人的认知范围内。但由于当前认知情境可能与源域相关的概念相去甚远,此时并没有将源域的信息纳入认知,也就是源域中的情境未必在 C 中。如"人生是旅行",主体拥有关于"旅行"的知识,但未必在谈论人生的情境中调用这些知识。目标域中的情境必然在 C 中,即 $t\in tok(C)$,因为目标域正在被谈论;但在目标域分类 T 中,$typ(T)$ 可能为空集,即目标域可能是一个主体一无所知的陌生概念。特别地,规定空性质被任何情境满足,且在信息射对应后仍为空性质。

如果 $f^{\vee}(k)\in tok(S)$ 且 $f^{\vee}(k)\notin tok(C)$,则对 C 进行如下更新,得到 $C'=$<$tok(C')$,$typ(C')$,$\models_c$>:

(1) $tok(C')=tok(C)$;

(2) $typ(C')=typ(C)\bigcup f^{\wedge}(\alpha)$;

(3) 满足关系 $\models_c$ 判定 $tok(C)$ 中的情境是否具有 $typ(C')$ 中的某些性质。

使得主体关于源域的知识与现实情境建立联系。更新后的核和分量 A、B 之间重新建立信息射,在信息射的要求下,现实情境被强制判定为满足某些源域所具有的性质。再通过目标域与混合域的信息射,完成从源域到目标域最终的信息携带。

如果 $f^{\vee}(k)\in tok(C)$,则源域已经是主体当前认知情境的一部分,也就是关于源域的所有信息已被主体认知,此时不对分类进行更新操作,或者说更新后的分类 $C'=C$。再将更新后的认知域 C' 与源域、目标域建立信息通道,仍然要求满足信息射的映射关系。信息射的要求可以保证,源域和目标域的性质被映射到混合域中,直观上的效果是把原本与当前理解无关其他概念域中的知识带入当前情境。根据满足关系可以判定当前情境是否具有该性质。

当说话人说出"这么做是在自掘坟墓"时,所基于的隐喻概念是"失败是死亡"。主体的知识域和"失败""死亡"两个概念域构成一个最简的信息通道模型,概念"死亡"唤起的有关的信息从知识域进入认知域。在给出的两个概念之间尽可能多地建立性质的相似关系,将这些具有相似性联系的性质分别作为源域性质集 S 和目标域性质集 T。此时两个性质集之间存在一个基本的制约关系 S⊢T。即如果情境满足这些源域性质,则也要求满足目标域的某些性质。但是为了获知隐喻所要传递的更明确的信息,还需要两种形式的信息使得目标域中需要凸显的内容不断具体化,一是信息接收者根据背景知识和交际语境形成的关于一个概念的认知框架;二是具体交际中具体隐喻表达会对源域进行更多的描述,提供源域分类中情境和性质的满足关系。

满足信息射所要求的映射后,信息通道可以依据隐喻概念与隐喻表达实现源域到目标域的信息携带,使得关于源域的描述可以传递关于目标域的信息。如上文所述,称关于源域的信息 $s \models \alpha$ 携带关于目标域的信息 $t \models \beta$,当且仅当:

(1) s 和 t 在 C 中相连,即 $f_S^{\vee}(c) = s$ 且 $f_T^{\vee}(c) = t$。

(2) $f_S^{\wedge}(\alpha) \vdash_c f_T^{\wedge}(\beta)$ 是 C 上的制约。

其中的条件(1)可以由混合域的形成方式保证;条件(2)可以由隐喻的基本特征保证。

但在描述信息携带情况时,我们要求单个制约 S⊢T 中,T 是一个单点集,即由 n 个源域性质推出的是唯一的目标域性质。如果 n 个源域性质推出的目标域性质不唯一,则按照概念的核心程度使用多个制约 $S \vdash T_1, S \vdash T_2 \cdots$。

由此我们就可以给出隐喻性理解的条件:

命题(隐喻性理解)给定基本信息流模型 M,其包含分类 S,T,C,和信息通道 $\{f_S: S \rightleftarrows C, f_T: T \rightleftarrows C\}$,如果:

(1) S 和 T 之间不存在信息射;

(2) 存在 token $c \in tok(C)$,使得 $f_S^{\vee}(c) = s$ 且 $f_T^{\vee}(c) = t$ ($s \in tok(S)$, $t \in tok(T)$);

(3) $\{f_S^{\wedge}(\alpha) \mid \alpha \in typ(S)\} \vdash \{f_T^{\wedge}(\beta) \mid \beta \in typ(T)\}$ 是 C 的一个制约;

则得到的隐喻性理解为"$s \models \alpha$ 携带信息 $t \models \beta$"。

其中(1)保证了跨域映射;(2)保证了双向的映射;(3)用惯常制约对可能的隐喻语义进行筛选,通过筛选的即该隐喻能够传递的信息。

这种处理方式和主流理论主要的不同是,我们并不是直接把源域理解转变为关于目标域的理解,因为这样就不可避免地加入了过多的日常推理。而是用常识对可能的语义进行了检验,保留通过检验的那些意义。

回到"自掘坟墓"的例子,除了隐喻概念"失败是死亡",还可以获知"自己"和"掘墓"等信息,要求情境满足"听话人是行为主体""某一行动导致坟墓深度加深"等性质,基于一定的制约,这些性质在混合域中可以推出新性质,在与既有的目标域性质集不冲突的情况下,这些性质将被加入目标域。接下来我们基于信息射的映射完成满足信息携带关系的信息流动过程。在语篇或交际中,若上下文提供了关于源域的信息 $s \models_s \alpha$,(1) 根据携带信息的要求,$f_s{}^\vee(c) = s$,得到 $f_s{}^\vee(c) \models_s \alpha$;(2) 根据 f_s 的要求:$f_s{}^\vee(c) \models_s \alpha$ iff $c \models_c f_s{}^\wedge(\alpha)$,可得 $c \models_c f_s{}^\wedge(\alpha)$,即源域对应的现实情境满足源域描述的性质;(3) 根据携带信息要求的制约,$f_s{}^\wedge(\alpha) \vdash_c f_T{}^\wedge(\beta)$,对于混合域中的任意现实情境,如果它满足源域性质集的所有性质,则也满足目标域性质集中的某些性质。而如前所述,规定 β 是单点集,因此要求满足的是目标域中的一个具体性质,该制约保证了 $c \models_c f_T{}^\wedge(\beta)$;(4) 根据 f_T 的要求:$f_T{}^\vee(c) \models_B \beta$ iff $c \models_c f_T{}^\wedge(\beta)$,可得 $f_T{}^\vee(c) \models_B \beta$;又因为 $f_T{}^\vee(c) = b$,所以 $b \models_B \beta$。

通过携带信息要实现的效果是,"源域情境满足源域性质"携带信息"目标域情境满足目标域性质",使得"关于掘墓情境关联死亡、埋葬"携带信息"日常做事的情境关联失败"。在现实中,一般认为掘墓行为本身并不包含掘墓人死亡这一性质,也就是掘墓情境不会满足该性质。但是,从这个隐喻的表意效果来看,"自掘坟墓"实际上说的是"致自己于死地",由它通过隐喻携带了"自身行动招致失败"这样的信息作为实际的表义意图。

假设 $c \in C$ 是主体认可的混合情形。以此分离源域上下文和目标域情境:$f_s{}^\vee(c) = s$,$f_T{}^\vee(c) = t$。当情境被分离到某个纯概念域中,其本身的一些典型性质就能得以凸显,即在分类 S 和 T 中,能够得到一些情境满足的典型属性 $\mathrm{typ}(S) = \{$掘墓人,尸体,死亡,结束…$\}$,$\mathrm{typ}(T) = \{$不好的结果$\}$。得到的类型通过 $f^\wedge$ 函数映射到 C 中。在 C 中,主体根据常识得到一系列的惯常制约,如 $\{$掘墓人,尸体,死亡,结束…$\} \vdash \{$不好的结果$\}$。这一分类 C 所具有的制约能够对 $\mathrm{type}(S)$ 和 $\mathrm{type}(T)$ 映射到 C 中的类型进行检测,满足该制约,则信息传递成功,因此,这个隐喻可以理解为"一个人的行为导致了不好的结果"。

事实上,信息通道在传递信息的过程中,该模型中的映射不是建立在对象上，而是直接建立在情境对性质的可满足关系上，这样，概念隐喻理论中的源域对象之间的关系就不会因为对象的跨域映射而被过度迁移。

这样，我们就对隐喻这一特别的自然语言现象进行了信息传递意义上的重构。概念整合将不同认知空间进行合成，使得隐喻的理解不再仅仅依赖于概念之间的一一映射。然而，心理空间的整合是一个模糊的过程。借助信息流逻辑的理论工具，我们将整合视为信息传递的过程，将概念整合理论中作为输入空间的源域和目标域分别作为分布式系统的分量，并将同时存在两个概念域信息的分类作为核心，共同构成一个完整的信息通道模型。

这一处理中，信息射体现了隐喻中源域和目标域双向互动的映射方式。将合成空间的形成拆分为两个过程，先将两个域中的信息集中到同一个域，再通过制约模式对混合域中的信息进行筛选，统一处理传统隐喻和新奇隐喻。且由于映射不建立在对象上，而是直接建立在情境对性质的可满足关系上，这就保证了概念隐喻理论中的源域对象之间的关系不会被过度迁移。

当然，这一信息增加的过程涉及非单调推理。没有附加条件的初始情境只基于人们对一些概念及其关联概念的基本把握，具有很强的主观性和不确定性。随着其他信息的加入，原有的推测可能被取消或修正。因此进一步的工作可以在该框架上加入可废止理论，使得优先级更高的新信息可以废除原有的制约，并删除由制约得到的冲突信息。

结　语

　　语言是区别人类与其他动物的重要标志,是推动人类进步的重要力量。人类进化发展的漫长历程,也是获取语言、使用语言、发展语言、创新语言技术的过程。这套用于交际和思维的符号系统,极大地改变了人们的生活图景,人们得以使用有限符号表达无限意义;可以超越时空表达现场之外的事物;可以突破现实,虚构各种故事,将这些故事推演为群体信仰,成就了人类文明。自觉的语言研究是人类向内探求自身的活动,是文明发展的表现。逻辑学家认为,语言研究可以有两条不同的进路:一条路径是把语言视作现存的人类现象,直接深入其中,看其中到底发生了什么;另一条路径是研究人工语言,通过所引入的规定性定义严格控制它,并试着把越来越多我们日常生活在用的自然语言所拥有之特征整合到人工语言之中。① 在不同时期和不同领域,这两种进路的研究也展现着各自不同的价值。

　　随着技术的快速发展,自动化的信息服务越来越成熟,但无论如何,其最终目标是为人类用户创建信息。因此,人类如何理解计算机系统的输出,以及计算机系统如何理解人们指令的含义,始终是人机交互的重要问题,人类交际使用的自然语言和机器信息传输使用的机器语言的对接是一个必须解决的挑战。

　　自然语言处理是语言学、计算机科学和人工智能的交叉领域,涉及包括翻译、情感分析、自动摘要、命名实体识别、话题分类以及聊天机器人等在内的诸多

① CRESSWELL M. Logics and Languages[M]. New York:Routledge,2017:1.

领域,其核心是研究如何让计算机理解、生成和处理人类的自然语言。美国计算机科学家马纳利斯(B. Manaris)在《从人机交互的角度看自然语言处理》一文中对其做出的定义是:"一门研究人与人交际中以及在人与计算机交际中的语言问题的学科。自然语言处理要研究表示语言能力(linguistic competence)和语言行为(linguistic performance)的模型,并建立计算框架来实现这样的语言模型,提出相应的方法来不断地完善这样的语言模型,以及根据这样的语言模型设计各种实用系统,探讨这些实用系统的评测技术。"①

在实现让计算机理解、生成和处理人类的自然语言这一目标的过程中,语义理解是一项基础且重要的任务。作为自然语言和计算机语言之间的桥梁,以及系统化的思考方式的逻辑,成为语义自动处理的关键推动力。NLP 面临的主要挑战之一就是如何理解并模拟人类在表达和理解自然语言时的逻辑过程。

对此,一个自然的想法是,把自然语言转写成精确的人工语言。一方面,这样能够在语法层面利用逻辑结构分析句法,生成语法树,以及为机器翻译等任务建立模型。另一方面,通过逻辑形式化句子的含义,对句子中的概念,实体和关系进行编码和解码,机器就只需要识别和理解与它类似的人工语言,不会被歧义句迷惑。此外,语义推理同样需要依据相应的逻辑规则,对抽离出具体内容的推理形式进行概括。

在 NLP 的发展历程中,欧美学者基于规则的理性主义取向,仿照逻辑的方式设计了多款分析自然语言的软件。例如,詹森(T. M. V. Janssen)给出了基于 PTQ 规则的分析软件;②穆特(R. Moot)设计了一种用于类型范畴语法的通用语法开发环境 Grail,是范畴类型逻辑分析自然语言方式的计算机实现。③ 莫特盖特(M. Moortgat)用霍恩子句形式表述范畴逻辑的推演规则,把自然语言的分析变成逻辑程序的执行,把范畴逻辑判定句子是否合语法归结为逻辑程序的求解问题,等等。④

---

① MANARIS B. Natural Language Processing in the View of Man-Machine Interchange [J]. Advances in Computer,1999. 47.

② JANSSEN T. Logical Investigations on PTQ Arising from Programming Requirements [J]. Synthese,1980,44(3):361 - 390.

③ MOOT R. Grail:An Interactive Parser for Categorial Grammars[C]//Proceedings of VEXTAL. 1999:255 - 261.

④ 邹崇理.多模态范畴逻辑研究[M]. 哲学研究,2006(09):115 - 121.

　　理性主义进路基于规则的句法分析技术和语义分析技术,尽管能够较好地刻画有穷语词生成无穷语句的机制,在某些受限的"子语言"(sub-language)领域取得过一定程度的成功,但是,要想进一步扩大这些系统的覆盖面,用它们来处理大规模的真实文本,仍然有很大的困难。因为从自然语言系统所需要装备的语言知识来看,其数量之浩大和颗粒度之精细,远远超过了以往任何系统的处理能力。① 即这一方法没有面向自然语言的大量真实文本,与人工智能处理自然语言的实际需求脱节。

　　因此,在 20 世纪 90 年代,自然语言处理的研究发生了很大的变化,1993 年7 月在日本神户召开的第四届机器翻译高层会议(MT Summit IV)上,英国著名学者哈钦斯(J. Hutchins)在他的报告中指出,自 1989 年以来,机器翻译的发展进入了一个新纪元。这个新纪元的重要标志是,在基于规则的技术中引入了语料库方法,其中包括统计方法、基于实例的方法、通过语料加工手段使语料库转化为语言知识库的方法等等。这种建立在大规模真实文本处理基础上的机器翻译,是机器翻译研究史上的一场革命,它将自然语言处理推向一个崭新的阶段,称为经验主义进路。这种方式基于词库和统计,建构起面向大量真实文本的语料库,能够较好地满足人工智能处理自然语言的实际需求,此后,概率和数据驱动的方法成为自然语言处理的标准方法。

　　基于统计的经验主义方法的优势主要在于,首先,语用具有复杂性和灵活性,仅仅通过少量的语言规则进行制约,可能导致很多合法的语句无法生成,也可能生成难以理解的语句。而依靠对海量的语料大数据的直接学习,通过概率计算筛选出的仍然是真实文本。

　　随着预训练模型展现出强大的通用语言能力,研究者们对模型中显式加入词性、句法等信息的必要性产生了更大的质疑。一些针对预训练模型进行的探测表明,预训练模型可以通过大规模的自监督学习从海量文本数据中学习到丰富的语言知识和语言规律,包括词性、句法和语义等信息。② 构建超大型的语料库用于机器的自主学习,不仅能够满足计算机关于自然语言理解绝大部分的实

　　① 冯志伟.自然语言处理中理性主义和经验主义的利弊得失,长江学术,2007(02):79-85.

　　② ZHOU H, ZHANG Y, LI Z, et al. Is POS Tagging Necessary or even Helpful for Neural Dependency Parsing? [C]//Proceedings of the 9th CCF International Conference on Natural Language Processing and Chinese Computing,2020:179-191.

用需求,也极大提高了语言分析的效率。①

2022 年 11 月 30 日,OpenAI 发布了对话式语言大模型 ChatGPT,自然语言处理技术再一次取得了革命性的突破。ChatGPT 允许用户使用自然语言对话形式进行交互,可实现包括自动问答、文本分类、自动文摘、机器翻译、聊天对话等各种自然语言理解和自然语言生成任务,生成流畅通顺、贴合人类需求的语言,对传统自然语言核心任务产生了巨大的冲击和影响。

以 ChatGPT 为代表的生成式大模型极大地提高了泛化能力,除了能高质量完成自然语言生成类任务之外,还具备以生成式框架完成各种开放域自然语言理解任务的能力。只需要将模型输出转换为任务特定的输出格式,无须针对特定任务标注大量的训练数据,ChatGPT 即可在少样本乃至零样本上,达到令人满意的性能,甚至在一些任务上超过了特别设计并使用监督数据进行训练的模型。

然而,在看到逻辑为自然语言处理提供了强大工具的同时,我们更需要看到其所面临的诸多挑战。首先,就独立的语句而言,自然语言的复杂性和模糊性使得将其精确地转化为逻辑表达式非常困难,在多数情况下,转化后的语句或多或少地损失了原语句的部分信息,而考虑上下文或形成语篇后,自然语言作为一个非常复杂的系统,又具有语境敏感性,常常出现歧义或模糊的情况。语言实际使用中的不规范表达也影响了机器的语言学习。对此,处于黑箱状态的机器语言自动处理实际上相当脆弱。其次,涉及大量信息的逻辑推理常常无法在短时间内完成。深度学习本质上是基于海量数据,将两个东西在统计意义上实现关联,但并不能判断两者之间是否具有逻辑关系。因此在获取知识、建模、理解和推理等各个环节,机器推理涉及深度学习算法的泛化能力较差,算法多样化但缺乏统一的评测指标,系统鲁棒性较差,可解释性较差。此外,计算机要想真正理解自然语言,仅仅依靠数据充足是远远不够的,还需要依靠人类广泛的常识和知识。当下虽然存在一些面向特定领域的专家知识库,但还没有建构起面向全人类的大型知识库,特别是常识库,更无法做到对储备知识的自由调用。

建立在因果推理机制上的因果发现方法具备更好的可解释性,它可以有效

---

① 姚从军,罗丹.AI 时代自然语言处理的逻辑进路及超越[J]. 湘潭大学学报(哲学社会科学版),2020,44(05):127-132.

地揭示数据之间产生相互影响的内在机制,发现蕴含在数据背后的因果关系和本质规律,从而确保计算机系统能够从数据中学到正确的知识。因此,著名计算机科学家、图灵奖获得者朱迪亚·珀尔(J. Pearl)认为,机器具备发现因果关系的能力是实现强人工智能的突破口。因为从本质上看,因果关系是客观事物或现象中普遍存在的一种内在关系,"原因"和"结果"的概念可以用来解释事物或现象之间的必然联系,①这也是逻辑推理的体现。

可见,无论是面向日常生活世界,还是以人工智能为代表的科技前沿,逻辑、语言和认知都处于基础而重要的位置。在本书中,我们探讨了逻辑手段在自然语言理解中的广泛应用。从语法、语义、语用的形式刻画和解释,再到隐喻等非字面义的理解,希望为如何运用逻辑方法来深化对自然语言的认识拓宽思路。

回顾语言逻辑的发展,在对语言和逻辑关系的讨论中可以发现,逻辑不仅是数学和哲学的工具,它同样是语言学研究的重要方法。通过逻辑,我们可以更精确地描述语言中的许多现象,从而更好地理解语言的本质。

在句法和语义的探讨中,首先讨论句子的意义是如何表征的,组合性原则的意义以及不满足组合性原则的情况,体会句法语义同态生成;内涵语义学关注意义与指称,从外延逻辑到内涵逻辑的发展,介绍蒙太格语法和模态逻辑的内涵逻辑思想;描述和解决歧义问题是逻辑刻画语言的一个重要目标,以辖域歧义为例,讨论歧义的理解和消歧的手段。可以看到,逻辑语义学不仅帮助我们理解了语言的表层意义,还揭示了语言深层次的结构和功能,更在这一过程中,不断接近人们认知世界的本质。正如有学者指出的,逻辑理论(不论是经典的还是非经典的)的规范性,源于小词的意义。意义本身是规范性的,换言之,"有意义"便意味着某种"应该"。逻辑并不是远离生活的纯粹的抽象系统,而是以精确而系统化的方式捕捉到了我们日常语言中最为常用的那些小词的意义。既然是形式逻辑中的公理和规则界定了我们所用小词的意义,我们在遇到涉及那些小词的推理和论证时,就应该遵循相应的逻辑公理和规则。②

在语用学的研究中,我们探讨了语言在实际使用中的动态特性。通过逻辑

① PEARL J, MACKENZIE D. The Book of Why: The New Science of Cause and Effect[M]. New York: Basic Books, 2018: 11-12.
② 张留华.形式逻辑的语言视角[J].浙江工商大学学报,2024(1): 27-38.

语用学,我们分析了话语的交际意图、推理过程和上下文依赖性。我们发现,语言的使用不仅涉及静态的语法和语义规则,更需要动态的逻辑推理和互动。这使我们能够更全面地理解语言在不同情境中的表现和功能。

从语言的功能上看,信息传递是语言的基本功能,我们简要介绍了信息流研究的发展历程,尤其是与语言结合的经典理论,分析语言信息传递和物理通信在机制上的相似性。最后,隐喻作为语言中的一种特殊现象,反映了人类思维的创造性和多样性。通过逻辑分析,构造非字面义理解中的信息流,我们能够揭示隐喻背后的认知机制,理解其如何在语言中创造新的意义和表达方式。

综上所述,通过综合运用逻辑手段,我们不仅深化了对自然语言的理解,还提供了一套系统的方法来解决真实语言理解中的各种问题。逻辑不仅是自然语言研究的工具,更是一种思维方式和方法论。它帮助我们在复杂的语言现象中找到规律,揭示隐藏在语言背后的深层结构。这种以自然语言问题为对象,以逻辑为工具的出发点,也是期待找到更好的方法将逻辑更好地融入自然语言处理中,为我们理解和生成自然语言带来更大的潜力。我们期待继续探索自然语言的奥秘,走向更深层次的理解和应用。

参考文献

马蒂尼奇,编. 语言哲学[M]. 牟博,等译,北京:商务印书馆,1998.

蔡曙山. 言语行为和语用逻辑[M]. 北京:中国社会科学出版社,1998.

侯世达,桑德尔. 表象与本质[M]. 刘健等译,杭州:浙江人民出版社,2018.

冯志伟. 自然语言处理中理性主义和经验主义的利弊得失[M]. 长江学术,2007(2):79-85.

弗雷格. 弗雷格哲学论著选辑[M]. 王路,译,北京:商务印书馆,2006.

哈姆特. 逻辑、语言与意义[M]. 李可胜,张晓君,邹崇理,译,北京:商务印书馆,2017.

黄华新. 认知科学视域中隐喻的表达与理解[J]. 中国社会科学. 2020(5):48-64.

黄华新. 逻辑与自然语言理解[M]. 长春:吉林人民出版社,2000.

黄华新,陈宗明. 描述语用学[M]. 杭州:浙江大学出版社,2023.

黄华新,徐慈华,张则幸. 逻辑学导论(第四版)[M]. 杭州:浙江大学出版社,2023.

黄华新,胡霞. 认知语境的建构性探讨[J]. 现代外语,2004(3):248-254.

黄华新,徐以中. 预设的动态性和动态预设观[J]. 浙江大学学报(人文社会科学版),2007(5):35-42.

黄华新,周祥. 隐喻表达的语境依存性探究[J]. 山西大学学报(哲学社会科学版),2024(2):74-80.

奥尔伍德,安德森,达尔. 语言学中的逻辑[M]. 王维贤,李先焜,蔡希杰,译. 北京:北京大学出版社,2009.

巴威斯,佩里. 情境与态度[M]. 贾国恒,译,南京:南京大学出版社,2015.

麦考莱. 语言的逻辑分析[M]. 王维贤,等译,杭州:浙江大学出版社,2011.

蒋严,潘海华. 形式语义学引论[M]. 北京:中国社会科学出版社,1998.

金立. 合作与会话——合作原则及其应用研究[M]. 北京:中国社会科学出版社,2005.

G.莱考夫,M.约翰逊. 我们赖以生存的隐喻[M]. 何文忠译,杭州:浙江大学出版社,2015.

廖备水. 论新一代人工智能与逻辑学的交叉研究[J]. 中国社会科学. 2022(3):37-54.

刘丹青编. 语言学前沿与汉语研究[M]. 上海:上海教育出版社,2006.

莫里斯. 指号,语言和行为[M]. 罗兰,周易 译,上海:上海人民出版社,1989.

王维贤,李先焜,陈宗明. 语言逻辑引论[M]. 武汉:湖北教育出版社,1989.

熊明辉. 语用逻辑的研究路径及其发展方向[J]. 中国社会科学,2020(8):24-46.

熊学亮. 认知语用学概论[M]. 上海:上海外语教育出版社,1999.

徐慈华. 隐喻使用中的推理[M]. 北京:中国社会科学出版社,2023.

徐盛桓. 新格莱斯会话含意理论和语用推理[J]. 外国语,1993(1):9-16.

朱永生. 语境动态研究[M]. 北京:北京大学出版社,2005.

张韧弦. 形式语用学引论[M]. 上海:复旦大学出版社,2008.

周礼全. 逻辑. 正确思维和有效交际的理论[M]. 北京:人民出版社,1994.

周明强. 现代汉语实用语境学[M]. 杭州:浙江大学出版社,2005.

周淑萍. 语境研究:传统与创新[M]. 厦门:厦门大学出版社,2011.

邹崇理. 自然语言逻辑研究[M]. 北京:北京大学出版社,2000.

邹崇理. 逻辑、语言和蒙太格语法[M]. 北京:社会科学文献出版社,1995.

邹崇理. 逻辑、语言和信息:逻辑语法研究[M]. 北京:人民出版社,2002.

邹崇理等. 自然语言信息处理的逻辑语义学研究[M]. 北京:科学出版社,2018.

ALLWOOD J，ANDERSSON L，DAHL O. Logic in Linguistics[M]. Cambridge：Cambridge University Press，1977.

AUSTIN J L. How to Do Things with Words[M]. Oxford：Oxford University Press，1962.

BARWISE J & SELIGMAN J. Information Flow：The Logic of Distributed Systems[M]. Cambridge：Cambridge University Press，1997.

VAN BENTHEM J. & TER MEULEN A. Handbook of Logic and Language [M]. London：Eslevier，2011.

BLACKBURN P，DE RIJKE，M，VENEMA Y. Modal Logic[M]. Cambridge：Cambridge University Press，2000.

CHOMSKY N. Syntactic Structures[M]. Berlin：Mouton de Gruyter，1957/ 2002.

CHOMSKY N. Three Models for the Description of Language[C]//IRE Transactions on Information Theory 2.3，1956：113 - 124.

CRESSWELL M. Logics and Languages[M]. New York：Routledge，2017.

DRETSKE F. Knowledge and the Flow of Information[M]. Oxford：Basil Blackwell，1981.

FASOLD R. The Sociolinguistics of Language[M]. Oxford：Blackwell，1993.

GAMUT L T F. Logic，Language and Meaning II：Intensional Logic and Logical Grarmnar[M]. Chicago：The University of Chicago Press，1991.

GRICE H P. Logic and Conversation[M]//COLE，P. Syntax and Semantics 3：Speech Acts. New York：Academic Press，1975.

GRICE H P. Presupposition and Conversational Implicature[M]//COLE P. Radical Pragmatics. New York：Academic Press，1982.

GROENENDIJK J，STOKHOF M. Dynamic Predicate Logic[J]. Linguistics and Philosophy，1991,14：39 - 100.

HORN L. Pragmatics Theory[M]//NEWMEYER F. Linguistics：The Cambridge Survey (Vol I). Cambridge：Cambridge University Press，1988.

HUANG Y. Pragmatics (2nd Edition)[M]. Oxford：Oxford University

Press，2014.

KAMP H. & STOKHOF M. Information in Natural Language[M]//ADRIAANS P，VAN BENTHEM J. Handbook of the Philosophy of Information. Amsterdam：Elsevier，2008：49-111.

LAKOFF G. The Contemporary Theory of Metaphor[M]//ORTONY A. Metaphor and Thought. Cambridge：Cambridge University Press，1993.

LEECH G. Principles of Pragmatics[M]. London：Longman，1983.

LEVINSON C. Pragmatics[M]. Cambridge：Cambridge University Press，1983.

MONTAGE R. Pragmatics[C]//Formal Philosophy：Selected Papers of Richard Montage. New Haven：Yale University Publishing，1979.

MONTAGUE R. Universal Grammar[J]. Theoria，1970，36(3)：373-398.

MONTAGUE R. The Proper Treatment of Quantification in Ordinary English[M]// HINTIKKA K，MORAVCSIC J，SUPPES P. Approaches to Natural Language. Dordrecht：D. Reidel Publishing Company，1973：221-242.

MORZYCKI M. Modification：Key Topics in Semantics and Pragmatics[M]. Cambridge：Cambridge University Press，2015.

NOVAES C D. Formal Languages in Logic：A Philosophical and Cognitive Analysis[M]. Cambridge：Cambridge University Press，2012.

PREYER G，PETER G. Logical Form and Language[M]. Oxford：Oxford University Press，2002.

SAEED J I. Semantics[M]. Beijing：Foreign Language Teaching and Research Press，2000.

SEARLE J R. Expression and Meaning：Studies in the Theory of Speech Acts[M]. Beijing：Foreign Language Teaching and Research Press，2001.

SHANNON C E，WEAVER W. The Mathematical Theory of Communication[M]. Urbana：The University of Illinois Press，1949.

SNIDARO L. Context-Enhanced Information Fusion[M]. Springer International Publishing Switzerland，2016.

SPERBER D, Wilson D. Relevance: Communication and Cognition (2nd Edition)[M]. Beijing: Foreign Language Teaching and Research Press, 2001.

STALNAKER R C. Pragmatics[M]. New York: Academic Press, 1978.

STALNAKER R C. Context[M]. Oxford: Oxford University Press, 2016.

STEINHART E C. The Logic of Metaphor: Analogous Parts of Possible Worlds[M]. Dordrecht: Kluwer Academic Publisher, 2001.

STEEDMAN M, Baldridge J. Combinatory Categorial Grammar[M]// BORSLEY R, BÖRJARS K. Non-transformational Syntax: Formal and Explicit Models of Grammar. Oxford: Blackwells Publishers, 2011: 81 - 225.

THOMASON R H. Formal Philosophy. Selected Papers of Richard Montague[M]. New Haven: Yale University Press, 1974.

附录1　探索语言逻辑与信息处理结合的新路径

——《自然语言信息处理的逻辑语义学研究》评介

《自然语言信息处理的逻辑语义学研究》[1]一书于 2018 年 9 月出版,作为国家社会科学基金重大项目"自然语言信息处理的逻辑语义学研究"的部分研究成果,该书对范畴类型逻辑 CTL 与组合范畴语法 CCG 进行了系统而深入的研究,并以汉语信息处理为导向,综合逻辑学、语言学、计算机科学研究成果,为我国计算机自然语言处理提供了新的思路。

一、研　究　背　景

自然语言和逻辑有着天然的渊源关系:一方面,逻辑学的研究对象是人类的思维规律以及推理的有效性,而抽象思维首先也主要是通过自然语言表述出来的;另一方面,人可以习得语言,并深入探究语句的形式和意义,证明自然语言不是任意的符号组合,而必须有逻辑作为内在理据与骨架。由此,就诞生了逻辑语义学这门语言学和逻辑学的交叉学科,它依据现代逻辑的思想或采用现代逻辑的工具研究自然语言的句法生成和语义组合规律,揭示和刻画自然语言生成中的组合特性,并对自然语言句法-语义的组合生成过程给出形式化的解释。

自 20 世纪 70 年代以来,数理逻辑和理论语言学研究的深入推动了逻辑语义学的迅猛发展。蒙太格提出"普遍语法"思想,认为自然语言和形式语言在本质上并无差别,两者都可以作精确的数学描述[2],由此创立了著名的蒙太格语法。此后,这一思路的继承者又提出了广义量词理论、话语表征理论、情境语义学和类型－逻辑语法等一系列理论,构成了内涵丰富的逻辑语义学。这些理论尝试一方面为解释语言学问题提供了新思路,另一方面大大推动了当今逻辑科学的发展,随着计算机科学和人工智能领域的发展,更是引起了自然语言信息处理领域的高度重视。在我国,这同样是语言逻辑研究的一个重要方向,学者们对上述理论已经做了较为充分的介绍,同时开始尝试解决汉语句法和语义中的一些特殊现象,对汉语信息处理中的疑难问题进行理论探索。

邹崇理等老师完成的《自然语言信息处理的逻辑语义学研究》是国家社会科学基金重大项目的部分研究成果,作者团队是国内逻辑语义学研究的主要力量。该书可以视为对国内逻辑语义学方面成果的一次重要整合和拓展。

二、主 要 内 容

本书内容分为三编。第一编为总论,介绍了逻辑语义学的学科性质和研究概况。莫特盖特曾提出著名的口号"认知＝计算;语法＝逻辑;解析＝演绎"[3],以此阐释逻辑语义学的核心思想,这是因为自然语言和逻辑语言根本的结构机制都是递归生成组合机制,句子的语义是其各部分语义的函项。当然,自然语言的丰富性和复杂性使它很难完全符合某一原则,很多情况下句法生成和语义组合难以实现完美的对应,句法、语义、语用等多重机制往往交互作用。也正因为如此,基于组合性原则的自然语言模型论语义学更显示出自己的独特的存在价值,它针对不能简单对应的情况进行深入的探索和方法的更新,主要给出了两条解决路径:一是增加规则,二是扩充词库。

第二编介绍了范畴类型逻辑 CTL。CTL 以兰贝克演算为基础,主要理论包括非结合的兰贝克演算(NL)、结合的兰贝克演算(L)、多模态兰贝克演算(ML)、对称范畴语法等。作者梳理了这一发展历程,对每一种理论给出其公理表述、根岑表述、自然演绎 ND 表述、树模式表述四种等价的表述。接着介绍了兰贝克演算匹配λ词项的 CTL 类型语义学,通过λ演算和兰贝克演算的匹配实现了句法和语义的一一对应。最后,作者在贾戈尔的 LLC 系统的基础上进行改造,为汉语反身代词、空代词等照应省略现象构造了相应的 CTL 系统。

　　第三编介绍了组合范畴语法 CCG。理论层面，作者回顾了斯蒂德曼的原生态 CCG 和鲍德里奇等人的多模态 CCG，揭示了 CCG"词汇主义""实用主义""面向大规模真实文本"等特征。应用层面则首先讨论了汉语中一些特殊句式的处理，包括非连续结构（话题句、兼语句、连动句、复杂谓语并列结构）、特殊句式（把字句、被字句、得字句）、形容词谓语句、主谓谓语句等。进而在吸收宾州树库转换为 CCG 推演树已取得的成果的基础上，重点关注汉语树库的建设，给出了 CCGbank 转换系统的构架与设计，并最终将基于关于结构语法的宾州汉语树库转换为基于组合范畴语法的汉语 CCGbank。

三、鲜 明 特 色

　　全书有着清晰的架构和充实的内容，在以下三个方面体现了鲜明的特色。

　　1. 理论性与应用性结合

　　在理论梳理方面，该书系统地介绍了范畴类型逻辑和组合范畴语法的基本内容。在这一过程中很好地凸显了不同理论的自身特色。对于 CTL，重视逻辑的系统构建和元理论证明；对于 CCG，重视对各种具体的句法语义现象的解释。更重要的是系统地比较了两种理论，并将两者打通[4]。多模态 CCG 的每条规则都对应于一条范畴类型逻辑的结构公设，这样便可以使刻画兼顾贴近自然语言实际和追求逻辑系统性这两方面的需求。

　　在应用方面，该研究直接面向自然语言信息处理。研究方法上重视语料库的建设、计算机程序的解释和大样本的数据支持。而其最终成果是构建汉语分析树库，这将有效提高大规模文本中汉语语句自动生成理解的效率和准确度。

　　2. 对汉语特殊性的关注

　　英汉语言在许多方面存在着较大的差异，诞生于讨论英语语言现象的逻辑语义学理论并不完全适应汉语的解释。该书以汉语信息处理为导向，以现代汉语中一些具有典型性的句法-语义现象为研究素材，列举了大量的汉语例子来进行详细刻画。书中尤其针对汉语照应省略问题进行了深入细致的考察。贾戈尔在其专著《照应与类型逻辑语法》[5]中，通过增加竖线算子构造了一个带受限缩并规则的兰贝克演算 LLC,用以解决非连续问题。该书中作者针对回指照应的一些特殊情况,通过对 LLC 系统的扩张,给出前后搜索的 LLC——(Bi)LLC。具体做法是,在贾戈尔的竖线算子基础上,进一步定义了区分方向的向前的竖线算子和向后的竖线算子(解决先行语后置问题),并对用于处理照应关系的下标算子(解决长距离约束、次统领约束、主语倾向性等问题)给出严格的定义,使得下标的引入和消去具有逻辑依据。该系统可以有效解决汉语中空代词的语义生成,同时作者也证明了该系统的可靠性和完全性。

3. 多学科交叉融通

该书充分体现了逻辑语义学多学科交叉的属性:研究对象是自然语言,CCG 语料库的建立面对的是大量的真实语料样本,其中涉及了大量语言学关注的句法和语义现象;研究工具是现代逻辑,对自然语言采用以函项运算为核心的类型论和范畴语法进行刻画,给予模型论上的解释,进而能构造一个逻辑系统并证明其可靠性和完全性;研究的主要目的是服务于计算机科学的自然语言信息处理,树库的建设实质是将逻辑系统进一步转化为算法并进行计算机编程,最终实现机器理解自然语言的效率和准确度。各个板块因其特性在学科上各有偏重,又在逻辑语义学的总框架下相互交织。

四、重 要 价 值

《自然语言信息处理的逻辑语义学研究》一书以 CTL 和 CCG 这两个同源并行的理论串联汇总了该团队近年来的研究成果,其突出价值体现在:

在理论方面,逻辑语义学分支众多,不同分支之间又存在本质上的联系,该书对范畴语法这一重要分支的梳理可谓清晰详细,使读者对此有一个更完整的认识。逻辑语义学是自然语言信息处理的基础性先期工作,自然语言体系的复杂性远远超出人们最初的想象,如果没有逻辑语义学对一些特殊语言现象的处理,自然语言处理(如机器翻译等)只能是以扩充样本为主的量的提升,而对于无界依存、回指照应、语义歧义等现象等依赖逻辑语义结构的复杂问题依然束手无策。汉语作为一种"意合性"语言,词序更为灵活,省略更为常见,上下文依赖性也相对更强。该书立足于汉语的独特性的范畴类型逻辑以及组合范畴语法研究,切实地通过技术手段上的创新实现了对汉语部分句法语义的解释,这些思路和成果可以推广,以充实逻辑语义学研究的理论宝库。

而从应用角度来看,把逻辑语义学对自然语言,尤其是对汉语形式化研究的成果应用到汉语的信息处理领域,将拓宽我国计算机自然语言处理的思路,提高处理的效率。CCG 树库的建立在提高机器生成和理解自然语言的效率和准确度方面具有重要意义,但此前,汉语 CCG 库只有微软和清华合作的成果,该书在这一方向上有较大的突破。

在学科建设方面,国内逻辑语义学方向的研究比较边缘,成果也较零散。该书通过对范畴语法的两个分支的梳理、应用与创新,给出了一条相对清晰的逻辑、语言、计算的跨学科交叉研究的路径,其研究思路、理念和方法对国内语言逻辑以及相关的跨学科研究有重要的启发价值和促进作用。

当然,以逻辑语义学为工具对汉语语言现象的研究才刚刚起步,还有巨大的探索空间。尤其 CCG 面对的是大规模的真实文本,其中涉及的问题更为复杂。目前,利用 CCG 对汉语特殊句式进行处理时实用色彩过于浓厚,只是针对不同的句式调整了特定成分的句法范畴,显得比较零散,描述的意味多于理论抽象。也由此让人进一步追问,词汇的范畴是否能够穷尽? 如果不能,则范畴的赋予会始终处于不确定的开放状态;如果能够穷尽,机器在选择时是否将无差别地搜索出一切可匹配的范畴? 另外,通过对词条给出不同的范畴得到不同的组合,或者以不同的顺序进行范畴组合,是否会使一个本无歧义的句子生成多种存在差异的语义? 类似的问题还有许多,均值得我们下功夫深入探究。

参考文献

[1] 邹崇理 等.自然语言信息处理的逻辑语义学研究[M]. 北京:科学出版社,2018.

[2] L. T. F. 哈姆特.语言、逻辑与意义:第 2 卷[M]. 李可胜,等译. 北京:商务印书馆,2017.

[3] MOORTGAT M. Constants of grammatical reasoning[M]//BOUMA G, et al. Constraints and Resources in Natural Language Syntax and Semantics. Stanford:CSLI Publications,1999:1 - 25.

［4］姚从军.组合范畴语法与范畴类型逻辑的分析与比较［J］. 云南师范大学学报,2015(1)：75－81.

［5］JÄGER G. Anaphora and Type Logical Grammar［M］. Netherland：Springer，2005.

［黄华新、洪峥怡,原载《重庆理工大学学报(社会科学)》2019 年第 4 期］

附录 2 面向信息处理的自然语言逻辑研究

——《逻辑、语言和信息》评介

一

　　逻辑学在 20 世纪获得蓬勃发展,提出了构造形式系统和语义模型的技术手段。而自然语言本身就是一种特定的符号形式系统,能够接受语义模型的解释,因而从某种意义上说自然语言的内在基础就是逻辑。另一方面,高度发达的计算机信息技术要求人们在逻辑的框架内去描述自然语言的特征。在机器的自动句法分析、以逻辑公式为中介语的机器翻译以及计算机的自然语言理解等领域,逻辑方法都发挥着巨大的作用。所以近三十年来,逻辑的应用范围从数学和哲学扩大到语言学和计算机人工智能科学等领域形成了所谓逻辑、语言和信息计算等学科的交叉研究。这种研究在西方被称作形式语义学或逻辑语法,自 20 世纪 70 年代以来,其发展态势极为迅猛,以著名的蒙太格语法为开端,形成了广义量词理论、话语表征理论、情境语义学和类型—逻辑语法等理论。这些理论大大推动了当今逻辑科学的发展。同时也引起了对自然语言信息处理的高度重视。

　　将逻辑语法或形式语义学纳入自然语言逻辑的研究范围,是近年来国内语言逻辑的重要发展方向。我国语言逻辑研究的开拓者——著名逻辑学家周礼全先生,早在 1978 年就明确提出语言逻辑要研究各种类型语句的逻辑,从语用角度研究语句同语境的关系,要研究语用推理。王维贤、李先焜和陈宗明合著的《语言逻辑引论》和周礼全先生主编的《逻辑——正确思维和有效交际的理论》等著述使周先生的设想得以初步实现。但与西方相比,我国语言逻辑研究总体上还是落后许多,既没有阵营强大的专门研究机构和充足的研究经费,也缺乏专业的期刊,只是偶见几本论文集,研究缺乏整体性和系统性。

周先生的学生邹崇理博士继续前辈的工作,为促进语言逻辑研究与国际接轨,选定逻辑、语言和信息处理相交叉的新领域作为研究方向,历经十载,成绩斐然,先后出版了《逻辑、语言和蒙太格语法》《自然语言逻辑研究》等专著,并于2002年出版了《逻辑、语言和信息》一书。

二

《逻辑、语言和信息》正文七章。第一章从宏观角度给出整个逻辑语法群体的概观;第二章介绍刻画自然语言量化结构的广义量词理论;第三章讨论新颖的语义理论——情境语义学;第四章阐述各种各样的动态语义理论;第五章介绍加标演绎系统以及该理论应用于自然语言理解的研究成果;第六章运用广义量词理论研究汉语量化句的语义特征;第七章运用情境语义学的概念描述周礼全先生的语用交际图式。通读全书,以下四个方面给我们留下了深刻印象:

第一,整体凸显信息时代语言逻辑研究的新特色。随着信息时代的到来自然语言理解日益为逻辑学家、语言学家和计算机专家所重视,因为自然语言作为信息与知识的载体,是最大的信息库与知识库。自然语言理解的重要前提是自然语言的形式,也就是运用相应的数学和逻辑工具对自然语言的语形、语义和语用三个层次作出适当的刻画和描述。20世纪70年代至90年代,国外逻辑学界将自然语言理解的研究重点锁定在信息加工和信息处理上,尤其表现为以下三个方面:一是高度关注语言信息的增值问题;二是十分重视语言信息的效率(efficiency)问题;三是力图满足计算机处理语言信息的要求。纵览全书,上述问题始终是作者着力探索的关键。正是基于对"信息时代需要"的把握,作者在引论中明确地概括了计算机处理自然语言的步骤以及语言逻辑在其中的作用。在作者看来,当今计算机人工智能领域处理自然语言有三个步骤:(1)确立自然语言的形式化表述;(2)确立形式化表述的算法;(3)根据算法编制有关程序。自然语言逻辑研究以达到前两步的要求为目标即致力于逐步地、部分地把自然语言转换成适合计算机处理的信息数据,使得计算机人工智能领域的程序设计者可以在此基础上实施第三步工作。

第二,努力体现多学科交叉研究的新思路。"逻辑、语言和信息"是相当宽泛又十分复杂的研究课题,是自然科学和人文社会科学综合交叉的学科领域。它不仅涉及逻辑和数学,还涉及语言学、哲学、计算机科学和认知科学等。从自然语言逻辑的角度看,它至少涉及如下三个层面:第一,形式刻画层面;第二,描述解释层面;第三,技术应用层面。形式刻画层面的研究更注重精细性,描述解释层面的研究更注重实证性,技术应用层面的研究更注重实用性。但无论从哪一个层面看,其学科交叉综合的特点都是显而易见的。

从宏观角度看该书内容涉及三方面:研究对象是语言(确切地说是自然语言);研究方法或依据是逻辑(确切地说是现代逻辑);研究的结果是把自然语言变成一种计算机可以处理的信息。对象、方法和结果之间的关系反映出本书的交叉性特征。作者认为,自然语言逻辑是介于现代逻辑学和理论语言学之间的交叉学科。这种"中性边缘"的性质体现为:研究对象是自然语言,研究的题材受到理论语言学的影响,即自然语言逻辑关注的热点有相当部分同时又是理论语言学的研究对象;但研究的出发点是现代逻辑,即按照现代逻辑的原则把自然语言看作是一种符号形式系统,把其意义看作是参照形式语义模型进行解释的结果,即从形式语义学的角度去分析自然语言的语义特征,自然语言逻辑在逻辑思想的影响下对自然语言中与推理有关的语义现象显示出特别浓厚的兴趣。可以说自然语言逻辑既有理论语言学的题材,又讨论其中的逻辑问题。不仅如此,自然语言逻辑的研究甚至还考虑到了计算语言学的需要,从计算机理解自然语言的角度进行研究。

第三,准确阐述逻辑语法理论的新成果。在回应信息革命的挑战和关注日常生活语言的时代背景下,逻辑语法经过近三十年的长足进步,呈现出多元化的发展态势。深入探究逻辑、语言和信息之间的三项关系显得尤为重要。作者认为,自然语言远比人工符号语言复杂丰富得多很难在一个框架内对它的句法、语义乃至语用的方方面面进行统一处置,也很难在短期内把其中的复杂问题研究透彻。对不同的方面给予侧重,或者就某个热点问题进行深入研究,就形成了逻辑语法的多种理论学派。从第二章到第五章,作者用大量篇幅阐述了广义量词理论、情境语义学、动态语义学和自然语言理解的加标演绎系统等逻辑语法理论的新成果,评价了这些新学说对现代逻辑、理论语言学以及计算机人工智能科学等研究领域产生的广泛而积极的影响。作者不仅以"与国际接轨"的学术视野阐发逻辑语法的新成果,而且始终以独特的学术视角注视这些新成果与信息处理之间的相互参照,从而在知识的广阔性和深刻性两方面给人有益的启示。

该书在高度关注信息处理的同时,也十分重视言语交际的问题。第七章涉及周礼全先生在《逻辑——正确思维和有效交际的理论》一书中提出的语用交际思想。《逻辑》的后面几章在深入研究语境、隐涵等理论的基础上提出了运用自然语言进行成功交际的思想,其核心表现为一连串的意图或结果所构成的语用交际图式。(参见周礼全)对此作者尝试用情境语义学关于命题态度句及话语陈述情境的表述方式,用情境语义学所谓情境类型之间的制约关联概念来描述语用交际图式的基本思想。这种描述的特色是:(1)制约关联的概念建立在情境理论基础上,比原交际图式中各环节之间的联结关系显得更有理论的说服力;(2)对准确传达、成功传达以及成功交际等概念的理解采用体现"符合"思想的信息条目方式来说明这样比"$En(M)=E'n(M'')$"之类的"等同"定义显得更合理一些;(3)交际图式各个环节的出现在情境语义学的描述中有明显的时间标志这样能够显示从主观意图到现实结果的过程语用交际的一些重要性质通过时间因素也能得到更确切的说明;(4)本章关于语用交际图式的情境语义学处理具有从"信息流"角度解释语用推理的潜力。

第四,致力于建构反映汉语语义特征的新系统。从分析个别零散的汉语句子出发,进入比较系统的汉语句子的形式化生成,从而逐步建构真正意义上的面向汉语信息处理的语言逻辑,这是一种极具挑战性的有意义的尝试。我国逻辑学界、语言学界和计算机科学界都有学者在关注这类研究,并把它视为计算机信息处理必须解决的关键问题之一。本书第六章运用广义量词方法对汉语的量化结构进行了一些探索性的研究。在作者看来,汉语量化句的特点有:(1)其内在的量化结构类似于Barwise的"主谓逻辑"量化公式,一部分量化句只包含一个量词且位于句子最前端,具有两个或两个以上量词的汉语量化句大都不存在量词的辖域问题。(2)包含两个或两个以上量词的汉语量化句具有许多复杂特征。句子整句的量化意义由所包含的简单量词的语义特征组合而成,这就是复合量词的概念。(3) 汉语量化句中还有表聚合语义的量词。这种量词表现在许多场合：如"所有教师共捐款 500 万元""整(全)团的士兵一起构筑了坚不可摧的防线"等等。关于聚合语义用法，汉语还有通过数目词组体现出来的形式，如"三个臭皮匠顶个诸葛亮""两个和尚抬水吃"等等。笔者对汉语数目词组的聚合语义给予特别重视，提出新的技术手段进行处理。

尤其值得一提的是作者创造性地构造了两个富有特色的新系统。一个是专门刻画上述量化意义的汉语部分语句系统(这是西方学者所没有做的工作)；另一个是体现聚合语义的一元谓词的一阶逻辑系统(采取与西方学者不同的思路来进行这样的工作)。就前者而言，作者构造的系统在技术方面做了一些巧妙而独特的构思：先把汉语量词分为简单量词和复合量词，再把复合量词分为可化归的和不可化归的两种，对不可化归的复合量词进行专门定义；另一方面作者从刻画逻辑推理出发，对该系统进行了扩展，通过对其中广义量词的解释，说明传统逻辑的对当关系推理、换质换位以及三段论推理的有效性。就后者而言由于作者在解释汉语的聚合语义时采用了一些与 Link 等人的处理方式略为不同的技术手段，在此基础上提出的体现聚合语义的一阶逻辑系统就有了独到之处，如语义理论比较简明，同时作者也证明了这个系统的可靠性和完全性。

三

《逻辑、语言和信息》一书将可能产生以下几个方面的价值和效益：第一，逻辑语法属于类似逻辑学那样的基础学科，是与计算机对自然语言的信息处理密切相关的理论，是一种交叉的边缘研究。这类研究有助于人们更加深刻、准确地把握逻辑、语言和信息三者之间的内在关联，为相关学科的发展找到新的生长点，并有可能突破原先逻辑学和语言学"单兵作战"的研究范式，为建构真正意义上的汉语逻辑提供新的思路和方法。第二，目前无论是国内外中文信息产业还是研究信息处理的专家，都把机器翻译设定为攻克的目标。在我国的几个科学攻关计划中都列有这类项目。本书反映时代特色和学科前沿的研究路径，有可能为解决计算机处理自然语言问题找到一个新的切入点。正是在这个意义上，我国语言学家也十分重视语言逻辑与信息处理的关系。

毋庸讳言，该书也存在一些不足，主要表现为：（1）对逻辑语法理论的阐述有些地方显得比较生硬。如果能增加一些深入浅出的例子，该书的可读性会更强些。（2）各章的写作风格不尽一致：有的地方侧重思想的论述，有的地方却偏爱技术的介绍。如果能更多地考虑两者的融通，则会使本书更具整体感。（3）就理论的全面性和前沿性而言，第三章关于情境语义学的介绍稍显不够。情境理论的逻辑基础以及情境类型之间的关联所导致的信息流逻辑等重要内容，似有进一步展开的必要。（4）最值得一提的是，我们认为，作者构造的刻画量化语义的汉语部分语句系统应该和特征逻辑的方法结合在一起，按照计算语言学功能合一语法的要求给系统的初始单词附上体现功能特征的标记。这样，在句法生成中同时进行功能特征的合一运算，可以限制"蒙太格语法式"过强的生成力。

参考文献

［1］周礼全，主编. 逻辑——正确思维和有效交际的理论［M］. 北京：人民出版社，1994.

［2］邹崇理. 逻辑、语言和信息［M］. 北京：人民出版社，2002.

（黄华新、金立，原载《哲学研究》2003 年第 7 期）